동남아의 이슬람화 **1**

동남아의 이슬람화   **1**

1970년대 이후
종교와 경제의 변화

김형준, 홍석준(편)

눌민

머리말

동남아시아에서 무슬림이 다수를 차지하는 국가는 인도네시아, 말레이시아, 브루나이이다. 2013년 기준으로 인도네시아 인구 2억 5000여 만 명의 87.2퍼센트, 말레이시아 인구 3000여 만 명의 61.3퍼센트, 브루나이 인구 44만 명의 79퍼센트가 무슬림으로 추산된다. 필리핀과 태국에도 상당한 규모의 무슬림이 존재해서, 1억 700여 만 명으로 추정되는 필리핀 인구의 5퍼센트 정도가, 6700여 만 명의 태국 인구 중 4.9퍼센트 정도가 무슬림이다(CIA World Factbook). 동남아시아의 무슬림 인구는 2억 5000여 만 명으로, 전체 동남아시아 인구의 40퍼센트 정도를 차지한다.

동남아시아로의 이슬람 유입을 보여줄 가장 오래된 자료는 13세기 말 수마뜨라Sumatra 빠사이Pasai 지역의 이슬람 왕국 관련 기록과, 같은 시기에 만들어진 것으로 추정되는 동부 자바의 무슬림 묘비 등이지만, 뚜렷한 역사적 기록의 부재로 인해 유입 시기는 13세기 후반에서 14세기 초반으로 추정된다. 이슬람의 도입을 촉발한 집단은 인도와 동남아시아를 잇는 국제무역 항로에서 활동하던 무슬림 상인이며, 이들과의 빈번한 접촉을 통해 동남아시아 무역항에서 개종이 이루어졌다. 15세기 초 말레이 반도에 위치한 멀라까Melaka 왕국의 개종은 이슬람 확산에 중요한 전기를 마련했다. 동남아시아 무역의 중심지로 부상한 멀라까의 개종은 이곳과 교역하던 다른 무역항의 개종을 촉진시켜, 말레이 반도의 해안, 자바 북부의 해안, 보르네오 해안, 나아가 향료 생산지인 말루꾸와 필리핀 술루^{Sulu} 제도에 이슬람 왕국이 형성되었다.

16세기에 접어들어 가시화된 서구 열강의 동남아시아 진출은 이슬람 확산에 상반된 영향을 미쳤다. 먼저, 포르투갈과 스페인의 영향력이 확립된 지역의 이슬람 팽창이 저지되었다. 이들 서구 열강이 기독교를 신봉하고 있었다는 종교적 이유뿐만 아니라 교역상의 경쟁과 대립은 이슬람 확대를 가로막는 주요 원인이었다. 이로 인해 이슬람은 필리핀 북부와 인도네시아 동부로 확산되지 못했고, 민다나오 섬과 숨바와 섬에서 멈추는 양상을 보였다. 포르투갈과 스페인이 이슬람 팽창의 경계를 규정했다면, 이들은 그 경계 내에서의 이슬람 확산을 촉진시켰다. 이들에 경계심을 느끼던 토착 이슬람 왕국이 주변 지역을 대상으로 한 이슬람 개종 시도를 가속화했기 때문이다. 이러한 노력은 숨바와의 경우처럼 때로 무력을 수반하기도 했다.

말레이 반도에 확고히 자리 잡은 이슬람의 북상은 역내의 또 다른 정치 세력이었던 태국의 아유타야 왕국에 의해 저지되었다. 타이계라는 종족적 차이, 불교에 기반을 두고 있다는 종교적 차이 등으로 인해 지리적 확장이 어려워지자 이슬람은 말레이 반도로 영역이 제한된 채 내륙으로의 확산에 만족해야 했다. 17세기에 접어들면서 동남아시아에서 이슬람 확산의 지리적 분포는 현재의 종교적 지형과 거의 유사한 모습을 띠게 되었다.

일부 무력이 행사되기도 했지만, 인도네시아, 말레이시아, 필리핀 남부를 대상으로 한 이슬람의 확장은 커다란 분쟁이나 갈등 없이 진행되었다. 동남아시아에 유입된 이슬람의 성격 그리고 이슬람 도입 이전의 종교적 경향이 이를 가능하게 한 요인으로 거론된다.

동남아시아에 전파된 이슬람은 수피즘^{Sufism}의 성격을 띤 종파로서 이슬람

법인 샤리아^{shariah}가 아닌 믿음을 강조하는 경향을 띠었다. 이로 인해 개종은 종교적 의무 실천을 강제하는 방향으로 이루어지지 않았고 기존의 종교적 관행을 그대로 유지한 채 이슬람을 받아들이는 것이 용인되었다. 이러한 특징을 예시할 수 있는 자료 중의 하나가 개종 관련 신화인데, 멀라까 왕의 사례를 살펴보면 다음과 같다. 멀라까 왕이 꿈에서 만난 선지자 무함마드는 왕에게 신앙고백^{Sahadat}을 가르쳤고 무함마드라는 이름을 부여했으며 아랍에서 사신이 당도하리라 예언했다. 꿈에서 깬 왕은 자신이 할례되었음을 알게 되었고 곧이어 사신이 아랍에서 당도하자 이슬람으로 개종했다. 신앙고백, 아랍식 이름, 할례 등은 다른 개종신화에서도 자주 등장하는 모티프로서 할례는 이슬람법을, 신앙고백은 종교적 믿음을 상징화한다. 하지만 예배나 금식과 같은 종교적 의무나 이슬람법과 관련된 관행이 언급되지 않았음을 고려해보면, 새로운 종교의 수용 과정에서 최소한의 종교적 의무만이 요구되었음을 유추할 수 있다.

이슬람 도입 이전의 종교와 이슬람의 상호관계를 보여주는 자료는 멀라까의 왕을 지칭하는 표현이었다. 개종 후 그는 "스리 마하라자 무함마드 샤^{Sri Maharaja Muhammad Syah}"라고 불렸는데, 존경을 표현하는 존칭인 "스리"와, 위대한 왕을 의미하는 "마하라자"는 산스크리트어인 반면, "무함마드"와 "샤"는 아랍어와 페르시아어에 기원한 표현이었다. 따라서 이 명칭은 이슬람이 이전에 존재하던 힌두불교적, 토착적 종교전통과 조화롭게 공존하였음을 보여준다. 이는 신비적 힘^{mystical power}을 중시했던 토착 왕국의 정치종교관과 연결되어 있다. 신비적 힘의 축적을 통해 정치적 정당성을 얻었던 통치자에게 이슬람은 새로운 힘을 획득할 자원으로 여겨져 수용될 수 있었으며, 이슬람 도입 이후에도 힌두불교적, 토착적 종교 전통은 이러한 힘의 원천으로서 계속 기능할 수 있었다.

종교적 혼합^{syncretism}은 이슬람으로의 개종을 용이하게 하고 이 과정에서 발생
할 갈등을 최소화했다. 샤리아 중심적 교리 해석이 말레이 무슬림에게 알려져
있었고 샤리아 중심적 이슬람과 혼합적 이슬람 사이의 대립 역시 존재했지만,
지배층뿐만 아니라 일반인들 사이에서 이슬람은 비이슬람적 관행이나 믿음과
함께 실천될 수 있는 것으로 이해되었고, 이는 근대 이전 동남아시아 이슬람의
주요 흐름으로 자리 잡았다.

혼합주의적 상황에 변화를 가져온 종교적 동인은 19세기 중후반 알아프가
니^{al-Afghani}, 무함마드 아브두^{Muhammad Abduh} 등에 의해 주창된 개혁주의^{reformism} 혹
은 근대주의^{modernism}의 동남아시아 유입이었다. 새로운 이념은 기존의 혼합주의
적 상황을 비판했고, 꾸란^{Quran}과 하디쓰^{Hadith}에 기반을 둔 종교 해석을 강조했
으며, 종교 지도자에 대한 의존을 통해서가 아닌 이즈티하드^{ijtihad}, 즉 합리적 추
론을 통해 경전에 접근할 것을 주장했다. 기존의 종교적 관행과 해석을 개혁하
려 했던 움직임이 근대주의라고도 불린 이유는 서구 문명에 대한 호의적 태도
때문이었다. 서구 문명을 이교도의 것으로 규정하고 무조건적으로 반대했던 전
통 이슬람과 달리 개혁주의는 이슬람과 서구 문명을 양립 가능한 것으로 이해
했고, 서구 문명의 수용을 통해 이슬람 사회를 발전시킬 수 있으리라 확신했다.
개혁주의는 서구식 정치·경제제도, 특히 교육제도의 도입을 강조했고, 종교와
세속적 과목이 동시에 교육되는 교육기관의 설립을 후원했다. 근대적 변화를
수용하면서도 동시에 종교적 믿음을 유지할 수 있는 이념으로 이해된 개혁주의
는 사회적 변동에 적극적으로 대처하고자 했던 무슬림들에 의해 수용되었다.
개혁주의에 기반을 둔 근대식 이슬람 단체가 확립되고 이들의 활동이 가시화
됨에 따라 20세기 초반을 지나면서 개혁주의는 동남아시아 이슬람의 중요한 한

흐름으로 자리 잡게 되었다.

20세기 중반 이후 동남아시아 이슬람은 커다란 격랑 속에 놓이게 되었다. 변화의 첫번째 동인은 식민지 해방과 독립국가 형성이었다. 신생국가에서 이슬람의 위상은 커다란 차이를 보였다. 인도네시아에서 이슬람은 5개의 공인된 종교 중 하나라는 지위를 부여받았다. 이는 인도네시아 독립을 주도한 국가주의 nationalistic 세력이 종교의 정치 개입에 반대했기 때문으로, 이슬람 세력은 세속적 성격의 국가 성립을 저지하는 데 만족해야 했을 뿐이었다. 다종족 국가로 독립한 말레이시아의 경우 "모든 말레이인은 무슬림이다"라는 규정이 헌법에 삽입됨으로써 이슬람의 특권적 지위가 수용되었지만 화인과 비교하여 말레이 무슬림은 매우 열악한 경제적, 사회문화적 위치에 놓여 있었다. 소수 구성원으로 국가에 편입된 필리핀 무슬림은 자치권을 보장받지 못했을 뿐만 아니라 중앙정부의 이주정책으로 인해 기독교도의 대규모 민다나오 이주를 받아들일 수밖에 없었다. 이처럼 국민국가의 형성은 동남아시아 무슬림에게 새로운 도전을 제공해주었고, 각국의 무슬림들이 상이한 행보를 취함에 따라 무슬림 사회의 차이 역시 점차 확대되었다.

두번째 변화는 1970년대 이후 가시화된 "이슬람 부흥" 혹은 "이슬람화"로서, 이는 다양성의 정도를 높여가던 동남아시아 이슬람에 동조화의 경향을 가져왔다. 이슬람 부흥은 중동에서 시작된 움직임이었다. 서구식 모델에 따라 근대식 변화를 추구했던 중동의 이슬람 국가 대다수에서 뚜렷한 정치경제적, 사회문화적 발전이 이루어지지 못하던 상황에서 이스라엘과의 전쟁 패배는 자성적 태도를 불러일으켰고, 궁극적으로 이슬람을 중심으로 한 사회변혁 욕구를 분출시켰다. 이슬람이라는 렌즈를 통해 현실을 바라보고 일상을 변화하려는 경향은 이후 이슬람 부흥의 핵심을 구성했다. 중동에서 시작된 이슬람화 움직임은 중동 이외의 무슬림 사회에 영향을 미쳤으며, 동남아시아 각국에서도 종교적 의무 수행을 강조하고 이슬람법 즉 샤리아에 기초하여 일상을 변화하려는 노력이 전개되었다. 이러한 움직임은 현재까지도 이어지고 있으며, 이슬람을 적용시키려 하는 노력이 일상의 제 영역으로 점차 확대되는 결과를 가져왔다.

1970년대 이후 동남아시아 각국에서 전개된 이슬람 부흥의 양상과 전개과정, 그리고 영향이 이 책에서 중점적으로 다루는 주제다. 이 책에서 연구 대상으로 삼은 국가는 인도네시아, 말레이시아, 필리핀이며, 각국의 무슬림 사회에서 나타난 종교적 변화의 추이와 그것이 경제적 영역에 가져온 영향을 중점적으로 분석하고 있다. 이 책은 3년으로 계획된 동남아시아 이슬람 관련 연구의 1차년도 결과물이다. 2년차와 3년차 연구에서는 이슬람 부흥이 가져온 정치적, 사회문화적 영역에서의 변화와, 동남아시아 이슬람의 현재적 모습을 이해하기 위해 필수적인 타종교도와의 관계, 초국가적 무슬림 연대 등의 문제를 분석할 것이다.

동남아시아의 이슬람을 분석한 국내의 연구서로는 『동남아의 이슬람』(양승윤 외 지음, 한국외국어대학교출판부)이 있다. 『동남아의 이슬람』이 이슬람 유입 이후 장기간의 역사를 대상으로 하고 있고 다방면에 걸친 주제를 연구 대상으로 삼고 있다면, 이 책은 동남아시아를 장기간 연구한 전문 연구자들이 참여하여 1970년대 이후의 변화를 집중적으로 검토함으로써 동남아시아 이슬람에 대한 보다 체계적이고 심층적인 분석을 제공할 수 있을 것이다. 2000년대에 접어들어 국내에서 이슬람에 대한 관심이 고조되었지만 세계 무슬림 인구의 상당수를 차지하는 동남아시아 이슬람에 대한 연구가 활발하게 진행되지 않았다. 이 책을 통해 이슬람에 대한 균형 잡힌 시각을 형성하고, 이슬람권의 지역적 다양성과 공통성에 대한 이해를 심화하는 데 도움이 될 수 있을 것이다.

이 책에 실린 연구는 한국연구재단의 연구 지원을 받아 수행되었다. 동남아시아의 이슬람이라는 상대적으로 주목 받지 못한 연구를 후원해준 한국연구재단과 관계자 여러분께 감사를 드린다. 이 연구를 위해 물심양면의 지원을 아끼지 않은 사단법인 한국동남아연구소와 많은 제언과 격려를 해준 동남아학회 회원 여러분께 고마움을 표한다. 또한, 이 책을 정성스레 만들어준 도서출판 눌민 정성원 대표와 심민규 실장께도 감사의 마음을 전한다.

필진을 대표하여

2014년 5월

김형준

차례

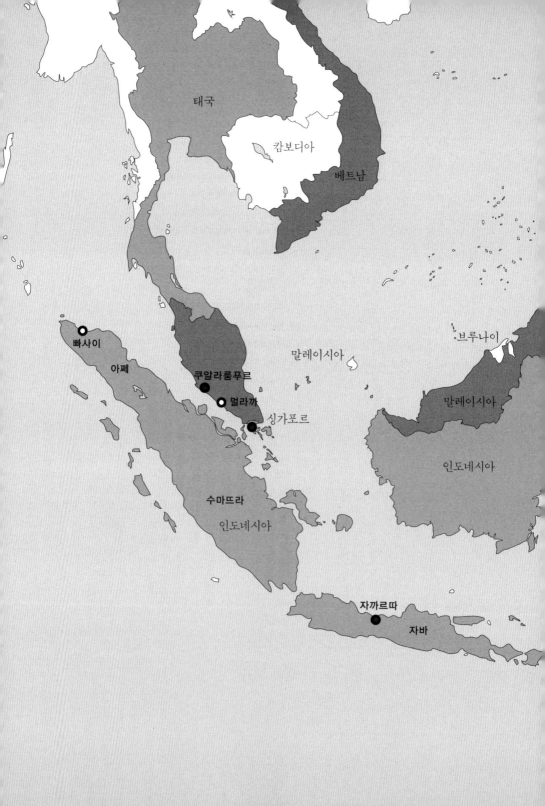

태국

캄보디아

베트남

브루나이

말레이시아

말레이시아

빠사이

아쩨

쿠알라룸푸르

멀라까

싱가포르

인도네시아

수마뜨라

인도네시아

자까르따

자바

동남아시아 전도

- ● 수도
- ○ 이슬람 관련 주요 지역

마닐라

필리핀

민다나오

술루 제도

술라웨시

말루꾸 제도

숨바와

동티모르

오스트레일리아

일러두기

1. 단행본, 총서, 저널 등은 겹낫표(「 」)로, 그의 하위 항목이나 논문 등은 홑낫표(「 」)로, 논문은 큰따옴표(" ")로 묶어 표시했으며, 신문, 영화, 티비 드라마 등은 쌍꺾쇠(《 》)로, 그의 하위 항목은 홑꺾쇠(〈 〉)로 묶어 표시했다. 또 대화, 강조, 인용 등은 큰따옴표를 사용하여 표시했다.

2. 인명, 지명, 저널, 신문 등의 발음 표기는 각 원어의 실제 발음에 가깝게 하려 노력했다.

3. 간략한 설명 및 첨언은 본문 속에 괄호로 묶어 표시했다.

4. 원화 100원에 대한 동남아 각국의 환율은 대략 다음과 같다.
   필리핀화 4.30페소
   말레이시아화 0.32링깃
   인도네시아화 1,150.75루삐아
   부르나이화 0.12달러

I

이슬람 부흥의 전개와 영향

인도네시아의 사례

김형준

이 글은 2012년 정부(교육부)의 재원으로 한국연구재단의 지원을 받아 수행된 연구임(NRF–2012S1A5A2A
03034378). 이 글은 「동남아시아연구」 23권 3호(2013), 181~215쪽에 게재된 논문을 수정, 보완한 것임.

1. 들어가며

인도네시아는 세계에서 가장 많은 무슬림이 거주하는 국가이다. 전체 국민의 87퍼센트 정도인 2억 1000만여 명이 무슬림인 이곳은 세계 무슬림 인구 추산치 16억 명의 13퍼센트 정도를 차지하고 있다(Pew Forum on Religion & Public Life 2012: 22). 현재 인도네시아를 구성하는 지역으로 이슬람 유입이 시작된 것은 대략 13세기경부터로 여겨지며, 15세기 이후 토착 왕국이 개종함에 따라 민간으로 본격적인 전파가 진행되었다. 자바와 수마뜨라를 포함한 상당수 도서 지역은 유럽의 식민 열강이 유입된 16세기 초반 이전에 이슬람으로 개종했다(Andaya & Ishii 1992: 513~521; Ricklefs 1981: 5~8).

개종을 용이하게 만든 핵심적 요인은 이슬람을 수용한 정치 및 종교 지도자들의 유연한 태도로써, 이들은 기존의 힌두불교적, 토착적 전통을 배척하지 않은 채 개종을 유도했다. 이는 인도네시아에 도입된 이슬람이 신비주의sufism적 경향을 강하게 띠었기 때문에 가능한 일이었다(Robson 1981: 271).

과거의 종교 전통이 용인됨으로써 인도네시아의 이슬람은 혼합주의syncretism적 성격을 띠었고 지역적 특성에 따라 다양한 종교적 삶이 전개되었다.[1] 자바 왕국의 술탄은 선지자의 후손일 뿐만 아니라 힌두신의 후손

---

1   토착적 종교 전통에 대해 관용적인 태도를 보인 종교 해석과 대비되는 경전중심적scriptural 경향, 즉 꾸란과 하디쓰의 내용을 문자 그대로literate 해석해야 하고, 경전에 제시된 종교적, 사회적 의무를 실천해야 함을 주장하는 경향 역시 이슬람 도입 초기부터 존재했다(예를 들어 드루즈[Drewes 1978]를 참조할 것). 하지만 이 경향은 소수 집단에 의해 수용되었고, 이슬람 학자와 지도자들, 나아가 일반인들에게 큰 영향력을 미치지 못했다. 18세기 후반, 이슬람 학자들 간의 논쟁에서 경전중심적 경향이 주변화되어 있음을 보여주는 사례는 김형준(2011: 163~7)을 참조할 것.

이라 여겨졌고(Moertono 1963: 63), 수마뜨라에서는 이슬람이 모계제 전통과 공존하여 여성이 주요 상속자로 존속했으며(Hadler 2008: 5~7), 롬복Lombok의 무슬림들은 하루 세 차례 기도만으로도 종교적 의무를 충족시킬 수 있다고 생각했다(Budiwanti 2000: 133~4).

아랍권에서 출현한 개혁주의reformism 혹은 근대주의modernism적 시각이 19세기 후반 인도네시아로 유입되면서 이슬람과 토착 전통의 혼합이라는 상황에 변화가 생겼다. 경전에 기초한 해석과 종교적 의무 실천, 이슬람과 서구식 발전 사이의 양립 가능성을 주장한 이 시각은 경전에 근거를 두지 않은 종교적 관행을 실행하고 서구 문물을 무조건적으로 거부한 전통 이슬람 지도자를 비판했다.[2] 개혁주의적 시각이 확산됨에 따라 전통주의와의 대립이 첨예화되었지만 당시의 종교적 지형을 변화시킬 만큼 큰 반향을 일으키지는 못했다. 식민지 체제하에서 이슬람 관련 논쟁이 대중에게 확산되기에는 한계가 있었기 때문에 개혁주의의 영향력은 도시와 근대식 교육을 받은 집단에 국한되는 경향을 보였다(Nakamura 2012: 56). 하지만 개혁주의의 도입이 기존 무슬림 사회의 다양성을 확대시켰음에는 의문의 여지가 없다.

혼합주의적 상황에 보다 큰 변화의 동인이 유입된 시기는 소위 "이슬람 부흥revival, resurgence"이라 불리는 움직임이 가시화된 1970년대 중반 이후였다. 명확한 이념이나 주도 세력의 부재로 인해 이슬람 부흥을 규정하기에는 어려움이 있지만, 일상생활에서 이슬람의 중요성과 종교적 의무 실천

---

2 20세기 초 개혁주의의 특성과 전통 이슬람에 대한 비판, 그에 대한 전통 이슬람의 대응에 대해서는 김형준 (2012)을 참조할 것.

을 강조한다는 점이 그 공통적인 특징이다. 이런 면을 고려한다면 이슬람 부흥은 경전중심적 해석과 종교적 의무 실천을 강조하는 개혁주의적 움직임과 같은 선상에 놓여 있다고 평가할 수 있다.

이 글의 목적은 1970년대 이래 계속된 이슬람 부흥의 전개 과정과 영향을 분석하는 것이다. 인도네시아의 이슬람 부흥을 대상으로 한 연구가 국내 여러 학자들에 의해 이루어졌지만(양승윤 1993; 제대식 1998) 제한된 시기와 대상만을 검토함으로써 그 전개 및 발전 과정을 체계적으로 밝혀내지 못했다.

인도네시아 이슬람에 대한 국외 연구자들의 연구 경향의 경우, 수하르또Suharto 퇴진을 전후하여 일정한 차이가 나타난다. 수하르또 통치기를 대상으로 한 연구에서는 일상에서 전개되는 이슬람 부흥의 다양한 양상에 초점을 맞춘 반면(Beatty 1999; Hefner 1987; Nakamura 2012; Pranowo 1991), 수하르또 퇴진 이후를 대상으로 한 연구에서는 급진주의, 테러, 이슬람 정치집단의 활동 등과 같이 사회적으로 주목을 받는 현상을 중점적으로 검토하고 있다(Abuza 2007; Ahnaf 2006; Barten 2005; Hasan 2006; Jahroni 2008; Sidel 2006). 이처럼 두 시기를 바라보는 강조점의 차이로 인해 2000년대 이후 전개된 이슬람 관련 상황을 이전 시기와 분리하여 연구하는 경향이 나타났다. 수하르또 퇴진이 이슬람의 존재 조건에 커다란 영향을 미친 것은 확실하지만, 이를 현재적 상황에만 국한시켜 바라볼 경우 그 맥락과 연속성을 파악하기에는 한계가 있다. 따라서 이 글에서는 지난 40여 년간 인도네시아 이슬람에서 전개된 변화의 추이를 역사적으로 검토하고자 한다. 이를 통해 경전중심적 경향의 부상과 확대가 변화의 핵심에 놓여 있음을 주장할 것이며, 그 전개 과정에서 나타나는 특징들을 공적 영역에서 이슬람이 취급되는 방식의 전환, 비정치적 문제를 중심으로 한 이슬람 세력의 요구 수용, 이슬람 교리에 기초한 지역 수준의 조례 제정, 급진주의 경향의 확산 등으로 설정하여 분석할 것이다.

2절부터 1970년대 이후 전개된 이슬람 부흥의 양상과 그 원인에 대한 기존 연구자들의 분석을 제시할 것이며, 3절에서는 이슬람 부흥이 야기한 장기적 수준의 변화를 공적 담론, 비정치적 부문, 이슬람법 적용, 급진주의 등 네 영역에서 검토할 것이다. 이러한 논의가 인도네시아 이슬람의 최근 특성을 모두 포괄할 수는 없겠지만 그 변화의 추이를 검토하는 데 일조할 수 있을 것이다.

2. 이슬람 부흥의 전개 및 원인

1970년대 중반 이후 인도네시아 사회에서는 뚜렷한 종교적 변화의 바람이 감지되었다. 이슬람 연구자들은 이를 이슬람 부흥resurgence, 부활revival, 재생renaissance, 재개화reflowering 등으로 개념화했는데, 이러한 개념들은 모두 이슬람을 중시하는 무슬림의 양적 증가를 나타낸다.

학자들이 주목한 변화의 양상을 살펴보면, 금요 예배와 금식에 참여하거나 메카로 순례를 떠나는 무슬림들이 급증했고(Johns 1987: 224), 모스크 건립이 증가했으며(Hefner 1993: 10), 명목상의 무슬림들nominal Muslims이 예배와 교리 공부 같은 이슬람 활동에 광범위하게 참가했다(Adnan 1990: 444). 또한 이슬람 관련 간행물의 출판이 활발해졌으며(Tamara 1986: 5~8), 텔레비전과 라디오에서 이슬람 관련 프로그램이 증가하고, 학교에서 이슬람 교육의 인기도가 높아졌다(Feillard 1999: 351). 지역 수준의 인류학적 연구들 역시 이슬람의 영향력 확대가 1970년대 후반부터 가속화되었음을 보여준다. 헤프너Hefner는 전례가 없는 규모로 이루어지는 이슬람 선교와 이슬람 조직의 점증하는 인기를 지적했고(1987: 547), 쁘라노워Pranowo는 자바인들이 이슬람에 대해 강한 동질감과 신앙심을 보이게 되었다고 주장했으며(1991: 152~79), 비티Beatty는 보다 많은 젊은이들의 관심이 이슬람에 집중되고 있다고 보고했다(1999: 124).

이슬람 부흥을 다른 식으로 표현하면 일상생활을 이슬람화Islamization하려는 노력이라 할 수 있다. 70~80년대를 거치며 가장 뚜렷하게 드러난 이슬람화 양상은 다섯 차례의 기도, 금식, 금요 예배, 종교 강연회 참여와 같은 개인적인 종교 활동의 활성화였다. 종교적 전통의 뿌리가 상대적으로 깊은 중동 지역과 비교한다면 이러한 기초적 수준의 종교 활동 활성화를 "부흥"이나 "이슬람화" 같은 표현으로 지칭하기에는 무리가 있어 보인다. 하지만 비교의 준거점을 70년대 이전으로 설정한다면 이러한 변화의 중요성을 파악할 수 있다. 혼합주의적 종교 생활이 강하게 유지되던 그 시기에는 가장 기초적이라 여겨질 만한 종교적 의무조차 지켜지지 않았는데 볼랜드Boland는 이를 다음과 같이 정리했다(1982: 186).

1960년 종교성 장관인 와합 와힙은 전체 (무슬림) 인구 중 10퍼센트 이하만이 종교적 의무를 실천하는 무슬림이라고 주장했다. 자바 지역 연구 결과, 무슬림으로 구성된 마을에서 주민의 0퍼센트에서 최대 15퍼센트가 다섯 차례 기도를 행한다고 보고했다. … 금식을 준수하는 비율은 서부 자바의 경우 12

퍼센트, 중부 자바의 경우 단지 2퍼센트에 불과했다. 이러한 자료들을 통해 볼 때, 무슬림이라고 자신을 규정하는 사람 중 10퍼센트만이 진짜 무슬림이라고 결론지을 수 있다.

70년대 이전과 비교해보면 기도와 금식을 행하는 무슬림의 증가는 이슬람의 실천 방식에 있어 "부흥"이라 불릴 만한 변화가 발생했다고 평가할 수 있다. 종교적 의무 실행은 외적인 수준에서의 변화뿐만 아니라 내적인 변화를 촉진시킬 개연성을 가지고 있었다. 종교적 의무 수행을 통해 무슬림이라는 종교적 정체성이 부각되고 종교가 일상의 제 영역에서 차지하는 중요성이 전반적으로 고양될 수 있기 때문이다.

이슬람 부흥을 설명하기 위해 학자들은 다양한 요인을 거론했다. 이 시기를 통해 전 세계 이슬람 국가에서 이슬람의 정치사회적 역할이 강조되고 무슬림 정체성이 부각되었다는 사실과, 이로부터 인도네시아가 자유로울 수 없었다는 점을 외적 요인으로 꼽았다(Azra 2005: 205; Tamara 1986: 24~6). 하지만 보다 많은 학자들이 인도네시아 내부의 정치경제적, 사회문화적, 종교적 상황을 통해 이슬람 부흥을 설명하고자 했다.

학자들은 수하르또 정권에 의한 이슬람 탄압을 이슬람 부흥의 핵심 요인으로 지적하고 이를 서로 연관된 두 가지 측면에서 밝혀보고자 했다. 첫번째는 정치적 탄압에 따른 기존 이슬람 세력의 방향 전환으로, 이들은 탈정치화를 지지하고 사회문화적 영역에서의 활동에 주력하였으며, 그에 따라 "선교dakwah", 특히 혼합주의적 성향의 무슬림을 대상으로 한 선교가 이들 활동의 핵심 개념으로 부상했다(Azra 1996: 62). 이슬람 세력이 순응적 자세를 보이자 수하르또 정권 역시 유화책을 펼쳐 모스크 건립을 지원하고 선교 활동을 돕는 등 종교 활동을 지원하는 정책을 시행했다(Liddle 1996: 621). 이러한 정책은 정부가 의도하지 않은 결과를 야기했다. 정부의 호의적인 정책이 지속되자 정부와 이슬람을 대립 관계로 보던 과거의 시각에 변화가 생겼고, 무슬림으로서의 의무 수행이 정부에 대항하는 행동으로 비치지 않는 분위기가 점진적으로 형성되었다. 이는 공무원과 군인 등이 자신들의 종교적 정체성을 드러낼 수 있는 환경을 제공해줌으로써 종교적 의무 수행의 확산을 용이하게 했다(Adnan 1990: 445; Hefner 1993).

이슬람 부흥을 설명하는 과정에서 고려된 또 다른 측면은 정치적 탄압이 젊은 세대, 특히 대학생에게 미친 영향이다(Hefner 1993: 12; Tamara 1986: 6~7). 캠퍼스 내 정치 활동이 금지되자 이들의 정치적 욕구는 이슬람을 매개로 하여 표출되었고, 이는 종교 활동의 활성화로 이어졌다(Billah 1994: 296~7). 이슬람에 대한 관심이 대학생에게 확대됨에 따라 이슬람에 대한 대중적 이미지 전환이 촉발되었다. 이전까지 이슬람이 전근대적이고 전통적인 이미지를 가진 종교로 비쳤다면, 현대성을 상징하는 대학생의 관심 확대로 이슬람에 "현대적"이라는 이미지가 부여될 수 있었다(Beatty 1998: 139).[3]

이슬람 부흥의 사회경제적 원인으로는 가속화된 경제 발전에 따른 도

---

3 이슬람에 대한 젊은 세대의 관심 확대는 대중교육 기회가 확대되고 초중등 교육에서 이슬람 교육이 의무화된 것과 관련 있다. 일반 정규교육을 통해 이슬람에 노출될 기회가 자연스럽게 제공됨에 따라, 이슬람에 관심을 가질 가능성 역시 높아졌다. 이러한 점을 중시하여 리들Liddle은 이슬람 부흥을 가져온 가장 중요한 요인으로 대중교육 확대를 지적했다(1996: 623).

시 중산층의 증가가 부각되었다. 이들은 과거와 절연되어 새롭게 형성된 집단으로서 독립 이후 전개되었던 민족주의, 공산주의, 전통주의 사이의 이데올로기적 투쟁과 직접적으로 관계되지 않으며, 기존의 이슬람 조직이나 이슬람 지도자의 영향으로부터 자유로웠다(Kuntowijoyo 2001: 130). 이들 중 상당수가 대학 교육을 받았기 때문에 이들 사이에서 새로운 정체성을 구축하고 대도시의 아노미적 상황에 대처할 대응책으로 이슬람을 선택할 가능성이 높았다(Hefner 2000: 124; Vatikiotis 1996: 154).

종교적으로 주목받은 측면은 새로운 정치경제적 상황에 부합하는 종교적 해석의 출현이다. 70년대 이후 이슬람에 기반을 둔 국가 설립의 필요성을 부정하고 현대사회에 부합하는 역사적이고 맥락적인 교리 해석을 강조하는 "신근대주의neo-modernism"가 출현했다.[4] 이 시각은 정부와 대립하지 않으면서도 이슬람의 의무를 실천할 수 있는 교리상의 기초를 제공해주었다. 이로써 학력이 높고 상대적으로 서구에 대해 친화적인 무슬림들 사이에서 이슬람이 수용될 기반을 확대시켰다(Pranowo 1990: 490~1).

이슬람 부흥을 설명하는 과정에서 공통적으로 지적되는 요인은 이슬람에 대한 인식 전환이다. 과거 혼합주의적 경향이 지배적이었던 시대에는, 기도나 금식에 종교적 의무 수행을 뛰어넘는 정치적 의미가 부여되어 이슬람을 기반으로 한 정치 활동, 더 나아가 이슬람에 기반을 둔 국가 건립을 지지하는 행동으로 비쳤다. 하지만 정치와 이슬람 사이의 연결 고리가 약화되고 이슬람에 대한 젊은 세대의 관심이 확대되자 이슬람에 현대

---

4 신근대주의는 "실제론substantialism", "자유주의liberalism"라고도 불리는데, 2000년대 이후 인도네시아에서는 자유주의라는 표현이 보다 빈번하게 사용되었다.

적인 이미지가 부여되었고, 이는 이슬람이 중산층에게 다가갈 여지를 확대시켰다. 무슬림 지식인은 이슬람에 대한 인식 전환을 다음과 같이 요약했다(Vatikiotis 1996: 153).

> 예전에 이슬람은 낙후, 가난과 연결되어 무슬림들은 자신들의 이슬람 정체성에 대해 일정 정도 부끄러워하는 경향을 보였다. (하지만, 오늘날) 이슬람은 더 이상 패배자의 종교로 비치지 않는다.

이슬람 부흥의 원인을 단정적으로 규정짓기는 쉽지 않지만, 정치적, 사회경제적 환경의 변화와 종교 해석상의 변화가 상호작용하며 이슬람의 영향력 확대에 친화적인 분위기를 형성했다는 점은 확실하다.[5] 70~80년대의 이슬람 부흥이 무슬림으로서의 의무 수행을 강조하는 경향을 띠었다는 사실은 이 시기를 거치며 경전중심적 종교 해석의 입지가 강화되었음을 시사한다. 종교적 의무 실행에 대한 강조는 "이슬람적/비이슬람적"이라는 이분법적 시각을 주요한 준거 틀로 부상시켰고(Hefner 1987; Pranowo 1991: 152~79), 이를 판단할 근거로 경전의 중요성과 경전을 있는 그대로 해석할 필요성이 수용될 여지가 확대되었기 때문이다. 그 결과, 신근대주의와 같은 새로운 종교 해석이 출현하여 고학력 무슬림을 대상으

---

5 이 글에서 논의되지는 않지만 이슬람 부흥의 배경으로 거론될 수 있는 요인은 1965년 공산당 세력 척결 이후 유지된 반세속주의적, 친종교적 태도를 강제하는 사회 분위기이다. 수까르노 정권하에서 공산당이 종교에 대해 강력하게 반대 의사를 표명했기 때문에, 수하르또 정권에서는 종교가 공산당 추종자라는 낙인으로부터 개인을 보호해줄 기제로 작용했고, 무신론적, 세속적 태도의 표현이 엄격하게 금기시되었다. 이러한 상황은 이슬람 활동에 대한 참여를 증가시키고 친이슬람적 분위기를 형성하는 데 일조했다.

로 확산되는 양상이 나타났지만, 일반 대중에게 이슬람에 대한 관심과 종교적 의무 실행은 경전중심적 종교 해석의 기반을 확대시키는 방향으로 나아갔다.[6] 이러한 점은 다음 절에서 살펴볼 이슬람 부흥의 장기적 영향을 통해서도 확인할 수 있다. 이러한 변화의 저변에는 경전에 제시된 내용을 있는 그대로 이해하고 실천하려는 경향이 놓여 있다.

3. 이슬람 부흥의 장기적 영향

종교적 의무 수행에 놓여 있던 이슬람 부흥의 강조점은, 1990년대에 접어들면서 보다 광범위한 사회정치적 문제를 대상으로 전환되는 경향을 보였다. 개인적 삶을 넘어서는 문제에 대한 무슬림의 관심이 증가했고, 이슬람식 가치관의 적용을 위한 집합적 대응 역시 점증했다. 공적 영역에서 무슬림의 목소리가 커짐에 따라 이슬람에 대한 사회적 대응 양상 역시 변화하여 이슬람 교리에 대한 비판 그리고 주도적 교리 해석과 차이가 나는 분파적 행동을 용납하지 않으려는 분위기가 점차 형성되었다.

1998년 수하르또 체제가 와해된 후 이슬람 부흥이 미친 장기적 수준의 영향은 보다 뚜렷하게 나타났다. 이슬람을 기치로 내건 정치조직이 결성되고, 이들의 활동을 통해 친이슬람적 정책이 입안되고 실행되었다. 또한 이슬람 급진주의 세력이 자기 목소리를 드러내며 다양한 규모의 테러를 일으켰다.

이제 이슬람 부흥의 장기적 영향을 네 가지 측면으로 나누어 검토할

---

6 신근대주의의 특성과 이것이 대중적으로 확산되는 과정에서 나타나는 문제점과 한계점에 대해서는 김형준 (2008a)을 참조할 것.

것이다. 첫번째는 90년대부터 가시화되어 현재까지 지속되는 양상으로 반反이슬람 담론이 금기시되는 사회적 분위기의 형성이다. 두번째는 비정치적 문제와 관련된 이슬람 세력의 요구가 정부에 의해 수용되었다는 점이다. 세번째는 이슬람을 공적 영역에 적용하려는 시도로서 이슬람법에 기초한 지역 수준의 조례가 제정된 점이다. 네번째는 이슬람 급진주의 집단의 대두이다. 이러한 네 가지 측면이 이슬람 부흥의 영향 모두를 포괄할 수는 없겠지만, 사회 전반에 파급력을 가진 현상으로서 이슬람의 최근 변화 양상을 요약적으로 드러내준다.

1) 반이슬람 담론을 금기시하는 분위기 형성

이슬람 부흥이 진행됨에 따라 이슬람 교리의 왜곡이나 희화화, 이슬람에 대한 비판 등에 대해 이슬람 세력은 보다 강력하게 대응했고, 이러한 과정이 지속됨에 따라 이슬람을 바라보는 사회적 분위기가 변화했다.

최근 상황을 이해하기 위해서는 70년대 이전과의 비교가 필요한데, 그 당시에는 이슬람에 대한 부정적 시각을 표출하는 일이 상대적으로 자유로웠다. 이를 보여줄 좋은 사례는 1954년 공산당 집회에서 무함마드를 가짜 선지자로, 꾸란을 시대에 뒤떨어진 책으로 규정하는 주장이 제기된 사건이다. 이 사실이 신문 보도를 통해 알려지자 이슬람 세력은 항의 집회를 개최하고 관련자 처벌을 요구했지만, 공산당원에 대한 제재가 가해지지 않은 채 사태는 진정되었다. 출판물 역시 예외가 아니어서 이슬람을 외래 종교라는 이유로 거부하고 이슬람 교리를 희화화하여 비판한『다르마간둘Darmagandhul』이 출판되었지만, 이슬람 세력의 항의 집회만을 촉발시켰을 뿐 출판이 금지되지는 않았다(Feith 1962: 350).[7] 이러한 사례는 70년 대 이전까지 이슬람과 무슬림에 대한 비난이나 모독을 포함한 다양한 의견이 자유롭게 표현될 수 있었음을 보여준다. 이러한 도발적 행동에 대해 이슬람 세력은 반감을 표현했지만 뚜렷한 결실을 얻어내지는 못했다.

반면 1990년대 들어 일어난 유사한 성격의 사건은 반이슬람적 담론이나 이슬람에 대한 비판이 더 이상 용납되지 못함을 보여준다. 그중 하나가 1990년에 발생한 『모니터Monitor』잡지 사건이다. 이 잡지는 가장 존경하는 인물이 누구인지를 묻는 앙케트 결과를 게재했는데, 선지자 무함마드가 11위를 차지했다. 이 사실이 알려지자 비판 여론이 비등해졌고, 이슬람 단체가 잡지사를 방문하여 시설을 파괴하기까지 했다. 이에 『모니터』측은 방송에 출연하여 잘못을 시인하고 유력 일간지에 사과문을 실었지만, 사태는 진정되지 않았다. 종국에는 『모니터』지를 폐간하고 편집자를 처형해야 한다는 이슬람 세력의 요구가 터져 나오고 반대 시위가 걷잡을 수 없을 정도로 확대되자, 정부는 그 요구를 수용하여 『모니터』지를 폐간하고 편집자를 기소했다(김형준 2001: 173~5).

이슬람과 관련된 잘못된 언행이 쉽게 용서될 수 없음을 예시하는 또다른 사례는 1995년 발생한 공보부 장관 하르모꼬Harmoko의 실수였다. 그가 전통 예술인 와양을 공연하던 중 꾸란의 첫번째 장인 「알파티하al-Fatihaah」의 한 구절을 잘못 낭송했던 것이다. 이 사실이 알려지자 그를 사

---

7 이슬람 교리를 희화화하여 표현하는 행위는 이전 시기에 쉽게 찾아볼 수 있는데, 예를 들어 기어츠가 조사한 지역에서는 동네 아이들이 무슬림 여성의 베일을 냉소적으로 표현한 노래를 부르기까지 했다(Geertz 1960: 357~8).

법 처리해야 한다는 주장이 제기되었고, 여러 이슬람 단체가 연합하여 대규모 시위를 열었다. 이에 하르모꼬는 자신의 실수를 공개적으로 사과해야 했고 메카로의 순례를 통해 죄를 정화하는 행보를 취해야 했다(김형준 2001: 172~3). 사소하게 보일 수 있는 실수로 인해 혹독한 대가를 치러야 했던 이유는 그가 유력 정치인이기 때문만은 아니었다. 일반인 역시 그와 유사한 처지에 놓일 수 있음을 보여주는 사건이 계속 발생했는데, 이슬람을 비판하거나 주도적 종교 해석과 차이가 나는 해석을 제시한 사람이 다른 무슬림에 의해 고소되어 종교모독죄로 징역형을 받는 경우가 빈번하게 일어났다(Crouch 2012: 515). 수하르또 퇴진 이후에는 이단적 경향을 주창하는 사람이나 집단을 물리적으로 공격하는 경우도 발생했다(Pringle 2010: 168~174).[8]

이러한 사건은 1990년대 이후 이슬람 관련 문제가 공적 영역에서 취급되는 방식이 이전과는 비교할 수 없을 정도로 변화했음을 시사한다. 이슬람 관련 문제는 무슬림에게 있어 사소하게 넘어갈 수 있는 문제가 아니며 그에 대한 비판적 시각이나 상이한 해석은 용납될 수 없는 행위로 인식되어 적극적인 대응의 대상으로 자리 잡았다.

이슬람 교리에 대한 상이한 의견을 마음에 품을 자유 혹은 이슬람에 대한 개인적 시각이나 해석을 드러내지 않을 자유가 보장되고 있는 것은

---

8 아흐마디야Ahmadiyah 섹트에 대한 급진적 이슬람 세력의 공격은 최근 몇 년 동안 계속되었는데, 이들은 아흐마디야 추종자들을 거주지에서 쫓아내려고 시도했고, 이에 일부 아흐마디야 추종자들은 타지역으로 이주해야 했다. 최근에는 아흐마디야 회원이 살해당하는 사건이 발생했지만, 그에 대해 정치권과 이슬람권은 소극적으로 대응했고, 관련자들은 폭행죄로 단순한 처벌을 받았을 뿐이다(Scherpen 2013: 344~5; Platzdasch 2011).

사실이지만, 1990년대 이후 현재까지의 상황은 이러한 자유의 영역이 점차 축소되고 있으며, 집합적 해석과 집단적 행동의 영역이 점차 확대되고 있음을 보여준다. 이러한 상황이 지속되자 이슬람 관련 문제를 거론하는 과정에 강력한 자기검열적 태도가 작동하게 되었다. 특히 이슬람 관련 문제에 대해 타종교도들은 매우 방어적이고 소극적인 태도를 취하며, 이슬람에 대한 언급 자체를 금기시하거나 이슬람 관련 활동에 간섭하지 않으려는 태도를 보인다. 이를 통해 반이슬람 담론의 유포 가능성은 축소되었고, 사회 전체적으로 종교적 관용도가 감소했다.

2) 비정치적 영역에서의 이슬람식 제도 확대 요구

이슬람 세력이 탈정치화 행보를 보이자 수하르또 정부 역시 이들의 비정치적 요구 중 일부를 수용하는 태도를 취했다. 이슬람 세력이 70~80년대에 얻어낸 가장 가시적인 성과는 선교와 교회 신축 등 종교 활동과 밀접하게 연관된 문제였다.

　선교는 식민지 시절부터 이슬람 세력이 지속적으로 제기했던 문제로서 이들은 기독교도의 적극적인 선교를 비판하고 종교 관련 외국 원조의 규제, 교회 건립 제한, 선교 금지 등을 주장했다. 이슬람 정치인들은 이러한 문제들을 계속 제기해왔지만 가시적 성과를 가져오지 못하다 70년대 후반 이래 정부 정책에 반영되기 시작했다. 1978년에 공포된 법령은 "이미 다른 종교를 가지고 있는 사람 혹은 사람들을 대상으로" 한 포교가 허용될 수 없음을 규정했고, 외국의 종교 관련 원조에도 제한을 두었다(김형준 1997). 이 법령이 지방정부 수준에서 논의되는 과정을 통해 추가적 규제가 첨가되기도 했는데, 예를 들어 족자까르따^{Yogyakarta}에서 열린 종교 대표자 회의에서는 주변 지역의 종교도 수를 고려하여 종교건물 신축 허가를 받아야 하며, 특정 종교의 행사에 타종교도를 초대하지 못하도록 하는 합의문이 만들어졌다(Departemen Agama 1990: 19~48).

정치적 영향력이 약화된 상황에서 오히려 자신들의 요구가 정책에 반영되었다는 사실은 이슬람 세력으로 하여금 탈정치화의 효과, 즉 비정치적 문제와 관련되어 자신들의 대對정부 교섭 능력이 강화되었음을 인식하게 했다. 이는 이슬람 부흥이라는 상황과 맞물려서 이들이 비정치적 영역에서 다양한 요구를 제기할 수 있도록 유도했다.

1990년대를 전후하여 이슬람 세력의 요구가 관철된 주요 사례는 교육법 개정, 할랄 음식 규제, 복권 철폐, 이슬람 은행 설립 등이다. 종교 교육의 의무화는 이슬람 세력의 숙원이었지만, 오랫동안 관철되지 못하던 문제였다. 새로운 교육법 논의가 시작된 80년대 중반 이후 이슬람 조직은 정부를 대상으로 한 로비를 계속했고, 1989년 개정된 교육법에 의거해 종교 교육을 모든 학교에서 의무화시킬 수 있었다(김형준 2001). 할랄 음식 문제는 1988년 인스턴트 라면과 분유에 돼지기름이 함유되어 있다는 폭로성 기사에서 시작되었다(Hartoyo 1988). 종교적 논란이 확대되고 정부의 부적절한 대응에 대한 비판이 확대되자, 정부는 "인도네시아 이슬람지도자협의회$^{Majelis\ Ulama\ Indonesia}$" 산하에 "식품, 약품, 화장품 검사원"을 설립하여 금지된 재료의 이용 여부를 검사하도록 했으며, 1994년부터는 할랄 인증서를 발행하도록 했다. 할랄 음식과 달리 복권은 식민 시대 이래 이슬람 세력이 지속적으로 반대해왔던 문제였다. 이러한 비판에도 불구하고 계속 발행되었던 복권은 1993년 정부의 발매 기간 연장 결정 후 항의 시위가 확산되자 철폐되었다(McBeth 1993). 복권 발행이 커다란 경제적 이권 사업임을 고려하면 정부의 재빠른 대응은 이슬람 세력의 문제 제기를 정부가 심각하게 여기고 있음을 보여준다. 이슬람 은행은 80년대 중반 이후 이슬람 세력의 관심 영역으로 새롭게 편입된 문제였다. 이슬람식 경제에 대한 관심이 확대되고 이슬람 은행 설립에 대한 요구가 이어지자, 정부는 이슬람 은행 설립의 근거를 제공하였고, 이에 1992년 이자가 아닌 이윤과 손실 공유^bagi hasil 원칙에 기반하는 무아말랏은행^Bank Muamalat이 출범하게 되었다(Juoro 2008).

앞에서 살펴본 사건은 70~80년대에 전개된 이슬람 부흥의 영향을 다음의 몇 가지 차원에서 검토할 수 있도록 한다. 첫째, 이슬람의 중요성을 인정하는 무슬림이 증가함에 따라 이슬람 세력의 요구가 더욱 강하게 표출될 수 있었으며, 정부는 비정치적 영역에서 제기된 요구에 대해 훨씬 수용적인 태도를 보였다. 둘째, 이슬람 세력의 요구가 공적 영역에서 활발하게 제기되고 이것을 정부가 받아들이는 과정이 반복됨에 따라 종교와 국가의 관계에 대한 이슬람식 관점이 사회적으로 확산되었다. 이 관점의 핵심은 종교 관련 문제가 개인의 책임하에 놓여 있는 것이 아니라 공적인 수준에서 제도적인 방식을 통해 해결되어야 한다는 것이다. 복권 문제를 예로 들자면, 무슬림의 종교 의식을 고양시켜 복권을 구매하지 않도록 만드는 방식이 아닌 제도적으로 복권을 구매할 수 없는 상황을 만들어야 한다는 것이다. 셋째, 이슬람 세력의 문제 제기 영역이 점차 확대되는 양상이 나타났다. 이슬람 은행 설립 사례에서 보이는 것처럼 이들은 이전까지 관심을 두지 않던 문제를 이슬람식 시각에서 바라보려는 시도를 계속했고, 그 결과 이들의 관심 영역에 꾸준히 새로운 분야가 포함되었다.

수하르또 퇴진 이후 이슬람 세력은 비정치적 영역에서의 요구를 정책에 반영하려는 시도를 가속화했다. 앞서 살펴본 경우를 예로 들면, 종교 건물 신축 관련 규정의 입법화를 통해 기독교 교회의 건립 여지를 극도로 축소시켰고, 기독교계 학교에서 무슬림 학생을 대상으로 한 종교 교육을 무슬림 교사가 수행하도록 교육법을 개정했다. 또한 공산품뿐만 아니라 식당을 대상으로 한 할랄 인증 체계를 강화했고, 은행에 이어 보험, 채권, 전당업으로 이슬람식 금융기관을 확대했다. 이슬람식 제도 확립을 위한 노력은 새로운 영역에서도 계속되어, 미디어와 예술 활동에서 신체 노출 제한, 종교 기부금인 자깟^{zakat}의 의무화, 이슬람 법원의 권한 강화 등과 관련된 요구가 법안에 반영되었다.[9]

3) 이슬람 교리에 기초한 지역 수준의 조례 제정

이슬람 세력의 탈정치화는 역설적으로 이슬람에 대한 관심 확산과 종교 활동의 활성화를 통해 대중적 영향력을 확대시켰다. 이는 수하르또의 대이슬람 정책에도 영향을 미쳤다. 90년대에 들어서자 그는 이슬람 세력을 자신의 협력자로 포섭하려는 움직임을 보였고, 이는 "인도네시아 무슬림지식인연대^{ICMI: Ikatan Cendekiawan Muslim Indonesia}"의 설립으로 가시화되었다.

---

9 이와 관련된 법안은 "종교법원법Undang-Undang Republik Indonesia Nomor 3 Tahun 2006 tentang Peradilan Agama", "포르노그라피법Undang-Undang Republik Indonesia Nomor 44 Tahun 2008 tentang Pornografi", "자깟관리법Undang-Undang Republik Indonesia Nomor 23 Tahun 2011 tentang Pengelolaan Zakat" 등이다.

ICMI는 비정치적 조직이었지만, 당시 부통령인 하비비Habibie의 주도로 유력 이슬람 지도자와 지식인, 공무원과 군부의 엘리트를 회원으로 포섭함으로써 강력한 준準정치 조직체로 자리 잡았다(Hefner 1993).

이슬람 부흥이 이슬람의 정치적 영향력을 강화했다는 점은 수하르또 퇴진 이후 명백해졌다. 이슬람에 기반을 둔 정당이 우후죽순으로 설립되어 상당한 득표율을 얻으며 국회 진입에 성공했다. 이들 정당에는 주요 이슬람 단체에 기반을 둔 정당뿐만 아니라 2004년과 2009년 선거에서 각기 7.3퍼센트와 7.9퍼센트를 득표한 복지정의당PKS과 같은 급진주의적 성향의 정당도 포함되었다.[10]

이슬람 정당의 등장만큼이나 이슬람 부흥이 미친 정치적 영향력을 이해하는 데 중요한 사건은 일부 지방의회에서 이들 정당이 다수당의 지위에 오를 정도로 많은 의원을 확보하거나 이 정당 소속 정치인들이 지방정부의 장으로 선출되었다는 사실이다. 이들 정당은 상대적으로 정치적 공작이 용이한 지방의회에서 "샤리아"라는 이슬람법에 기초한 지방조례Peraturan Daerah 제정에 박차를 가하여 국가법과 상치되는 내용을 상당수 포함한 조례를 공포하였다.

지방조례 제정의 원형은 수마뜨라의 아쩨Aceh 지역에서 찾을 수 있다. 분리운동 종식을 위해 중앙정부가 광범위한 자치권을 제공하자 아쩨에서는 이슬람법 중 일부가 법제화되었다. 아쩨 모델은 이후 일부 지자체에 수용되기 시작해 유행처럼 확산되었다. 2000년 이슬람법에 기반한 지방

---

10 2004년과 2009년 선거에서 이슬람 정당이 획득한 득표율 그리고 이슬람 세력의 정치 활동과 관련해서는 김형준(2008b, 2009)을 참조할 것.

조례를 5개 시도에서 공포하였다면, 그 수는 2002년에는 10개 시도, 2003년에는 23개 시도로 증가하였다. 지역적으로 볼 때 조례 제정은 이슬람의 영향력이 전통적으로 강했던 수마뜨라와 서부 자바, 술라웨시 남부에서 활발하게 이루어졌다(Bush 2008: 179).

조례 제정은 크게 세 가지 영역에서 이루어졌는데, 매춘, 도박, 주류 등과 같은 도덕적 문제, 경전 낭독 능력과 같은 기초적인 종교 교육이나 의례 관련 문제, 그리고 종교적 의무 수행에 관한 문제 등이 그것이다. 가장 많은 지역에서 제정된 조례는 도덕적 문제와 관련된 것으로, 매춘이나 도박 같이 국가법에서도 금지하는 문제뿐만 아니라 주류 판매와 마사지 시설 금지와 같이 국가법과 상치되는 문제를 포함했다.

교육과 관련해서는 경전 낭송 능력을 상급학교에 진학하는 학생, 예비부부, 공무원 신규 임용자 등에게 의무화하는 규정이 가장 광범위하게 만들어졌고, 일부 지역에서는 금요 예배 참여를 강제하는 조례가 제정되었다. 종교적 의무 영역에서는 이슬람식 의복 착용이나 공무원을 대상으로 한 종교헌금 납부의 의무화 등이 주요 의제였는데, 예를 들어 서부 수마뜨라 주의 조례에서는 "중학생, 고등학생, 대학생, 공무원, 회사원이 이슬람식 의복을 착용해야 한다"고 규정했다.[11]

조례 제정이 확산됨에 따라 지역적 특성이 반영되는 경우도 발생했다. 리아우 주에서는 토착화된 아랍 문자를 로마 알파벳에 병기하도록 하는

---

11 2003년 서부 수마뜨라 주 사와룬또Sawahlunto 시와 시준중Sijunjung 도에서 제정한 "무슬림 복장에 대한 조례 Peraturan Daerah Kabupaten Sawahlunto/Sijunjung Nomor 2 Tahun 2003 tentang Berpakaian Muslim dan Muslimah"의 5조에 제시되어 있다.

조례, 따식말라야 도에서는 성별에 따라 수영장 이용을 규제하는 조례, 빠수루안 도에서는 금식월 기간 중의 금지 활동을 규정하는 규칙이 제정되었다.[12] 이러한 와중에 지역 정서가 가감 없이 투영된 조례가 마을 수준에서 공포되는 이례적인 상황이 연출되기도 했다. 술라웨시의 불루꿈바Bulukumba 도 무슬림빠당Muslim Padang 마을에서는 간통, 음주, 도박, 폭행 등에 대해 태형을 실시하는 조례를 공포했다. 이슬람식 형벌이라 이름 붙여진 조례는 다음과 같이 규정되어 있다.[13]

> 9조 1항. (앞의 조례에 규정된) 사항을 위반한 사람은 태형에 처한다.
> 9조 3항. 태형은 마을 사무소에서 이루어지며, 마을의 행정 관료, 지도자, 종교 지도자가 이를 참관한다.
> 10조 1항. 간통 금지를 위반한 사람에게는 ⋯ 100대의 태형이 가해진다.

조례 제정의 지역적 확대와 함께 지역 내에서 조례의 내용이 내적으로 정교화되는 양상 역시 출현했다. 숨바와Sumbawa 섬의 돔뿌Dompu 도에서 이를 찾아볼 수 있으며, 그 전개 과정을 살펴보면 다음와 같다.[14]

---

12 다음 조례나 도지사령 등을 참조할 것. "아랍식 이름 사용에 대한 리아우 주지사 행정명령SK Gubernur Riau No. 003.1/UM/08.1 tentang Penggunaan Nama Arab Melayu", "수영장 방문자 관리에 대한 도지사령Himbauan Bupati Tasikmalaya No. 556.3/SP/03/Sos/2001 tentang Pengelolaan Pengunjung Kolam Renang", "금식월 기간 중 식당 관련 시설의 이용시간 관련 조례Perda Kab. Pasuruan No. 4/2006 tentang Pengaturan Membuka Rumah Makan, Rombong dan sejenisnya pada Bulan Ramadhan".

13 "태형 시행과 관련된 마을 조례Peraturan Desa Muslim Padang Kecamatan Gantarang Kabupaten Bulukumba Nomor 05 Tahun 2006 tentang Pelaksanaan Hukum Cambuk"에서 인용.

2002년 도 조례	승진 대상 공무원, 예비 신랑신부, 중고등학교 신입생 및 졸업생에게 꾸란 낭송 능력 의무화

↓

2004년 도지사령	도지사를 만나고자 하는 공무원과 외부인에게 꾸란 낭송 의무화

↓

2004년 도 조례	면장 선거에 출마하는 모든 후보자와 그 가족이 꾸란을 낭송할 수 있음을 증명해야 함

↓

2005년 도지사령	무슬림 공무원이 금요 예배에 참여하여 꾸란 암송을 하도록 규정함

국가법과 상치되는 요소를 다수 포함하고 있음에도 지방조례 제정이 급속히 확대되었던 데에는 앞서 지적한 이슬람과 관련된 문제에 적극적으로 반대하지 못하는 사회적 분위기, 지역적 수준에서 이슬람 정당이 가진 영향력, 그리고 조례 제정이 전통적으로 이슬람의 영향력이 강한 지역에서 이루어짐으로써 지역 주민으로부터 호의적인 반응을 끌어낼 수 있었다는 점 등이 작용했다. 동시에 이러한 사실은 중앙정부와 기존 거대 정당이 조례 제정에 대해 적극적인 대응을 하지 못하도록 강제한 요인이기도 했다. 소극적 대응은 시민 단체에도 적용되었다. 인권 보호 및 시민사회의 권익 보장을 위해 활동하는 대다수의 시민 단체들 역시 우려를 표명했을 뿐 이를 대규모 반대 운동으로 조직화하지는 못했다

---

14 다음 조례나 도지사령 등을 참조할 것. "꾸란 낭송 의무화 관련 조례Perda Kabupaten Dompu No. 1/2002 tentang Kewajiban Membaca Alquran", "도지사 면담 공무원 및 손님의 꾸란 낭송 의무화 행정명령SK Bupati Dompu Kd.19./HM.00/527/2004, tanggal 8 Mei 2004 tentang Kewajiban Membaca Al-Qur'an oleh Seluruh PNS dan Tamu yang Menemui Bupati", "면정 선거 방식 관련 조례Perda Kab. Dompu No. 11/2004 tentang Tata Cara Pemilihan Kades", "무슬림 공무원에게 있어 꾸란 낭송 의무화 행정명령SK Bupati Dompu No. 140/2005 tanggal 25 Juni 2005 tentang Kewajiban Membaca Al-Qur'an bagi PNS Muslim".

(Mujiburrahman 2013: 173~5).[15]

    유행처럼 번졌던 이슬람식 조례 제정 움직임은 2000년대 후반 소강상태에 접어들었다. 이슬람법 적용이라는 이슬람 세력의 염원이 관철되었다는 조례 제정 초기의 감격과 여기에 부여된 종교적 의미가 시간이 흐를수록 퇴색하였다는 점, 제정된 조례 대다수가 실제 집행되지 않았다는 점, 태형과 같이 상대적으로 커다란 파급력을 가진 조례 제정이 확산되지 않았다는 점 등이 그 원인으로 지목될 수 있다. 정치적으로 볼 때 유도요노의 재선에 따라 정부의 친이슬람적 행보의 필요성이 감소되었다는 점, 이슬람 정당 소속 정치인의 부패가 증가함에 따라 이들의 행보에 제약이 가해졌다는 점도 영향을 미쳤다(Bush 2008: 186~7).

    지난 10여 년간의 상황을 살펴보면 무슬림의 삶을 변혁시키리라 기대했던 이슬람식 조례 제정이 실상 커다란 영향을 미치지 못한 채 관심에서 멀어져 가고 있다는 평가가 가능하다. 이처럼 용두사미식 결과를 가져왔음은 부인할 수 없지만 이슬람법의 적용이 지방정부 수준일지라도 공식화되었다는 사실은 매우 중요하다. 사회적 분위기가 전환될 경우, 이러한 경험은 이슬람식 규범을 지방조례, 나아가 국가법 속에 포함시키려는 요구를 행할 수 있다는 인식을 뚜렷하게 심어주었기 때문이다.

4) 이슬람 급진주의의 대두

이슬람 부흥을 이끈 주요 집단 중의 하나는 무슬림 대학생으로서, 이들

---

15 조례 제정에 강력하게 비판을 제기했던 집단은 이슬람에 기반을 두고 시민사회 운동을 펼쳤던 진보적 이슬람 단체였다. 하지만 대중적 영향력이 미약했던 이들은 효과적으로 반대 목소리를 결집하지 못했다.

은 캠퍼스 내 소규모 종교 모임을 중심으로 활동을 전개했다. 외부적으로 이슬람 교육을 강조하고 일상적 예배, 금요 예배, 금식과 같은 활동에 참여하도록 독려하기 위해 노력함으로써 이러한 움직임은 따르비야^{Tarbiyah}, 즉 이슬람 교육운동이라 명명되기도 했다(Bruinessen 2002: 130~3). 하지만 조직 내부적으로 이들은 이슬람을 현실의 부조리를 극복하고 이상사회를 구축하기 위한 수단으로 받아들임으로써 급진주의적 시각을 취했다(Schwarz 1994: 174~5; Billah 1989: 296~7).

종교적인 면에서 이들은 기존 이슬람 세력의 주도적 종교 해석, 특히 이슬람을 종교적 삶에 제한시켜 적용하려는 경향을 비판하며 이슬람이 삶의 모든 영역에 적용되어야 한다고 주장했다(Thalkhah & Aziz 1989: 15~7). 이러한 시각을 취함으로써 이들은 수까르노 시절 이슬람 분리주의자들이 제기한 이슬람에 기초한 국가 건설의 필요성에 동의했다.

조직상으로 볼 때, 이들은 우스로^{usroh}라 불리는 소규모 집단을 활동의 근간으로 구축함으로써 강한 동질감과 연대감에 기초한 그룹을 형성할 수 있었다(Rahmat 2005: 86~7). 이들 사이에서는 때로 지도자의 절대적인 역할이 강조되어 지도자에 대한 일반 회원의 충성맹세^{baiat}가 이루어지기도 했다(Thalkhah & Aziz 1989: 15~7). 점조직 형태의 조직 구성, 종교 지도자를 신성화하는 경향은 이들 집단이 폐쇄적 공동체를 형성하고 상황에 따라 급진적 세력으로 변형될 잠재력을 가지고 있었음을 시사한다.

자신들과는 다른 종교적 해석을 취하는 무슬림 집단에 대해 이들은 다양한 태도를 취했지만, 서구 기독교에 대해서는 공통의 입장을 표명했다. 서구 기독교가 이슬람 사회를 파괴하기 위한 공세를 계속해왔기 때문에 특히 미국의 공격으로부터 이슬람을 보호할 필요성이 존재한다는 것이다(Thalkhah & Aziz 1989: 15~7). 같은 맥락에서 이들 중 일부는 국가 경계를 넘어서는 무슬림 사이의 연대를 강조했고, 세계의 모든 무슬림을 통치하는 통치체계caliphate의 설립을 지지했다. 이러한 범이슬람주의Pan-Islamism적 시각으로 인해 이들 중 일부는 80년대 중후반부터 아프가니스탄 전쟁에 참여하여(Abas 2005) 타국가 출신 무슬림과의 국제적 연대와 실제 전쟁 경험을 축적했다.

이들 조직이 정부와 직접 대립하기보다는 모스크와 사설 종교교육 기관pesantren을 중심으로 활동했기 때문에 수하르또 통치기에 이들의 활동은 사회적으로 주목을 받지 않았다. 하지만 급진주의적 성향과 강한 연대감에 기반한 이들 조직은 정치적 환경 변화에 따라 급진주의적 활동으로 나아갈 잠재력을 가졌고, 수하르또 퇴진 이후 가시화되었다.

정치적 민주화가 진행된 1998년 이후 급진주의적 집단의 활동은 표면화되었고, 말루꾸Maluku 분쟁을 계기로 급부상했다. 무슬림에 대한 기독교도의 공격이 이슈화되자 말루꾸로 지하드 전사mujahiddin 파병을 위한 금전적, 인적 자원 모집이 대규모로 이루어졌고, 수천여 명이 군사 캠프를 거쳐 분쟁 지역으로 파견되었다(Davis 2002: 12~3).

분쟁 지역 참전에 이어 급진주의적 집단은 서양인을 대상으로 한 테러를 일으켰다. 수백 명의 사상자를 낸 2002년 발리 테러를 시작으로 2009년 자까르따 메리어트 호텔 테러까지 1~2년을 주기로 하여 테러가 계속 일어났는데, 그 배후 세력으로 지목된 조직은 "자마아 이슬라미야JI: Jamaah Islamiyah"였다. JI는 급진주의 조직의 이념적 특성을 잘 보여주는데, 이슬람 국가 설립을 통한 이슬람법의 전면적 적용을 주창했고, 서구 기독교 세력에 대한 증오심을 강하게 표출했다. JI의 수장으로 간주되는 바아시르^{Abu Bakar Baasyir}가 주도한 조직의 「선언문^{Piagam Yogyakarta}」에 드러난 이들의 시각은 다음과 같다(Awwas 2001: 181~2).

> 인도네시아에서 다수를 차지하는 종교도로서 무슬림은 … 이슬람법을 실천하고 확립할 권리와 의무를 가지고 있다. 이슬람법은 인류가 직면하고 있는 모든 사회적, 정치적 그리고 인간적 위기에 대한 유일한 해답이다. … 이슬람법의 확립은 무슬림의 모든 투쟁에 있어 최우선적 목표로 설정되어야 한다.

JI에 따르면, 미국으로 대표되는 서구 기독교 국가는 이슬람 국가권력의 세속화, 정치경제적 지배, 군사적 공세, 세속화된 문화의 확산, 국제기구 등을 통해 무슬림을 직간접적으로 억압해왔기 때문에(Turmudi & Sihbudi 2005: 138), 이들에 대한 테러는 정당화될 수 있었다. JI의 핵심 조직원 상당수가 공유하고 있는 아프간 참전 경험과 조직원 간의 강력한 연대감(Abas 2005: 119~125)은 테러를 수행할 기반으로 기능했다.

정부의 테러 소탕 작전이 본격화된 2000년대 후반 이후 JI의 활동이 소강상태를 보이고 있음에도 불구하고 급진주의적 활동의 발전에 JI가 가진 의미를 간과할 수 없다. 급진적 행동의 새로운 모델을 제공함으로써 JI식의 테러 공격은 종교적 이상을 표출하기 위해 고려할 수 있는 옵션 중의 하나로 자리매김할 수 있었다.

급진주의적 활동은 내전 참여나 테러뿐만 아니라 소규모 테러를 통해서도 표출되었다. 이를 주도한 대표적 조직으로는 이슬람수호전선FPI: Front Pembela Islam이 있다. 이들은 매춘 지역, 나이트클럽, 주류 판매처, 복권 판매소, 극장 등과 같이 퇴폐적이라 규정된 장소를 직접 파괴하는 행동을 자행했다(Turmudi & Sihbudi 2005: 177~179). FPI는 종교적으로 논란을 일으킨 문제에도 적극 참여하여 『플레이보이』 발간 반대 시위, 아흐마디야 섹트에 대한 공격, 교회 신축에 대한 반대 시위, 자유주의 무슬림 집단에 대한 공격과 같은 활동의 선봉에 섰다(김형준 2006; Yunanto et al. 2003: 57~61).

FPI에 따르면, 인도네시아 사회는 매춘, 도박, 포르노, 마약, 갈취, 음주, 폭력 등과 같이 종교적으로 금지된 부도덕한kemaksiat 삶으로 가득 차 있지만, 정부와 지배세력은 이를 방조할 뿐만 아니라 이를 통해 이익을 얻어왔다. 이들에게 이슬람만이 이런 문제를 모두 해결할 수 있는 대안이며, 이슬람법의 실천을 통해 도덕적 타락, 사회경제적 불평등을 해소시킬 수 있다는 것이다. FPI는, 타인의 잘못된 행동을 방기하는 것은 종교적으로 용납되지 않으며[16] 선지자 무함마드 역시 물리적 힘을 동원하여 오류를 바로잡으려 했다는 사실을 지적하면서 자신들의 소규모 테러를 정당화했다(Rosadi 2008: 153~4).

FPI의 활동은 이슬람이 부조리와 무기력함을 경험하는 무슬림에게 있어 사회변혁의 매개, 욕구 충족의 수단, 불만 표출의 통로로 기능할 수 있

---

[16] FPI가 이용하는 꾸란의 「알안팔al-Anfal」 25절suroh은 "너희 가운데 죄지은 자에게만 전적으로 내려지지 아니하는 고통을 알라. 그리고 알라께서는 엄하게 응보하심을 기억하라"고 기록되어 있다(이슬람국제출판국 1988: 342).

음을 시사한다. 또한 이들의 소규모 테러 활동은 일반인들로 하여금 일상의 제 영역이 집단적 제재의 대상이 될 수 있음을 환기시켜 주는 효과가 있었다. 이는 비이슬람적이라고 인식될 만한 언행을 자제하려 하는 자기검열적 경향을 강화시킴으로써 이슬람에 우호적인 사회 분위기를 형성하는 데 일조했다.

4. 맺으며

지금까지 인도네시아 이슬람의 변화 양상을 1970년대 이후의 이슬람 부흥에 초점을 맞추어 검토해보았다. 인도네시아 이슬람 역사에 있어 1970년대 이후는 매우 중요한 시기로, 수백 년 동안 진행되었던 이슬람화 과정에 새로운 차원이 첨가되었다고 평가할 수 있다. 이슬람을 믿음의 차원이 아닌 실천의 대상으로 바라보는 집단이 확대되었고, 그에 따라 이슬람의 사회문화적, 나아가 정치적 영향력이 증가했다. 이슬람 부흥의 영향을 정리하면 다음과 같다.

첫째, 이슬람 부흥이 가져온 가장 큰 변화는 주변을 바라보는 준거 틀로서 이슬람의 역할이 강화되었다는 점이다. 즉, 이슬람을 실천하려고 노력하는 무슬림에게 "이것이 이슬람적인가?"라는 문제가 중시되기 시작했는데, 여기서 주목할 측면은 "이것"에 포함될 수 있는 영역이 무한대로 확장될 수 있다는 점이다. 지난 40여 년 동안 인도네시아 무슬림은 보다 많은 행동을 "이것" 범주에 포함시키고자 노력했고, 그 결과 이슬람을 적용하려는 시도가 종교적 범주를 넘어서는 일상의 영역으로 전개되었다.

둘째, 이슬람을 통해 주변을 이해하고 행동하려는 경향이 강해짐에 따라 "이슬람적/비이슬람적"이라는 구분이 삶의 핵심적인 문제로 부각되었고, 이를 판단할 근거로 꾸란과 하디쓰의 위상이 더욱 높아졌다. 이러한 변화는 경전중심주의를 확산시키는 결과를 가져왔는데, 역사적이고 맥락적인 경전 해석이 제공할 수 없는 명확한 이분법적 구분을 그것이 제공해주었기 때문이다. 이 글에서 검토한, 이슬람 부흥이 가져온 장기적 수준의 영향은 모두는 경전의 내용을 있는 그대로 이해하고 실천하려는 흐름에 의해 주도되었다.

셋째, 이슬람 부흥의 결과 상대적으로 커다란 변이를 보이지 않던 인도네시아 무슬림의 내적 분화가 가속화되었다. 물리적 힘에 의존하여 이슬람 사회를 건설하려는 급진주의적 경향, 이슬람법을 국가의 제도 속에서 실현하려는 근본주의적 경향, 이슬람 의무 수행을 강조하지만 이슬람의 제도화에 적극적이지 않은 개혁주의적 경향, 전통적인 이슬람 실천 방식을 지지하고 종교적 믿음의 측면을 강조하는 전통주의적 경향, 역사적이고 맥락적인 종교 해석을 지지하는 신근대주의적 경향, 그리고 종교적 의무 수행에 무관심하며 혼합적 색채를 강하게 띠고 있는 혼합주의적 경향 등이 공존함으로써 무슬림의 종교적 지향이 다변화되는 양상이 전개되었다. 아방안abangan이라 불리던 혼합주의적 성향의 무슬림을 제외한다면, 앞의 다섯 범주는 산뜨리santri 범주에 속하던 집단으로서 이슬람 부흥이 산뜨리 집단의 분화를 촉진시켰음을 알 수 있다. 이들 산뜨리 집단의 대중적 영향력 및 집단 간의 역학 관계가 지난 40여 년간 어떻게 변화해왔는지 국가적 수준에서 파악하기란 쉽지 않지만, 급진주의적 경향과 근본주의적 경향의 무슬림이 더욱 활성화된 모습을 보이고 있음은 명백하다.

따라서 이들 집단의 적극적인 활동이 산뜨리 집단 내의 영향력 확대로 나아갈 수 있을지의 문제는 향후 인도네시아 이슬람의 변화를 검토하는 데 있어 핵심적인 것이라 할 수 있다.

넷째, 이슬람 부흥을 통해 공적 영역에서 이슬람의 영향력이 강화됨에 따라 이슬람과 다른 종교 사이의 긴장이 높아졌다. 수하르또 퇴진 이후 한동안 전개된 이슬람 세력과 기독교 세력 간의 종교 갈등은 이를 잘 보여주는데, 물리적 충돌 이외의 영역에서도 종교도 간의 긴장이 고조되었다. 다수의 무슬림이 인도네시아의 통합이라는 국가적 이상을 공유하고 있음으로 인해 종교도 간의 긴장을 이용하려는 일부 이슬람 집단의 시도는 큰 호응을 이끌어내지 못하고 있다. 하지만 근본주의적 성향의 무슬림들이 이슬람에 기초한 국가 건립을 명시적으로 시도할 경우, 축적된 종교도 간의 갈등이 극단적으로 표출될 가능성은 상존한다. 이런 의미에서 이슬람 부흥은 인도네시아를 "주어진 것the given"으로 확립하고자 했던 국가주의적nationalistic 시도를 훼손할 가능성을 높였다고 평가할 수 있다.

참고 문헌

김형준. 1997. "종교 자유에 대한 변화하는 해석: 인도네시아의 사례". 『동남아시아연구』 5. 3~23쪽.

_____. 2001. 「인도네시아의 변화하는 이슬람과 국가」. 김영수 외 공저. 『동남아의 종교와 사회』. 오름. 151~182쪽.

_____. 2006. "플레이보이와 인도네시아 이슬람". 『동아시아브리프』 1(3). 66~71쪽.

_____. 2008a. "인도네시아 이슬람의 자유주의와 종교다원주의". 『동아연구』 54. 327~361쪽.

_____. 2008b. 「인도네시아 선거정치와 지역 수준의 정치적 동학: 무함마디야의 대선 참여」. 신윤환 편. 『동남아의 선거와 정치사회적 변화』. 서강대학교 출판부. 139~172쪽.

_____. 2009. "2009년 인도네시아 총선: 집권 여당의 승리와 기존 정당의 정체". 『동아시아브리프』 3(3). 72~78쪽.

_____. 2011. "이슬람의 유입과 자바 무슬림의 능동적 대응: 종교 텍스트에 대한 분석을 중심으로". 『동남아시아연구』 21(2). 155~182쪽.

_____. 2012. "인도네시아 이슬람 조직의 구조와 특성: 엔우와 무함마디야를 중심으로". 『동남아시아연구』 22(2). 95~131쪽.

양승윤. 1993. "말레이시아 인도네시아 양국의 이슬람 부흥운동 비교연구". 『한국이슬람학회논총』 4. 195~209쪽.

제대식. 1998. "인도네시아 이슬람 부흥운동의 역사적 의의: NU와 Muhammadiyah 비교연구". 『한국이슬람학회논총』 8. 45~71쪽.

Abas, Nasir. 2005. *Membongkar Jamaah Islamiyah: Pengakuan Mantan Anggota JI*. Jakarta: Grafindo.

Abuza, Zachary. 2007. *Political Islam and Violence in Indonesia*. London & New York: Routledge.

Adnan, Z. 1990. "Islamic Religion: Yes, Islamic Ideology: No! Islam and the State in Indonesia." Arief Budiman (ed.). *State and Civil Society in Indonesia*. Victoria: Monash University.

Ahnaf, Iqbal. 2006. *The Image of the Other as Enemy: Radical Discourse in Indonesia*. Chiang Mai: Silkworm Books.

Andaya, Watson and Ishii, Yoneo. 1992. "Religious Developments in Southeast Asia, c. 1500-1800." Nicholas Tarling (ed.). *The Cambridge History of Southeast Asia, Volume One*

From Early Times to c. 1800. Cambridge: Cambridge University Press.

Awwas, Suryahardi (ed.). 2001. *Risalah Konggres Mujahidin I dan Penegakan Syari'ah Islam.* Yogyakarta: Wihdah Press.

Azra, A. 1996. "Contemporary Islamic Renewal in Indonesia." *Kasarinlan: Philippine Journal of Third World Studies* 12(2). pp. 57~68.

_____. 2005. *Indonesia, Islam, and Democracy: Dynamics in a Global Context.* Jakarta: Solstice Publishing.

Barten, Greg. 2005. *Indonesia's Struggle: Jemaah Islamiyah and the Soul of Islam.* Sydney: University of New South Wales Press.

Beatty, A. 1999. *Varieties of Javanese Religion: An Anthropological Account.* London: Cambridge University Press.

Billah, M. M. 1989. "Gerakan Kelompok Islam di Yogyakarta." Abdul Aziz et al. (eds.). *Gerakan Islam Kontemporer in Indonesia.* Jakarta: Pustaka Firdaus.

Boland, B. J. 1982. *The Struggle of Islam in Modern Indonesia.* The Hague: M. Nijhoff.

Budiwanti, Erni. 2000. *Islam Sasak: Wetu Telu versus Waktu Lima.* Yogyakarta: LKiS.

Bush, Robin. 2008. "Regional Sharia Regulations in Indonesia: Anomaly or Symptom?" Greg Fealy & Sally White (eds.). *Expressing Islam: Religious Life and Politics in Indonesia.* Canberra: The Australian National University.

van Bruinessen, Martin. 2002. "Genealogies of Islamic radicalism in post-Suharto Indonesia." *Southeast Asia Research* 10(2).

Crouch, Melissa. 2012. "Law and Religion in Indonesia: The Constitutional Court and the Blasphemy Law." *Asian Journal of Comparative Law* 7(1).

Davis, Michael. 2002. "Laskar Jihad and the Political Position of Conservative Islam in Indonesia." *Contemporary Southeast Asia* 24(1). pp. 12~32.

Drewes, G. 1978. *An Early Javanese Code of Muslim Ethics.* The Hague: Nijhoff.

Departemen Agama. 1990. *Munakahat Membina Keluarga Sakinah dan Keputusan Forum Dialog Pemuka-Pemuka Agama Prop. Daerah Istimewa Yogyakarta.* Yogyakarta: Kantor Departemen Agama.

Feillard, Andree. 1999. *NU vis-a-vis Negara: Pencarian Isi, Bentuk dan Makna.* Yogyakarta: LKiS.

Feith, Herbert. 1962. *The Decline of Constitutional Democracy in Indonesia.* Ithaca and London: Cornell University Press.

Geertz, Clifford. 1960. *The Religion of Java.* Glencoe: The Free Press.

Hadler, Jeffrey. 2008. *Muslims and Matriarchs; Cultural Resilience in Indonesia through Jihad and Colonialism.* Ithaca and London: Cornell University Press.

Hartoyo, Budiman. 1988. "Menguber Si Tangan Jail." *Tempo* November 26.

Hasan, Noorhaidi. 2006. *Laskar Jihad: Islam, Militancy, and the Quest for Identity in Post-New Order Indonesia.* Ithaca: Cornell Southeast Asia Program.

Hefner, Robert. 1987. "Islamizing Java: Religion and Politics in Rural East Java." *Journal of Asian Studies* 46(3). pp. 553~554.

_____. 1993. "Islam, State, and Civil Society: ICMI and the Struggle for the Indonesian Middle Class." *Indonesia* 56. pp. 1~35.

_____. 2000. *Civil Islam: Muslims and Democratization in Indonesia.* Princeton: Princeton University Press.

Jahroni, Jajang. 2008. *Defending the Majesty of Islam: Indonesia's Front Pembela Islam 1998-2003.* Bangkok: Silkworm Books.

Johns, A. H. 1987. "Indonesia: Islam and Cultural Pluralism." J. Esposito (ed.). *Islam in Asia: Religion, Politics and Society.* New York & Oxford: Oxford University Press.

Juoro, Umar. 2008. "The Development of Islamic Banking in the Post-Crisis Indonesian Economy." Greg Fealy & Sally White (eds.). *Expressing Islam: Religious Life and Politics in Indonesia.* Canberra: The Australian National University.

Kuntowijoyo. 2001. *Muslim tanpa Masjid: Esai Esai Agama, Budaya, dan Politik dalam Bingkai Struktural Transedental.* Bandung: Mizan.

Liddle, William. 1996. "The Islamic Turn in Indonesia: A Political Explanation." *Journal of Asian Studies* 55(3). pp. 613~634.

McBeth, John. 1993. "Lottery Lament: Government Backs Down in Face of Rising Public Protest." *Far Eastern Economic Review* December 9. p. 22.

Moertono, S. 1963. *State and Statecraft in Old Java: A Study of the Later Mataram Period, 16th to 19th Century.* Ithaca: Cornell Modern Indonesian Project Monograph Series.

Mujiburrahman. 2013. "The Politics of Shariah: The Struggle of the KPPSI in South

Sulawesi." Martin van Bruinessen (ed.). *Contemporary Developments in Indonesian Islam: Explaining the 'Conservative Turn.'* Singapore: Institute of Southeast Asian Studies.

Nakamura, Mitsuo. 2012. *The Crescent Arises over the Banyan Tree: A Study of the Muhammadiyah Movement in a Central Javanese Town, c. 1910s-2010* (2nd Enlarged Edition). Singapore: ISEAS.

Pew Forum on Religion & Public Life. 2012. *The Global Religious Landscape: A Report on the Size and Distribution of the World's Major Religious Groups as of 2010.* Washington: Pew Research Center.

Platzdasch, Bernhard. 2011. *Religious Freedom in Indonesia: The Case of the Ahmadiyah.* Singapore: ISEAS Working Paper, Politics & Security Series No. 2.

Pranowo, Bambang. 1990. "Which Islam and Which Pancasila? Islam and the State in Indonesia: A Comment." Arief Budiman (ed.). *State and Civil Society in Indonesia.* Victoria: Monash University.

_____. 1991. "Creating Islamic Tradition in Rural Java." Ph. D. Dissertation. Victoria: Monash University.

Pringle, Robert. 2010. *Understanding Islam in Indonesia: Politics and Diversity.* Honolulu: University of Hawaii Press.

Rahmat, Imdadun. 2005. *Arus Baru Islam Radikal: Transmisi Revivalisme Islam Timur Tengah ke Indonesia.* Jakarta: Penerbit Erlangga.

Ricklefs, M. C. 1981. *A History of Indonesia.* Bloomington: Indiana University Press.

Robson, R. 1981. "Java at the Crossroads: Aspects of Javanese Cultural History in the 14th and 15th Centuries." BKI 137. pp. 259~292.

Rosadi, Andri. 2008. *Hitam-Putih FPI: Mengungkap Rahasia-rahasia Mencengangkan Ormas Keagamaan Paling Kontroversial.* Jakarta: Nun Publisher.

Scherpen, Bastiaan. 2013. "Enforcing Religious Freedom in Indonesia: Muslim Elites and the Ahmadiyah Controversy after the 2011 Cikeusik Clash." *Regime Change, Democracy and Islam: The Case of Indonesia.* Leiden: Universiteit Leiden.

Schwarz, Adam. 1994. *A Nation in Waiting: Indonesia in the 1990s.* NSW: Allen & Unwin.

Sidel, John. 2006. *Riots, Pogroms, Jihad: Religious Violence in Indonesia.* Ithaca and London: Cornell University Press.

Tamara, Nasir. 1986. *Indonesia in the Wake of Islam: 1965-1985*. Kuala Lumpur: Institute of
Strategic and International Studies.

Thalkhah Imam and Aziz Abdul. 1989. "Gerakan Islam Kontemporer di Indonesia: Sebuah
Kajian Awal." Aziz Abdul et al. (eds.). *Gerakan Islam Kontemporer in Indonesia*. Jakarta:
Pustaka Firdaus.

Turmudi, Endang and Sihbudi, Riza (eds.). 2005. *Islam dan Radikalism di Indonesia*. Jakarta:
LIPI Press.

Vatikiotis, Michael. 1996. *Political Change in South-East Asia: Trimming the Banyan Tree*.
London: Routledge.

Yunanto et al. 2003. *Gerakan Militan Islam di Indonesia dan di Asia Tenggara*. Jakarta: The
Ridep Institute.

2

이슬람 부흥의 문화적 특징과 의미

말레이시아의 사례

홍석준

이 글은 2013 한국동남아학회 춘계학술대회(국립목포대학교 교수회관, 2013. 5. 10~11.)에서 발표한 글을 대폭 수정, 보완한 것임. 이날 발표와 토론 과정에서 유익한 질문과 논평을 제공해준 분들께 감사드린다.

1. 들어가며

1970년대 이후 세계 각지의 이슬람 세계에서는 사우디아라비아의 와하비Wahabi 운동[1]에 영향을 받은 아랍 민족주의가 대두하기 시작했고, 오일 쇼크의 영향과 이란의 이슬람 혁명Islamic Revolution이 성공하면서 새로운 변화에 직면하게 되었다. 이러한 무슬림 국가Muslim country의 정치적, 사회적 변화 중에서 가장 근본적이고 획기적인 변화는 이란의 이슬람 혁명 성공과 소련의 아프가니스탄 침공이었다고 말할 수 있다. 이 같은 변화는 결국 아랍 민족주의적 성향과 결합되어 아랍뿐만 아니라 모든 무슬림 국가의 단결을 촉구하는 계기가 되었고, 경제적으로는 오일 쇼크의 위기라는 세계경제의 새로운 판도를 야기했다. 결국 이러한 아랍 이슬람의 내부적 변화는 말레이시아를 비롯한 다른 무슬림 국가에도 파급되어 기존의 사회질서에 엄청난 정치적, 종교적 변동과 파장을 불러일으켰다(사르다르·데이비스 2007).

말레이시아의 경우, 1970년대 이후 주로 대학생들과 지식인 집단을 중심으로 이슬람 부흥(운동)Islamic Revivalism, Islamic Resurgence, Islamic Revitalization, Islamic Reflowering[2]이 급속도로 퍼져나갔다. 전통 이슬람으로부터 근대적 이슬람으로의 변화를 촉구하는 이 운동은 사회 전반에 걸쳐 광범위하게 확산되었다(홍석준 2001).

오늘날 전 세계의 관심을 집중시키고 있는 종교적 변화 중에서 가장 특

---

1 18세기 중앙 아라비아에서 무함마드 이분 아브드 알 와하브가 창시하여 일어난 개혁 운동으로 이슬람의 근본정신으로 돌아갈 것을 주장했다. 후에 근본주의적, 민족주의적 성격을 띠어 이슬람 민족국가의 성립에 큰 영향을 끼쳤다.

기할 만한 점은 대부분의 종교에서 근본주의적 경향이 점차 강화되고 있다는 사실이다. 서구 합리주의에 기초한 근대화가 급속도로 진행되는 현대사회에서 이들은 오히려 종교에 대한 관심과 실천이 증대하고 있을 뿐만 아니라 종교의 영향력 역시 더 강화되는 경향을 보인다. 그것은 과학과 이성에 기초하여 근대성을 추구하고자 하는 유럽 중심의 계몽주의 철학이나 사상의 근원에 대해 본질적인 의문을 제기하는 것으로 해석될 수 있다(Gellner 1992; Ahmed and Donnan et. al 1994).

일반적으로 근본주의를 표방하는 각 교파의 기본 입장은 종교의 기본 교리나 이념의 불변성을 수용하는 데서 출발한다. 즉, 종교적 교리나 이념 및 가치들이 시대적 상황의 차이나 문화적 환경 변화에 따라 달라지지 않는다고 보는 것이다. 이러한 입장은 기본적으로 성문화된 교리와 율법, 그리고 정통 신학의 관점을 전제로 불변의 종교적 진리를 추구하는 성격을 지닌다. 따라서 교리와 경전 그리고 율법을 절대시하는 종교들의 신학적 관점에는, 비록 정도의 차이는 있을지라도 거의 예외 없이 근본주의적 경향이 포함되어 있다고 말할 수 있다.

---

2 현대 말레이시아에서 이슬람 부흥(운동)은 여러 이름으로 불린다. 이슬람 부흥(운동)Islamic Revivalism, 이슬람 부활(운동)Islamic Resurgence, 이슬람 재생(운동)Islamic Revitalization, 이슬람 재활(운동)Islamic Reflowering 등이 그 것이다. 말레이시아에서는 다꽈dakwah라고 불린다. 이것은 1970년대 초 말레이 사회에서 가시화되기 시작하여 현재까지 말레이시아 사회 전반에 걸쳐 지속적으로 영향력을 행사하고 있는 운동으로, "이슬람적 기풍의 재천명reassertiveness of the Islamic ethos"(Hussin Mutalib 1993: ix)과 이를 통한 사회 전반의 이슬람화를 지향하는 경향의 일종의 사회운동 또는 사회변화라고 정의할 수 있다(소병국 1997: 139 참조). 여기서는 말레이시아의 이슬람 부흥운동이 사회 전반의 이슬람화를 지향하는 운동의 성격을 갖는 것으로 파악하여 이슬람 부흥운동과 이슬람화를 같은 의미로 사용한다. 이슬람 부흥운동의 역사와 특징, 그리고 그것의 정치적, 사회적 의미에 관한 분석으로는 모지와 밀레(Mauzy and Milne 1983~84), 나가타(Nagata 1984), 무자파르(Muzaffar 1987), 자이나 안와르(Zainah 1987), 후씬 무딸립(Hussin Mutalib 1990, 1993), 조모와 샤베리(Jomo and Shabery 1992), 무함마드 슈크리 살레(Muhd Syukri Salleh 1992), 소병국(1997), 양승윤(1993), 이경찬(2001), 홍석준(1993, 1997) 등이 있다.

이슬람교는 세계의 여러 종교 중에서도 근본주의적 경향을 가장 강력하게 드러내는 종교 중 하나라고 말할 수 있다. 이슬람교의 근본주의적 색채는 정치, 행정, 경제, 사회, 문화 등 거의 모든 영역에 걸쳐 널리 퍼져 있다(Dekmejian 1985; Gellner 1992: 2~22).[3] 이슬람 근본주의를 신봉하는 무슬림들은 이슬람법Syariah이 모든 사회질서의 도덕적, 윤리적 기준이 되고, 이슬람 경전에 대한 지식과 정치적 경륜을 겸비한 울라마ulama(이슬람 종교학자)가 최고의 권위를 갖는, 이른바 무슬림 공동체Ummah에 기초한 이슬람 국가Islamic state를 건설하는 것을 궁극적인 목표로 삼고자 한다(Hussin Mutalib 1993: 48). 이를 위해서는 사회의 모든 가치가 이슬람 중심으로 규정되어야 하며, 특히 이슬람의 신학적 관점에서 종교와 정치가 통합되어야 한다는 믿음을 철저히 고수한다(Nagata 1984: 65).

이와 같이 근본주의적 색채를 강조하거나 그러한 경향을 추구하는 모든 이슬람 교파들은 이슬람 경전에 기초한 정통 교리를 절대시하고 이슬람 율법과 더불어 신학의 원칙이나 가치를 고수하고자 한다는 점에서 공통점을 지닌다. 그러나 모든 종교적 교리에 대한 해석이 다양한 것과 마찬가지로 이슬람 근본주의의 입장이나 관점에 대한 해석도 하나로 통일되어 있다고 보기는 어렵다. 이슬람 근본주의의 입장이나 관점 및 그에 대한 해석은 각 무슬림 사회의 특수한 문화적 배경이나 역사적 경험으로 인해 매우 다양한 양상을 띠며 그 의미도 서로 다르게 해석될 수 있다. 즉 어

---

3 전지전능한 절대적 존재로서 알라의 유일성을 전제로 하고 꾸란과 하디쓰 등의 경전을 절대시할 것을 가르치는 이슬람교의 기본 입장과 신학적 관점은 최근에 이슬람 형제애Islamic brotherhood를 중심으로 모든 무슬림의 일체감과 통일을 강조하는 이슬람 보편주의Islam universalism 또는 범이슬람주의Pan-Islamism를 부각시키는 경향을 보이고 있다(Aliran 1979; Halliday 1994: 91~93; Bagader 1994: 114).

떤 무슬림 사회에서는 이슬람 근본주의의 강도나 색채가 보다 강하고 뚜렷하게 부각되는 데 반해, 다른 사회에서는 그것이 약하게 나타날 수 있는 것이다. 이러한 차이는 이슬람의 원칙이 무슬림의 일상생활에 미치는 영향의 정도에 따라 판가름할 수 있을 뿐이다.

이슬람의 입장이나 관점의 차이보다 더 중요한 것은 무슬림들이 실제로 어떠한 행위를 하는가, 이슬람 규범에 적합하지 않은 행위와 이슬람적인 행위를 구분하는 기준은 무엇인가 등에 대한 적절한 해답을 구하는 일이다. 무슬림들의 일상적인 실천에 대한 평가는 단순히 외부적 조건에 의해서만 규정되지는 않는다. 각 무슬림의 신앙심 정도의 차이는 이상적인 비전과 현실적인 경험 사이에 존재하는 단절이나 괴리를 극복하고자 하는 무슬림들의 일상적인 태도와 행위에 반영되어 나타난다.

따라서 이슬람의 실제적인 의미를 제대로 이해하기 위해서는 이슬람의 이상적 규범이나 당위보다는 무슬림의 현실적 경험이나 실천을 분석해야 한다. 이슬람에 대한 지식과 실천은 모든 무슬림들에게 동일한 방식으로 공유되는 것이 아니라 그것이 수용되는 문화적 상황이나 역사적 경험의 특성에 따라 상이하게 해석된다. 따라서 말레이 무슬림들이 이슬람의 규범과 가치를 해석하고 실천하는 양상과 그 의미는 매우 이질적일 수밖에 없다. 말레이 무슬림의 이슬람에 대한 해석은 그들의 관점에서 일상생활 속에 용해된 이슬람 신앙의 본질과 그에 대한 상이한 해석, 그리고 정치적, 사회적 상황을 모두 고려해야 할 것이다.[4]

---

4 이 부분은 「동남아시아연구」 11호에 실린 "현대 말레이시아 이슬람부흥운동의 문화적 의미"(2001) 1~3쪽의 내용을 토대로 대폭 수정, 보완한 것임.

이 글의 목적은 말레이시아를 대상으로 이슬람 부흥의 문화적 특징과 의미를 고찰하기 위한 것이다. 이를 위해 말레이시아의 이슬람 부흥 또는 이슬람화Islamisasi, Islamization의 최근 변화 양상을 검토하고 말레이시아 이슬람 부흥의 전개와 영향에 대해 기술, 분석함으로써 말레이시아 이슬람화의 향후 전망을 제시해보고자 한다. 이로써 1970년대 이후 현재까지 말레이시아에서 급속도로 확산되기 시작한 이슬람 부흥의 문화적 의미를 말레이시아의 사회적 맥락 속에서 이해할 수 있을 것이다. 말레이시아에서 이슬람화는 말레이 무슬림들에게 이슬람의 정통 교리와 경전, 그리고 율법을 강조하는 방향성을 지닌 채 현재까지 지속, 강화되고 있다. 이것은 말레이시아에서 이슬람 부흥 또는 이슬람화가 근본주의적 색채가 강화되는 방향으로 진행되고 있음을 시사한다.

2. 이슬람 부흥의 특징과 전개 양상

현대 말레이시아 사회에서 이슬람을 신봉하는 말레이인은 총인구의 약 56퍼센트를 차지하고 있다(Department of Statistics 2013). 이슬람이 말레이 반도에 유입된 이래 이슬람과 관련된 문화적 전통은 말레이 사회에서 중요한 지위를 차지해왔다. 이슬람의 기본 교리와 가치는 말레이 사회를 하나로 묶는 정신적 구심점의 역할을 해왔으며, 말레이인의 윤리의식과 도덕을 규정하고 말레이인의 단결과 유대를 강화하는 핵심적인 가치와 이념을 제공해왔다.

그러나 말레이시아에서 이슬람의 교리와 원칙을 강조하는 다양한 구호나 프로그램이 활성화된 것은 1970년대 이후 말레이시아의 정치적, 사회경제적 변화가 급속도로 진전되기 시작한 시점부터이다. 1970년대 초반부터 말레이시아 정부는 신경제정책NEP: New Economic Policy을 통하여 말레이시아 사회의 재구조화와 빈곤 척결을 목표로 내세웠다. 그것은 중국인과 말레이인 간의 경제적 격차를 해소하고 말레이인의 빈곤을 척결함으로써 그들을 근대화시키고자 한 것이었다. 말레이시아 정부의 이러한 정책적 시도들은 말레이인들의 의식과 태도에 지대한 영향을 미쳤다. 말레이인들은 자신의 민족적, 문화적 정체성을 제대로 인식할 수 있는 가치 기준이나 행동 규범에 대한 필요를 절감했다. 이로 인해 이슬람은 말레이인과 비말레이인을 구분하는 말레이 정체성의 가장 효과적인 준거 기준으로 부상하기 시작했다.

1970년대 이후 말레이시아 사회에서 이슬람 부흥운동을 주도했던 집단은 말레이 대학생, 지식인, 그리고 도시의 신중산층이다. 특히 말레이 대학생들은 이 운동에 적극적으로 가담했을 뿐만 아니라 주도적인 영향력을 행사했다. 말레이 대학생들 중에서 이슬람 부흥운동에 참여했던 학생들의 수는 정확히 밝혀지지 않았지만, 이들 중 약 60~70퍼센트 정도가 어떠한 형태로든지 이 운동에 참여했으며, 이들은 각 대학의 학생회를 장악하기도 했다(Zainah 1987: 33; 오명석 1997: 25에서 재인용). 이것은 말레이 대학 교정에서 일상적으로 발견할 수 있는 학생들의 옷차림에서도 그 흔적을 엿볼 수 있다. 옷차림으로 운동에 참여한 수준을 구분한다면, 전통적인 말레이 의상인 바주꾸룽baju kurung이나 미니떨레꿍mini-telekung을 입은 것이 가장 낮은 수준의 참여를 반영한다. 그 위에 히잡hijab을 착용한 것이 그 다음 단계이고, 이것들을 다 갖추어 입고 얼굴에 베일을 쓴 경우 이슬람 부흥운동에 깊이 개입한 것으로 생각해볼 수 있다.

이슬람 부흥운동이 대학 내에 큰 영향력을 미친 것은 사실이지만, 이것을 하나의 단일한 조직이 주도한 운동이었다고 말할 수는 없다. 즉 의복에서도 그 차이를 볼 수 있듯이, 이 운동에 참여한 수준도 여러 가지로 나뉘었다. 어떤 이들에게는 이 운동이 자신의 일생에 있어 신앙심을 더욱 공고히 하는 의미일 수도 있지만, 무엇보다도 여성들에게 이슬람 부흥운동이 갖는 일차적인 의미는 그들이 그전에 착용했던 서구식 의복에서 좀더 점잖은 말레이 복장이나 미니떨레꿍을 입어야 한다는 것이었다. 이러한 차원을 넘어서, 어떤 이들은 다른 학생들을 이슬람으로 인도함으로써 도덕적으로 보호해야 한다고 주장하기도 했으며, 더 나아가 말레이시아에 이슬람 국가를 건설하기 위해 투쟁해야 한다는 생각을 가진 이들도 있었다.

말레이시아 사회에서 다양한 이슬람 부흥운동의 조직들이 분화되고 경쟁했던 것은 보다 대규모의 정치조직의 투쟁이 대학 사회와 같이 규모가 작은 단위 내에서 어떻게 전개되었는가를 이해하는 데 단서를 제공한다. 이러한 세력의 부침은 말레이 사회에서의 이슬람 부흥에 대한 사회적 요구와 그에 대응하는 정치적 양상을 반영한다.

이슬람 부흥을 기치로 세속화에 반대하면서 일기 시작한 이슬람 부흥의 움직임은 이념과 목표, 실천을 달리하는 상이한 이슬람 부흥운동 집단에 속한 학생들 사이에 잦은 충돌과 대립 양상을 보였다. 서로 정통성을 주장하면서 각자의 운동 방향을 설정하고 그에 대한 투쟁을 전개하는 과정에서 서로를 비방하거나 성토를 벌이기도 했다.

1990년대 접어들면서, 1970년대 이래 말레이 사회에 급격한 변동을 일으켰던 이슬람 부흥의 움직임이 말레이인들의 일상생활에 미친 영향은 새로운 변화의 양상을 띠었다. 이슬람 부흥의 실질적 영향은 10여 명의 학생들로 구성되어 이슬람에 대해 토론을 벌이는 우스라Usrah 집단의 발전으로 나타났다. 이들은 이슬람 부흥의 이데올로기나 투쟁 전략들을 제공했다.

이들은 정치투쟁의 핵으로 작용하면서 학생들의 개인적인 고민이나 이슬람 자체의 교리에 대한 상담도 맡게 되었다. 이로써 학생들을 하나로 결집시키는 역할을 했다. 우스라는 대학 당국과 잦은 마찰과 충돌을 빚기도 했다. 우스라의 운영원리는 이슬람에 관한 주제로 토론을 시작하고 정부와 관련된 이슬람의 문제에서부터 지극히 개인적인 고민까지 상담한다. 신입생을 비롯한 저학년 학생들은 우스라에 가입하면서 이슬람에 관한 지식과 이론을 습득하고, 이를 통해 생활양식으로서의 이슬람을 이론적으로나 실천적인 측면에서 이해할 수 있게 된다. 이슬람의 교리와 원칙을 이해하는 데 우스라가 결정적으로 중요한 역할을 수행하는 것이다. 이와 같이 우스라 조직이 이슬람을 통해 구성원 간의 일체감을 형성하는 데 큰 도움을 준 것은 사실이다.

그러나 우스라가 학생들의 교내 생활에 긍정적인 역할만을 수행한 것은 아니었다. 어떤 이들은 우스라의 이슬람 형제애를 통한 유대와 결속 또는 일체감의 확대가 너무 강력하고 근본주의적 색채가 강하다는 이유로 반감을 불러일으키는 요인으로 지적하기도 했다. 또한 이슬람 부흥에 관심을 기울이는 학생들 모두가 우스라에 속하거나 그 출신인 것은 아니었다. 특히 신입생들의 경우, 이슬람 부흥에는 관심을 기울이고 그러한 활동에 참여하기도 하지만 일상적인 태도나 행동의 제약이나 규제가 엄격하고 철저한 우스라의 행동 강령에는 반감이나 부담감을 느껴 이 조직에 속하는 것을 꺼리는 학생들도 상당수에 달했다.

그러나 무엇보다도 이슬람 부흥에 참여하는 각 집단들이 표방하는 상이한 노선은 그것이 전체적으로 다양한 추종자들에게 어느 정도 호소력이 있다는 점에서 이데올로기적으로 매우 유연한 성격을 갖추고 있다는 것을 의미한다. 따라서 그것이 오직 하나의 이데올로기만을 반영하고 있다고 보기는 어렵다고 할 수 있다. 이러한 이데올로기적 차이는 중요한 사회적 동원의 기제라는 측면에서 주목할 만하다. 결국 정부 여당인 암노 UMNO: United Malays National Organization에 의해 주도되고 있는 기존의 세속적인 정치질서나 정치체계에 불만을 갖고 있는 대학생들은 야당인 빠스 PAS: Parti Islam Se-Malaysia를 지지하면서 이러한 이슬람 부흥의 정치적, 종교적 세력화 또는 운동 역량의 강화를 통해 알라를 통한 영적 구원을 찾고자 하는 학생들 모두를 포용하기 위한 종교적, 정치적 실천의 산물로 보는 것이 현대 말레이시아에서의 이슬람 부흥의 문화적 의미를 올바로 이해하는 방법이 아닌가 싶다.

이러한 관점에서 볼 때, 말레이시아에서 이슬람 부흥은 이슬람의 기본 교리와 원칙을 내세우는 다양한 종교 조직이나 단체, 정치조직, 그리고 대학교 학생회 및 이슬람과 관련된 교육 프로그램의 실행 등을 통해 주도되었다고 말할 수 있다.

그러나 그것은 다양한 방향성과 복합적인 성격을 지닌 분파적 조직이었기 때문에 그 성격과 의미를 단정하기란 매우 어렵다. 이슬람 부흥의 사회적 분위기가 본격적으로 형성되기 이전에도 울라마ulama들은 말레이 사람들의 생활 속에 전통관습의 요소뿐만 아니라 종교적 영역에서 애니미즘, 샤머니즘, 힌두교, 불교 등과 같이 다양한 종교적 형태들이 서로 혼합되거나 상보적인 관계를 형성한 상태에서 지속, 변화되는 이른바 혼합주의적인syncretic 특성이 말레이 사회 내에 중요한 문화적 특질로 잔재해 있다는 사실에 대해 근본적인 의문을 제기해왔다. 그들은 특히 전통관습 중에서 미신적인 요소가 가장 많이 포함되어 있다고 여겨지는, 일명 따레깟tarekat(이슬람에 대한 신비주의적 태도나 그에 기초한 신앙관)이라 불리는 것들을 비판해왔다.

따라서 말레이인들의 생활 속에 이슬람을 뿌리 깊게 정착시키고자 했던 노력들은 오랫동안 지속되어 왔다고 할 수 있다. 그중에서도 1920년대 활발하게 전개되었던 까움뚜아kaum tua와 까움무다kaum muda 간의 갈등은 10년 이상 지속되었으며 일종의 민족주의 운동과 비슷한 양태로 드러났다. 이러한 갈등은 이슬람 근본주의를 도입하려는 시도로 받아들여졌다. 주로 까움무다에 속하는 이들은 꾸란과 순나Sunnah의 근본주의적 사상을 고양하고자 하였고, 무슬림들은 이성을 가지고 이미 수용된 일상적인 권위에 의한 것이 아니라 종교를 그 근본으로 삼자는 주장을 전개했다. 이슬람 부흥운동이 하나의 정치적 세력으로 만들어진 배경은 이것이 꾸란과 하디쓰를 재해석하는 구체적인 문제와 관련되어 있다기보다는 문화와 종족성ethnicity, 민족주의 등과 더 많이 관련되어 있다고 할 수 있다 (Roff 1974).

말레이시아에서 이슬람 부흥의 움직임은 다양한 분파들로 나뉘어져 이루어지는데, 이것은 다른 무슬림 사회와는 다른 말레이시아 무슬림의 성격을 반영하는 것이다. 이슬람 부흥운동 자체가 이슬람 근본주의와 동일시된 것이다. 구체적으로 근본주의, 부흥운동이라 함은 예언자의 개인적인 행동, 말 등에서 비롯한 무슬림의 행동지침인 순나에 대한 이데올로기적 혹은 의례적 해석이 다양한 사람들에 의해 만들어졌음을 의미하는 것이기도 하다.

그러나 각각의 집단 내부의 구성원들이 자신의 지도자에 대한 여러 가지 의문들을 제기하면서 이 집단들은 여러 종파로 나뉘어져 초기의 힘을 점차로 잃어갔다고 볼 수 있다. 이것은 꾸란에 대한 다양한 해석과 정통성에 대한 주장으로 여러 가지 정치투쟁이나 노선으로 갈리고 있음을 지적하는 것이다(Zainah 1987).

이처럼 이슬람 부흥운동은 이와 관련된 운동집단의 형성과정과 활동 그리고 기존 정치세력과의 관계 속에서 형성, 진행된 이슬람 근본 원리와 가치로의 복귀를 촉구하는 운동이라고 할 수 있다(Karim 1992). 시골에 살던 젊은 말레이인들이 고향 마을에서 주변적인 지위를 극복하기 위해 이슬람 부흥운동에 적극 가담하였고, 그 결과 그들의 일상생활에 급격한 변화를 초래하게 된 것도 바로 이러한 배경에서 이해가 가능한 것이다.

그러나 이슬람 부흥운동이 말레이인들에게 엄청난 영향을 준 것은 사실이지만 울라마가 포함되어 있는 암노와 빠스의 지도자들이 의도했던 것처럼 말레이 사회를 근본적으로 변화시키는 데에는 성공하지 못했다(Karim 1992). 즉 이슬람의 영향력에도 불구하고 이것이 전통관습의 가치나 역할을 급격히 바꾸지는 못했던 것이다. 이슬람과 전통관습이라는 두 개의 체계에 대해서 사람들은 이 중 어느 하나만을 선택해야 한다고 생각하지 않았다. 오히려 마을 수준에서 말레이의 민족적인 자각이 증가하는 것과 비례하여, 자신들의 풍속이나 전통을 보호하고 유지하려는 움직임이 증가했고, 이슬람뿐만 아니라 문화적 유산을 통해 민족성을 유지하는 데 관심이 증가했다. 특히 정치투쟁에서 표방했던 민족문화national culture 또는 민족 정체성national identity은 말레이인들을 고양시켰다는 측면도 있지만 동시에 비말레이인들에게도 민족적 감정을 고양시켰다.

따라서 전통관습의 상징적인 측면들, 예컨대 사회적 예의, 예절, 교육 등이 말레이인들뿐만 아니라 비말레이인들에게도 확산되고 말레이 문화의 힘을 자각하는 데 크게 기여했다고 볼 수 있다. 이런 점에서 이슬람을 통한 말레이 정체성의 부흥은 어느 수준에서는 이슬람 국가를 지지하지만 또 다른 수준에서는 그것을 넘어선, 문화나 민족성에 그 중요성을 부여하는 슈우비야shu'ubiyyah를 강화시켰다는 측면에서 말레이인들이 가지고 있는 이슬람의 모형은 선천적으로 모순적일 수밖에 없으며(Karim 1992), 말레이시아의 이슬람 부흥은 그 자체가 매우 상징적인 성격을 지닌 일종의 문화적 구성물a cultural construct이라고 규정할 수 있다.

3. 이슬람 부흥의 영향과 정부의 대응

말레이시아의 이슬람 부흥을 야기한 이슬람화 정책은 친족관계를 비롯한 일상적인 사회관계에 변화를 가져왔다. 이슬람의 교리와 규범에 대한 강조는 우선 전통적인 말레이 친족 관념을 변화시켰다.

전통적인 성역할이나 규범에 있어서도 이슬람식 규범과 원칙의 비중이 높아졌다. 사회적 활동이나 직업을 가진 여성의 지위보다 아내와 어머니로서의 역할에 충실한 여성의 지위를 보다 더 강조하는 분위기가 생겨났다. 여성은 남성보다 열등한 존재로 인식되었으며, 남성은 여성을 보호해야 할 책임과 의무가 있는 존재로 묘사되었다(오명석 1997: 31~33). 전통적으로 아내는 논에서 일하는 역할과 집안에서 가사를 전담하는 역할을 동시에 수행해왔지만, 이슬람 규범의 강화는 집 밖에서 일하는 여성들을 규제하기 위한 이념적 장치로 기능했다. 여성의 역할 중에서도 특히 아내와 어머니의 역할이 강조되었다. 특히 아내의 역할은 남편과의 관계뿐만 아니라 루마^rumah(집 또는 가구) 내의 구성원들, 그리고 루마 외부의 사회적 관계를 포괄하는 중요한 준거로 등장했다. 여성들에게 요구되는 "좋은 아내"의 기준은 루마를 평가하는 기준이 되기도 했다.

이와 같이 근본주의 이슬람에 대한 강조로 표현된 이슬람화는 남편과 아내의 역할 구분을 강화시켰고, 특히 여자들에 대한 이슬람의 규범은 종교적 교리를 넘어선 일상생활 전반에서 당연히 준수되어야 할 규범으로 작용했다. 남편에 비해 아내들의 사회적 활동에 대한 규제가 늘어났고, 아내의 활동 범위는 루마 내부로 한정되었다. 여자들이 외출할 수 있는 경우는 사회적으로 합당한 이유가 있는 경우에만 가능하게 되었다. 즉 결혼식 초대를 받았다거나 가까운 친척이나 친구의 병문안, 장례식에만 공식적인 외출이 허용되었다. 무슬림 여성에게는 "얼굴과 두 손을 제외한 모든 신체 부위를 가려야 한다^aurat wanita Islam ialah semua tubuh badan kecuali muka dan dua tapak tangan"는 이슬람 규범이 광범위하게 확산되었다. 이러한 신체적 규율은 특히 미혼의 여성들에게 강한 구속력을 갖는데, 이들은 외출 시 반드시 베일^{tudung}로 머리를 가려야 했다.

한편, 이슬람화의 진전이 전통적인 사회관계에 미친 영향 가운데 가장 중요한 것은 정치적 변화와 밀접한 관련이 있다. 전통적으로 마을 내의 일상생활은 친족관계에 기초한 사회 활동의 범위 내에서 이루어지는 것이 일반적이었으나, 이슬람화는 일상생활의 범위를 정치적, 종교적 단위로 규정하는 결과를 가져왔다. 즉, 마을 사람들의 일상적인 접촉이 더 이상 친족에 기초하여 이루어지는 것이 아니라 그가 어떤 정당을 지지하는가에 따라 결정되었다. 마을 사람들의 친족관계는 친족 구성원 자격에 따라 결정되는 것이 아니라 정당에 대한 지지에 따라 이분화되는 경향이 보다 현저하게 나타났다. 같은 친족의 구성원일지라도 그들이 지지하는 정당이 다를 경우에 그들 사이의 일상적인 접촉은 제한될 수밖에 없다.

이와 같이 이슬람화로 인한 정치적 변동은 전통적인 친족관계를 변화시키는 중요한 계기를 제공했던 것이다. 마을 사람들의 일상생활 역시 이슬람과 관련된 정치적, 종교적, 경제적 변화에 의해 새롭게 재구성되었다. 특히 주민들의 종교 생활은 전통 신앙으로부터 이슬람의 교리와 원칙을 강조하는 방향으로 크게 달라졌다.

결국 이슬람화는 이슬람 근본주의의 확산으로 나타났다. 이슬람의 원칙은 마을 주민들의 일상생활까지 철저하게 적용되었다. 이슬람 종교학교를 비롯하여 일반 학교에서도 이슬람 교리에 대한 교육이 강화되었다. 이슬람 사원은 마을 사람들의 단순한 회합 장소가 아니라 알라의 가르침을 배우고 실천하는 장소라는 본연의 종교적 기능을 회복하였다. 전통 의례나 예능이 비이슬람적이라는 이유로 금지되기도 했다. 가족관계 내에서 이슬람의 규범과 가치가 강조되었다. 부모와 자식, 연장자와 연소자, 남자와 여자의 구분이 명확해졌으며, 남자는 남편과 아버지로서, 여자는 아내와 어머니로서의 역할이 강조되었다.

이슬람과는 상반되어 보이는 토지의 상속에 관한 절차와 친족 관념의 일부를 제외하고 말레이인의 생활 중에서 중요한 부분들은 이슬람의 교리와 원칙에 기초하여 실천되기 시작했다. 예컨대 자녀가 부모를 돌보거나 공경하는 것은 매우 자연스러운 일이라는 관념을 지니게 되었으며, 그러한 관념을 규범적으로 이상화하는 분위기가 형성되었다. 이것은 그들이 실제로 그렇게 하는가, 또는 그렇게 하지 않는가라는 문제와는 관계없이 모든 말레이인들에게 사회로부터 그러한 규범이나 원칙에 따라 행동할 것이 요구된 것이다. 이것은 이슬람이 예전보다 훨씬 더 말레이인의 행동 규범에 큰 영향을 미치게 된 것을 의미한다. 마을 주민들은 이슬람이 말레이 사회에 규범을 제공하고 있다고 나름대로 해석하고 일상생활을 그에 부합하도록 조정하거나 통제해야 하는 상황에 처하게 된 것이다.

이와 같이 이슬람의 기본 이념과 정신은 마을 사람들의 일상생활을 철저하게 규제하기 시작했다. 무슬림들에게 이슬람의 규범적 원칙을 준수할 의무가 강화되고, 무슬림으로서 그들에게 기대되는 사항은 구체적인 일상생활에서 주로 "진정한 무슬림"의 범주에 속하는 행동을 통해 구현되어야 한다는 요구가 늘어났다. 진정한 무슬림이라는 담론은 이슬람의 교리와 경전에 대한 마을 주민들의 심리적, 의식적 변화를 유도했다. 즉 이슬람화는 이슬람과 말레이 사회의 상호작용뿐만 아니라 이슬람에 대한 무슬림 개개인의 심리적 욕구와 영적 상태의 변화를 수반하도록 요구하기에 이른 것이다.

예를 들면 하루에 다섯 번 예배를 하는 것은 모든 무슬림의 의무지만, 남보다 일찍 일어나서 예배를 하는 것이 이슬람의 규범과 원칙을 잘 이행하는 것이다. 실제로 아침 일찍 일어나 매일 예배를 할 수 있는 무슬림은 진정한 무슬림으로서의 자격을 갖춘 사람으로 인정된다. 하루에 다섯 번의 예배를 성실히 이행하지 않는 무슬림은 이슬람적이지 못하고 진정한 무슬림이 아니라는 이유로 비난의 대상이 된다. 무슬림에 대한 이러한 상이한 평가는 예배 행위의 미묘한 차이에서 비롯된다.

마을 사람들의 이러한 미묘한 해석의 차이는 예배 행위뿐만 아니라 예배 장소에도 적용된다. 마을 사람들은 하루에 다섯 번하는 예배가 원칙적으로 청결한 장소에서 이루어지는 것이 좋다고 생각한다. 이 원칙을 엄격하게 준수하는 마을 사람들은 많지 않지만, 혼자 예배를 하는 것보다는 가족 전체가 함께 예배하는 것이 더 좋고, 그보다는 이맘의 인도에 따라 마을의 사원이나 기도실에서 하는 예배가 가장 좋은 예배라는 인식이 널리 퍼져 있다.

예배 시의 복장에도 같은 원칙이 적용된다. 남자의 경우, 원칙적으로 평상시에 입는 옷을 깨끗하게 하여 예배를 하는 것도 무방하지만, 예배를 할 때에는 바지보다는 사롱sarong을 선호하고, 평상시에는 벗고 있더라도 예배 시에는 웃옷을 입는 것을 암묵적으로 요구한다. 남자들이 머리에 아무것도 착용하지 않은 것보다는 송꼭songkok을 쓰는 것이 좋고, 그보다는 흰 천으로 된 두건serban을 착용하는 것이 더 좋다. 따라서 머리에 두건을 두르는 행위는 이슬람적인 것을 나타내는 징표가 되며, 머리에 두건을 쓰고 예배를 하는 무슬림은 진정한 무슬림이라는 평가를 받게 된다.

이러한 사례들에서 공통적으로 발견되는 것은 무슬림의 의무 규정이 현실의 사회적 경험에서는 미묘하고 복잡하게 나타나며 그것은 결국 무슬림들을 차별화한다는 점이다.

무슬림의 세계에서는 이슬람의 규범적 의무에 대해 얼마나 잘 알고 있느냐의 여부가 아니라 이슬람의 의무 규정을 얼마나 잘 수행하느냐에 따라 진정한 무슬림과 진정하지 않은 무슬림을 판단한다. 이슬람 신앙의 강약은 무슬림의 실제적 행위에 따라 정해진다. 이런 점에서 "진정한"이라는 말은 무슬림들의 실제적인 행동에 나타나는 미묘한 차이를 드러내는, 일종의 종교적 담론이라고 말할 수 있겠다.

"진정한"이라는 담론에 대한 이론과 실천은 말레이 사회의 맥락에서 실제로 말레이인과 비말레이인 또는 무슬림과 비무슬림을 구분하는 기준이 아니라 말레이 무슬림 내부의 종교적 태도의 차이를 강화하는 기준으로 작용한다. 그것은 단지 말레이 무슬림의 어떤 행동이 이슬람의 가르침에 부합하는가라는 질문과 관계된 소극적인 것이 아니라 무슬림 중에서도 누가 얼마나 더 엄격하고 철저하게 이슬람의 교리와 원칙을 준수하는가라는 문제와 관련된 보다 적극적인 의미를 내포한다.

또한 이슬람화에 따른 암노와 빠스 간의 대립과 갈등의 심화는 평등주의와 호혜에 바탕을 둔 교환관계를 단절시키고 비평등적이고 비호혜적인 교환관계를 강화하는 결과를 초래했다. 마을 내의 공동체적 원리와 양식은 정치적 대립으로 인해 크게 약화되었다. 노동 교환과 선물 교환,

그리고 상호 방문 등도 정치적 성향에 따라 구분되었다. 같은 정당을 지지하지 않는 사람들 사이에는 결혼이나 장례의 끈두리Kenduri에서 서로 돕지 않는 경향이 생겨났다.

결과적으로 이슬람화는 이념적으로는 무슬림 공동체의 이념이나 그러한 의식을 강화하는 것이지만, 실제로는 전통적인 마을 공동체를 분열시키는 양상으로 나타났다. 이슬람에 대한 상이한 해석은 결국 암노와 빠스의 정치적 대립을 낳았고, 그것은 주민들을 암노 지지자와 빠스 지지자로 양분하는 결과를 초래함으로써 공동체적 연대를 단절시켰다. 루마는 이슬람의 규범과 가치를 실천하는 장이 되었을 뿐 아니라 암노와 빠스의 이슬람 교리에 대한 해석의 차이에 기인한 정치적 대립과 갈등이 표출되는 정치적 현장이 되었다.

이슬람화와 정교일치의 이념과 실천의 강화라는 측면과 관련하여 이슬람 부흥운동이 말레이시아에 미칠 부정적 영향을 최소화하기 위해 정부에서는 특정 조치를 취했다. 사회 일각에서는 이슬람 부흥운동이 반서구, 반경제주의를 위한 문화적 저항의 수단으로 전개되기도 했다. 이슬람 부흥운동이 추진될 수 있었던 주된 이유는 서구화의 급속한 확산이 이슬람의 가치와 규범을 위협하고 있다고 판단했기 때문이다(Ahmad F. Yousif 1998: 193).

말레이시아에서는 그것이 이슬람의 가치와 원칙에 대한 무슬림들의 이해와 실천을 재확인하려는 의도를 반영했다. 이슬람에 대한 관심을 집중시키기 위해 이슬람 부흥운동을 추진한 집단들은 정부를 이슬람의 이상과 가치에 맞는 현대사회의 정부로 변모시키고 무슬림들을 현대화의 과정에서 뒤떨어지지 않게 하기 위해 사회 전반에 영향을 미치고자 했다.

말레이시아의 저명한 이슬람 전문가이자 정치인이었던 찬드라 무자파르Chandra Muzaffar는 세속화는 이슬람과 무슬림의 생활 방식에 가장 큰 도전이라고 주장한 바 있다. 서구 문화의 어떤 측면, 예컨대 말레이시아 내의 각 지방방송이나 국제방송, 영화, 비디오, 대중잡지, 만화, 유머에 관한 서적, 인터넷 등은 이슬람의 가치와 세계관으로 무장하지 않으면 심각한 도전과 위협 요소로 작용한다는 것이다. 서구의 사상과 문화가 이슬람 부흥운동의 근본 원인이라고 할 수 있는 이슬람의 존재 자체를 위협하는 것은 바로 이러한 생각에서 비롯된다고 보았다(Chandra Muzaffar 1987: 21~22). 이러한 맥락에서 이슬람 부흥운동을 주도한 울라마들이 1997년과 2008년 글로벌 차원의 경제 위기의 근본 원인을 정부의 세속화 정책으로 지목하고 이에 대한 대비책을 강구할 것을 요구한 배경을 이해할 수 있을 것이다.

정부에서도 이러한 주장에 대해 강경하게 대응하지 않고 그들의 요구를 어느 정도 수용하기로 결정하기도 했다. 울라마들의 요구에 따라 이슬람의 역사와 문화를 각 학교의 필수과목으로 정하고 이를 적극 시행하는 정책이 시행되었다.[5] 이와 같이 이슬람의 영향력은 1970년대 초반 이후 현

---

5   1997년 6월 정부는 "이슬람 문명"이라는 교과목을 모든 대학을 비롯한 각급 학교의 필수과목으로 지정한다고 발표했다. 그러자 이슬람을 신봉하지 않는 다른 세력들의 반론이 즉각 제기되었다. 이슬람 확산에 대한 그들의 불안감은 증폭되었다. 비무슬림계에서는 이 조치가 이슬람의 가치 기준을 비무슬림들에게 주입시키려는 의도라며, 이를 강행할 경우 종교 분쟁이 발생할 가능성도 있다고 경고했다. 그러나 암노와 빠스는 모두 이슬람을 국교로 정한 나라에서 자신의 문화에 대한 이해를 넓히는 것은 바람직한 일이며 이슬람 확산에 대한 지나친 확대 해석은 경제 위기로 국내 사정이 어려운 시기에 종족 간 화합에 해가 된다는 입장을 표명함으로써 정부의 의견에 동조하였다. 이로써 이슬람 교리의 확장을 둘러싼 논란은 잠정적으로 진정되었다.

재까지 약 40년간 지속적으로 변화되어 왔다. 보수적인 울라마들이 독실한 무슬림 여성들은 머리부터 발끝까지 가리고 다녀야 한다고 역설하였으며, 기본적으로 뚜둥tudung 착용을 포함하여 아랍식 복장을 해야 한다는 사회적 요구가 일어났다.[6]

　이상을 종합해볼 때 말레이시아에서 정치 지도자들의 이슬람에 대한 지식과 실천은 국민들의 정치적 지지를 확보하는 수단이 되거나 비판의 대상이 되기도 한다는 사실을 알 수 있다. 이슬람화가 진전됨에 따라 이슬람의 교리와 규범에 대한 인식이 더욱 확산되고, 이슬람의 가치가 더 높게 평가되었다. 이슬람 교리의 내용을 잘 모른다거나 하루에 다섯 번 예배를 드리지 않는다거나 금요일 대예배에 특별한 이유 없이 참석하지 않는 행동 등은 비이슬람적이라는 이유로 비난을 받았다. 저녁 예배를 집에서 행하는 것보다 예배소에서 행하는 것이 진정한 예배로 인식되었고, 예배는 무슬림의 신성한 의무라는 인식이 확산되었다. 집에서 행해지는 저녁 예배보다는 예배소에서 행해지는 저녁 예배가 보다 이슬람적인 예배로 인식되었으며, 예배를 행할 때 예배의 의례적 측면보다 이맘의 설교 내용이 더 중요한 것이라는 인식이 널리 확산되었다.

　이런 과정에서 이슬람은 정치적 지지를 확보하기 위한 수단으로 도구화되었고, 주민들은 비이슬람적인 행위나 실천에 대해 공개적으로 비난하는 것을 두려워하지 않게 되었다. 모든 일상적인 행동이 이슬람의 기준에 따라 재조정되었다. 이슬람 교리에 부합하는 것은 선이고, 그렇지 않

6　끌란딴Kelantan 주와 뜨렝가누Trengganu 주에서는 무슬림에게만 적용할 수 있는 이슬람법을 수정하여 이혼은 물론 일부다처제까지 용이하게 만들기도 했다.

은 것은 악이라는 인식이 확산되면서 이슬람의 교리나 율법에 의해 무슬림의 의식과 실천이 구분되는 현상이 생겼다. 이슬람 지식을 갖춘 지도자들의 권위를 중시하는 분위기가 형성되자 지도자들은 자신의 권위를 공고히 하기 위해 이슬람을 정치적으로 자원화하는 데 이용했다. 이를 둘러싸고 지도자들 사이에는 이슬람에 대한 상이한 해석이 이루어졌다. 그것은 결국 이슬람을 둘러싼 무슬림들 간의 정치적 대립으로 나타났다.

일반적으로 이슬람은 다른 종교에 비해 더 정치와 밀접한 관련이 있다. 그것은 첫째, 이슬람의 교리에서 규범적으로 강조하는 것이 단순히 좁은 의미의 종교적인 가르침이 아니라 종교 이외의 영역을 모두 포함한 일종의 바람직한 사회를 위한 청사진이자 행동 양식이기 때문이다. 이런 점에서 이슬람의 지도자는 필연적으로 사회 전체의 지도자가 된다. 따라서 사원이나 시장, 그리고 광장과 같이 사람들이 많이 모이는 장소는 예배를 위한 장소일 뿐만 아니라 정치를 위한 장소이기도 하다. 따라서 이슬람의 종교적 성격이나 정치적 의미를 서로 다르게 해석하는 정당들 간에 대립과 긴장이 발생하는 사회적 상황에서, 무슬림들의 종교적 성향과 다수의 정치적 지지를 확보하고자 하는 정당의 의도가 서로 연결되면 이슬람은 필연적으로 정치적 자원이 된다.

암노와 빠스의 정치적 대립은 이슬람에 대한 상이한 해석에 기인하는 바가 크다. 말레이시아의 정치 질서는 이슬람을 바라보는 각 정당의 관점이나 입장에 대한 거부와 수용에 따라 양분되었다. 각 정당의 상이한 이슬람관이나 이슬람 해석은 정치 구도를 암노와 빠스의 이분법적 구도로 변화시켰던 것이다. 그리고 그것은 물질/정신, 경제/종교, 현세/내세, 세속적 무슬림/근본주의적 무슬림 등의 구분을 일상화할 정도로 심각한 사회적 긴장과 갈등을 불러일으켰다.

결론적으로 말레이시아의 이슬람 부흥운동은 울라마가 정치적 지지를 확보하기 위해 이슬람에 대한 지식과 실천을 적극 활용하는 정치적 장을 제공하는 결과를 낳았다. 그들은 자신의 권위를 확보하기 위해 이슬람을 정치적으로 자원화하며, 이슬람에 대한 상이한 해석을 통해 암노 지지자와 빠스 지지자 사이의 정치적 대립을 더욱 심화시켰다. 이 운동은 이러한 말레이시아의 사회 현실을 반영하고 있는 것이다.

4. 이슬람 부흥과 말레이 무슬림 여성의 몸과 베일의 문화정치

최근 유럽의 반이슬람 정서는 점차 확대되는 추세이다. 프랑스 국내중앙정보국의 베르나르 스카르시니 국장은 일요신문인 《주르날 뒤 디망시Le Journal du Dimanche》와 가진 인터뷰에서 "프랑스를 상대로 한 테러리스트들의 위협이 과거 어느 때보다 더 커졌다"고 말했다. 이것이 프랑스가 군 경계태세를 강화하고 외교정책에서 강경 노선을 취하는 이유다. 하지만 스카르시니는 무슬림 여성들이 공공장소에서 얼굴 전면을 가리는 부르카를 착용하지 못하도록 한 정부의 조치 또한 비난했다.

2010년 9월 프랑스 의회에서 통과된 부르카 착용금지법은 사실상 별쓸모가 없어 보인다. 프랑스의 무슬림 인구인 약 500만 명 중 부르카를 착용하는 여성은 2000명 남짓밖에 안 된다. 프랑스 해변에 가보면 대다수의 무슬림 여성들이 비키니 차림이다.[7]

현대사회에서 인간의 몸body은 경제적 생산과 소비의 중심이 된 지 오

그림 1 | 히잡을 쓴 말레이 여성들

래다. 특히 무슬림 여성의 몸과 그것을 가리는 베일 또는 히잡[8]은 경제적 생산과 소비뿐 아니라 종교의 생산과 소비의 주된 대상으로 부상하였다 (김효정 2005: 226).[9] 맥도날드로 대표되는 자본주의와 지하드주의로 표상 되는 이슬람주의가 서로 대립과 충돌을 거듭하는 가운데 조화와 긴장의 중층적 관계 구도를 형성하는 글로벌 환경에서 인간의 몸, 특히 무슬림 여성의 몸은 글로벌 경제 발전과 종교 활동에 동원되고 있다(바버 2005).

역사적인 관점에서 볼 때, 근대 이후 몸은 인간의 정치적, 사회적 관계 의 강력한 메타포가 되었다. 소위 "신체사회somatic society"[10]에서 몸이 경제 적 생산과 소비의 영역에서 경합의 대상으로 부상하면서, 몸에 대한 학문 적 관심 역시 이전에 비해 상당히 높아졌다.[11] 소비문화가 조장해온 몸 물

---

7 사실 새롭게 제정된 이 법은 2012년 재선 출마를 앞두고 극우파의 지지를 얻으려는 니콜라 사르코지 대통 령의 속보이는 계략에 불과하다. 지하드주의자들은 이슬람 관습을 금지한 이 법이 전 세계 무슬림을 모욕했 다고 비난했다. 이로써 프랑스는 테러리스트들에게 한층 더 인기 있는 표적이 됐다(「뉴스위크」 한국판 2010. 10. 13: 37 참조하여 재구성).

8 무슬림 여성의 의상의 일부로 간주되는 히잡은 일반적으로 서구에서는 베일이라고 번역되지만 양자는 그 형태와 작용 및 의미에서 완전히 일치하는 것은 아니다. 히잡이나 베일은 크게 머리를 가리는 것, 얼굴을 가 리는 것, 전신을 가리는 것으로 대별해볼 수 있으며, 국가나 지역, 혹은 시대에 따라 그 모양 또한 매우 다양 하다고 할 수 있다(기계형 2008). 히잡이라는 용어는 서구의 베일 개념과는 달리 이슬람 종교의 원천에서 시 작하여 시대의 흐름에 따라 사회문화적 관계뿐만 아니라 정치적인 의미를 내포하고 있는 무슬림 사회의 독 특한 관행이라고 할 수 있다(조희선 2001: 105). 하지만 여기서는 베일이라는 용어와 히잡이라는 용어를 병행 해서 사용하기로 한다. 또한 말레이 무슬림 여성들의 베일 또는 히잡에 해당하는 것이 뚜둥인데, 여기서는 말레이식 히잡과 베일, 또는 뚜둥이라는 용어를 문맥에 따라 적절히 혼용하기로 한다.

9 튀니지의 경우, 1987년 무혈 쿠데타로 정권을 잡은 벤 알리 대통령은 이슬람주의의 영향을 경계하고자 이슬 람주의자를 숙청하고 정치권 강화를 위해 이슬람을 약화시키는 정책을 실시했다. 부르기바 대통령 집권 시 젊은 시절을 보낸 구세대에 비해 신세대들은 이 정책에 반발하여 무슬림 국가로서 비교적 세속화되었음에도 불구하고 소수이긴 하지만 젊은 층을 중심으로 히잡을 착용하는 등 이슬람적 색채가 강화되고 있는 실정이 다(김효정 2005: 226).

10 이 용어는 몸이 정치적, 문화적 활동에서 중심 영역을 차지하는, 즉 주요한 정치적, 도덕적 문제들이 몸이라 는 신체기관을 통해서 표현되는 사회를 가리킨다(네틀턴 1995).

신주의, 기술과 의료의 발달이 촉발한 인간 생명에 대한 윤리적 문제, 생명공학 시대의 건강과 의료의 문제, 인구노령화, 몸에 대한 지식의 위기, 몸의 죽음과 관련된 문제 등이 그 관심을 더욱 심화시켰다(백영경·박연규 편저 2008; 쉴링 1999).

특히 1980년대 이후에 들어서야 몸을 본격적인 연구 주제로 다루게 된 사회학, 여성학 등 여타 학문에 비해 인류학에서는 비교적 일찍부터 몸에 대한 연구가 활발하게 이루어진 편이었다(터너 2002).[12] 1990년대 이후에는 체현embodiment 개념[13]에 주목한 연구가 부상하기 시작했다(버틀러 2005; Strathern 1996: 200). 실제적인 삶의 경험을 생산하고 실천하는 과정으로서의 체현이라는 개념은 몸이 "사회적 공간 속에 자리 잡는", 즉 "몸을 사

---

11 지난 30년간 몸의 사회학의 중요성을 제기하는 저술들이 풍성해졌지만 몸의 사회학이라는 현재의 상황은 여러 측면에서 충분히 발전하지 못했고 만족스럽지도 않은 편이다(터너 2002: 78~79; 쉴링 1999). 예컨대 몸의 사회학은 제한된 숫자의 연구 영역들을 개발하고 있다. 첫째, 몸의 재현과 비유체계로서의 몸에 대한 연구이다. 이 분야의 발전을 터너는 인류학과 예술사를 다양하게 언급하면서 탐구한 바 있다(터너 2002: 79). 둘째, 젠더, 섹스, 섹슈얼리티의 문제들과 관련된 몸의 사회학에 주로 초점이 맞춰지고 있다. 몸에 대한 페미니스트 연구의 막강한 전통이 있고, 최근 남성의 몸에 대해서도 의미심장한 발전이 이루어지고 있다. 셋째, 의학적 쟁점들에 대한 사회과학계의 최근 논쟁들로부터 몸의 사회학에 관한 연구들이 나오고 있다. 하지만 이러한 연구들은 제한된 영역에서만 이루어지고 있을 뿐이다. 아직 체현, 몸, 육체적 실천들과 관련된 질문들에 대한 관심이 사회과학계의 주류를 관통하고 있지는 않다(터너 2002: 78~83).

12 이미 19세기 이후부터 고전 인류학에서는 상징주의와 연관하여 의례 및 종교적 실천에서 공유된 의미를 전달하는 몸의 중요성에 주목해왔다. 이러한 분석적 전통은 매리 더글러스M. Douglas에서 뚜렷해져 1970년대에는 상징체계로서 몸이 중요한 주제로 부상했다(Douglas 1970; Synnott 1997). 1980년대 중반 이후 이성적, 인지적 합리주의의 상당 부분이 감성과 정서를 강조하는 것으로 대체되면서, 정신적이거나 재현적mentalistic or representational 관점이 우세했던 이전 경향과는 달리 경험의 미적, 감각적, 정서적 차원에 주목한 연구들이 등장하고 있다(Halliburton 2002).

13 코르다스Csordas(1990)는 몸의 인류학에서 체현을 핵심적인 주제로 부상시키는 데 큰 몫을 하였다. 그는 몸이 그 개념 자체나 몸의 은유나 상징에 중점을 둔 분석의 외적external 대상이라면, 체현은 "세계 내 존재being in the world"의 실제적이고 산 경험lived experience을 고려한 개념이라며 양자를 구분한 바 있다(Halliburton 2002).

회화하는" 작업을 수행한다는 관념을 적절히 포착할 수 있게 해준다(터너 2002; 홍석준 2004: 141~142).

여기서는 말레이 여성의 사례를 들어 무슬림 여성의 몸과 베일의 문화와 문화적 정체성 문제를 고찰하기 위해 몸에 대한 일반 이론들을 비판적으로 리뷰한 후, 이를 바탕으로 몸, 특히 무슬림 여성의 몸과 그들의 몸 또는 신체를 둘러싼 베일의 문화적 의미를 이해하고자 한다. 이는 궁극적으로 인간의 몸과 종교의 관계가 갖는 문화인류학적 의미를 정치사회적 맥락 속에서 파악하고자 하는 이론적, 방법론적 시도라고 할 수 있다. 이를 통해 무슬림 여성의 몸과 문화의 상호작용의 일상적 의미를 이해하고자 한다.

말레이시아에서 1970년대 이후 서서히 강화되어 오다가 1990년대 이후 본격화되기 시작한 이슬람화 또는 이슬람화 정책의 진전은 말레이 여성의 몸에 대한 인식과 소비에도 영향을 미쳤다. 이는 말레이시아 사회 전반에 걸쳐 막대한 영향을 미치며 커다란 반향을 불러일으켰지만, 특히 말레이 사회[14]에 미친 영향은 훨씬 막강했다.

그로 인해 말레이 사회에서 무슬림 여성의 몸은 이슬람교와 여성의 몸이 상호작용하는 가운데 여성의 몸이 이슬람식으로 소비되기를 요구받는 상황이 벌어졌다. 무슬림 여성의 몸이 사회적 탈구 현상의 한 측면, 즉

---

14 여기서 말레이 사회란 말레이시아를 구성하는 다수 종족인 말레이인의 사회를 의미한다. 말레이시아 사회란 하나의 국가 단위로서 말레이인 56퍼센트와 화인華人 26퍼센트, 인도계 8퍼센트, 오랑아슬리orang asli라 불리는 원주민을 포함한 기타 8퍼센트 등으로 이루어진 다종족 사회multi-ethnic society를 지칭한다. 말레이시아의 다수 종족에 해당하는 말레이인들은 나름대로 고유하면서도 독특한 자신만의 사회형태를 이루고 있다 (Department of Statistics, Government of Malaysia 2013). 여기서는 이슬람을 신봉하는 무슬림이 다수를 차지하고 있는 말레이 사회의 말레이 무슬림 여성을 주된 논의 대상으로 삼고 있음을 밝혀둔다.

소비주의적 욕망의 대상화 과정을 통해 소비의 실천 대상이 되고 있는 것이다. 다시 말해, 무슬림 여성의 몸에 대한 사회적 탈구 현상은 점차 무슬림 여성의 몸이 소비문화의 여흥적인 조종을 받으면서 소비주의적 욕망이라 부를 수 있는 것들의 수단이 되고 있음을 의미한다. 그것은 이슬람식 섭식과 섭식 의례들과 연관된 무슬림 여성의 몸의 지위가 변화하는 결과를 낳고 있다.

말레이 사회에서 무슬림 여성의 몸은 개인관과 사회관을 드러내는 메타포인 동시에 사회적 통념의 분명한 토대를 제공하기 때문에 이슬람적 신화와 세속신화 이 두 측면에서 모두 중요하다. 문화인류학적 관점에서 볼 때, 몸은 실제로 종교적 신화체계의 토대이다. 그것은 특정 종교를 신봉하는 개인과 집단적 존재가 직면한 위기, 곤경, 위험, 모순들을 은유하고 직유하며 개념화하는 방식들의 심오하고 풍성한 원천이 된다.

한 예로, 최근 말레이시아의 말레이 무슬림 여성들 사이에 다이어트 열풍이 불어닥친 적이 있다. 일전에 말레이시아 여성, 그중에서도 말레이 여성이 아시아에서 가장 뚱뚱하다는 언론 보도가 있었는데, 이는 세간의 이목을 집중시켰다. 말레이 무슬림 여성의 베일 속에 "비만한 몸"이 숨어 있었다는 사실이 밝혀진 것이다. 이로 인해 무슬림 여성의 몸을 둘러싼 다양한 논의와 담론들이 형성, 유포, 소비되었다. 결국 일시적이긴 했지만 이는 말레이 무슬림 여성들 사이에 은밀하게 다이어트에 대한 깊은 관심을 불러일으켰다.

서구 사회에서는 여성의 몸을 상품화하기 때문에 이를 적극 반대하고 이러한 경향에 투쟁해야 한다고 주장하는 이슬람 근본주의자들도 이슬람을 신봉하는 말레이 여성의 다이어트 시도를 막지는 못했다.

　말레이 무슬림 여성들에게 다이어트는 알라의 선물인 몸을 정화하고 경건하게 만드는 종교 의례의 일종으로 간주되었다. 이는 여성의 신체를 바라보는 서구 사회의 시선이나 관점과는 차이가 나는 점이다. 물론 서구의 포스트모던 사회에서 다이어트는 관능성과 섹슈얼리티를 표현하기 위해 설계되고 진행된다. 다른 사람들에게 매력적으로 멋있게 보이기 위해서 야위고, 야위기 위한, 일종의 프로젝트project로서의 몸은 패션과 소비의 세계로 통합된다. 자아는 연출하는 자아를 의미하며, 이러한 자아는 몸 이미지에 의해 그 가치와 의미가 주어지고, 몸에 대한 규제와 통제는 소비주의와 패션산업을 통해서 행사된다.

　이와 같이 소비와 소비를 지향하는 생활양식이 한층 부각되는 포스트모던 사회에서는 아름답고 젊은 몸이 강조되고 있으며, 그러한 몸은 쾌락주의와 금욕주의 사이에 일련의 문화적 모순을 낳는 중요한 자원이 되고 있다.[15]

　하지만 무슬림 여성의 몸에 대한 관심과 이해는 서구 사회의 변동의 결과라는 가정에 대한 비판에서 시작된다. 서구 대중문화와 소비문화에서 몸 이미지들이 부각되고 확산되는 현상은 몸이 정치경제 구조로부터 분리되면서 나타나는 문화적 결과들이지만, 이러한 욕망하는 몸에 대한 비

---

15 전통적인 기독교 문화에서 식이요법은 파괴적인 섹슈얼리티로부터 영혼을 보호하기 위해서 자아를 규제하는 특징적인 방식이었다. 따라서 그것은 몸에 대한 정치적 구속, 즉 규격화된 통제였다는 것이다. 다이어트는 성찬식과 같은 의례를 통해서 개인을 전체 집단에 묶는 훈육적 실천 체계인 종교와 밀접한 관련을 맺고 있었다. 이는 이슬람 문화에서도 유사한 형태와 내용으로 나타난다. 이슬람의 여성 신체에 대한 훈육적인 실천에 대해서는 마우두디의 연구(Maududi 1972)를 참조할 것.

그림 2 | 도심을 걷고 있는 무슬림 여성

판과 규제가 무슬림 여성의 몸 담론에 감춰져 있다.

무슬림 여성의 몸에 대한 관심은 무슬림 사회의 남성과 여성 사이의 권력관계로 인해 오랫동안 이론적, 실천적 관심의 대상이 되어왔다. 무슬림 사회에서 여성의 명예는 남성의 명예와 직결되어 있어, 여성의 명예훼손은 곧 남성에 대한, 그리고 사회 전체에 대한 모독으로 받아들여진다. 서구의 식민주의 담론은 무슬림 사회의 후진성을 공격하기 위한 수단으로 무슬림 여성의 몸과 관련된 주제를 문제 삼아왔다.

여성의 몸 문제 중에서도 히잡은 여성 억압의 상징으로 인식되어 서구인들이 무슬림 사회를 비난할 때 사용하는 주요 대상으로 인식되어 왔다. 하지만 무슬림 사회에서 히잡은 무슬림 여성의 정체성을 구현하는 상징으로, 서구 식민주의에 대한 저항의 기제로 활용되었다(오은경 2007). 무슬림 여성들에게 히잡은 자신이 속한 사회의 문화를 수용함으로써 구성원의 자격을 갖추기 위한 입문식이자 권력을 획득하기 위한 하나의 방식이기도 하다(오은경 2006: 138).

이와 같이 무슬림 여성의 히잡 착용에 대한 이해를 둘러싸고 서구 사회와 무슬림 사회는 대립과 갈등을 지속해왔다(김정명 2004; 신원경 2008; 유달승 2003). 서구 사회에서 무슬림 여성의 히잡 착용은 일상을 정치화하는 무기이며, 자신의 정체성을 형성하는 상징적 기제로 인식되기도 했다. 종족 정체성을 유지하고 "순수한" 무슬림 여성의 정체성을 유지하기 위한 장치로 동원되었고, 여성을 성적으로 통제하기 위해 수단으로 인식된 측면도 있다.[16]

전통적으로 말레이 무슬림 여성들은 여성의 성과 출산 능력에 대해 긍정적인 태도를 갖고 있는 것으로 알려져 왔다(Jones 1994). 이들이 중시하는 출산 전후의 음식 금기와 산파의 전통적인 마사지, 그리고 약초의 복용 등은 자신의 신체를 성적으로 매력 있게 유지하려는 그들의 관심이 반영된 것이다. 농촌 지역의 말레이 여성들에게 성적 농담이나 음담패설은 금기시되지 않으며, 성행위에 있어서도 여성들의 적극적인 태도를 선호한다(Karim 1992; Nagata 1996; Roziah 1994). 이슬람화 정책이 강화되기 이전에 말레이 여성의 신체는 성적 매력이나 아름다움을 추구하기 위한 주요한 대상으로 간주되었기에 화장을 하는 것도 금기시되지 않았다.

하지만 말레이시아의 이슬람화 정책은 결과적으로 말레이 무슬림 여성의 몸과 성에 대한 통제로 이어졌다. 이슬람 사회의 도덕적 질서를 유지하기 위해서는 우선적으로 무슬림 여성의 몸에 대한 통제가 선행되어야 했기 때문이다. 이성 간의 엄격한 격리와 신체 노출을 금지하는 말레이식 히잡이라고 할 수 있는 뚜둥 착용이 일반화되었으며, "얼굴과 손을 제외한 모든 신체 부위를 가려야 한다"는 원칙과 규범을 강제적으로 준수해야 했다.

쌍쌍 파티나 남녀 동반 영화 관람, 남녀 합석 음주 행위, 팝 콘서트, 무도회, 스포츠, 미인대회 등에 참가하는 것은 그 자체가 세속적이고 비이슬람적이라는 이유로 억제되었다(Ong 1990). 예컨대 미인대회에 참가한

---

16 말레이 무슬림 사회에서도 다른 무슬림 사회와 마찬가지로 여성의 몸은 성욕이나 성적 감정의 대상으로 간주되며(Abu-Lughod 1986 참조), 여성에 대한 통제는 곧 성의 파괴적인 위험으로부터 무슬림 사회의 도덕성을 보호하는 것으로 인식된다(김정아 2003: 166~170; 오명석 1997: 21). 히잡 착용과 마찬가지로, 명예살인 역시 가족과 공동체의 명예를 지키기 위한 이데올로기와 종족성과 관련된 남성성을 지키기 위한 방법 중 하나로 채택되기도 했다.

말레이 여성의 우승이 취소되기도 했고, 팝 레스토랑에서 술을 팔았다는 이유로 체포된 무슬림 여성도 있었다(홍석준 2002). 말레이시아의 무슬림 종교국은 이와 같은 세속적인 행위와 태도에 대해 비이슬람적이고 반이슬람적이라는 이유를 들어 매우 공격적이고 민감하게 반응함으로써 무슬림 일부로부터 과도한 공권력의 행사라는 비난을 받기도 했다.

일반적으로 무슬림 여성은 몸을 상징적 언어로 사용해온 오랜 역사를 가지고 있다고 알려져 왔다. 일반적으로 히잡은 흔히 이슬람 전통에서 시작된 것으로 생각하지만, 사실 이슬람이 태동하기 훨씬 전부터 고대 메소포타미아 지역에 존속하던 관습이었다. 초기에는 관습에 불과했던 히잡 착용이 도시화가 진전되면서 법제화되어 무슬림 여성의 몸에 대한 강력한 통제 장치로 자리 잡게 된다. 도시와 국가가 체계적으로 정립되면서 가부장제가 정착되는 가운데 이슬람 제국들은 히잡 착용에 대한 법 조항을 마련하게 되고, 이로부터 무슬림 여성의 몸에 대한 남성 미시권력의 법제화가 고착화되었다.

무슬림 사회에서 초기 국가와 도시 체계가 남성 중심의 가부장 권력과 결탁하면서 여성의 몸을 훈육과 통제의 대상으로 삼게 되었다. 히잡 또는 히잡 착용이라는 상징적 매개물이 무슬림 여성의 몸을 통제하기 위한 하나의 장치로 이용되었던 것이다.

또한 히잡은 무슬림 여성에게 성적으로 접근 가능한지 아닌지를 가늠하는 상징적 기호이기도 했다. 다시 말해 무슬림 여성의 히잡 착용은 남성의 보호하에 있는 여성인지 아닌지를 구분하는 에로티시즘의 기호 또는 상징으로 사용되었으며, 당시 무슬림 사회의 성문화 질서 유지에 큰 역할을 담당했다(김정아 2003; 오은경 2008). 무슬림 여성의 몸을 성적으로 통제하기 위한 장치로서 히잡이 필요했고, 히잡을 성적으로 접근 가능한 지 알 수 있는 기준으로 삼기 위한 문화적 코드로 활용했던 것이다(김정아 2003: 167~168; 오은경 2007: 125~126).

이와 같이 무슬림 여성의 히잡 착용 관행과 법제화는 몸과 의복 사이의 관계가 역사적 시기마다 사회문화적 체계에 의해 어떻게 규율되고 관리되어 왔는지를 보여주는 하나의 사례이다.[17] 현대 한국사회의 젊은 여성들도 "적극적인 의지의 개입과 투자로 완성되는 날씬함"을 획득하려는 과정에서 작게는 다이어트 약재 부작용이나 위하수, 지방흡입 수술로 인한 사망에 이르기까지 많은 부작용과 희생을 경험한다.[18]

이런 점에서 몸에 대한 불만족이나 몸 이미지에 대한 왜곡은 완벽 지향과 나르시시즘 등 개인적 성향에서 촉발된 것만은 아니라고 할 수 있다. 그보다는 날씬함의 기준을 상향 조정하고 몸에 대한 불만족을 부추김으

---

17 19세기 영국과 미국 여성들에게 보편화되었던 코르셋corset은 몸에 가해졌던 규제의 상징적인 예이다. 이는 자본주의의 등장과 함께 여성의 상품화를 상징했다. 1867년 한 화재에서는 3000명의 여성이 코르셋과 스커트 버팀대 때문에 대피도 못하고 사망했다. 심지어 코르셋 때문에 갈비뼈가 장기 속으로 파고들어 사망한 소녀의 사례도 보고된다. 10세기 후반에 도입된 중국의 전족 관행foot binding도 가부장적 권위를 강조하는 유교 전통 속에서 1000년 이상 지속되었다. 1950년에는 전족의 현대적 연장인 스파이크 힐이 등장하였다. 10센티미터가 넘는 굽은 인위적으로 엉덩이를 돌출시키고 몸의 에스라인을 과장함으로써 관능성을 배가시키지만 척추만곡증이나 발가락 기형을 초래한다.

18 푸코는 남성의 몸은 엄격한 감시로부터 면제받는 것이 당연하다고 여겨짐으로써 비가시성을 보장받는다고 주장한 바 있다(푸코 1996, 2000). 윤영주(2002)는 푸코의 판옵티콘Panopticon, 즉 일망 감시체계의 논리를 차용하여 "보여지는" 존재로서의 여성을 "수감자"로, 남성을 "감시자"에 비유하기도 했다(푸코 2000 참조). 그러나 현대사회에서 과시되고 과시할 몸 관리에 대한 압박감과 몸 투자는 비단 여성에게만 한정시켜 논하기 어려운 측면이 많다. 한국 사회에서 완벽한 몸 관리를 위해 시작한 다이어트가 섭식장애로 이어져 병원에 장기 입원하는 남자들도 비록 많지는 않지만 발견되고 있다(문경덕 2003: 59). 현대사회에서 다이어트를 비롯한 몸 관리는 이제 비단 여성만의 문제가 아니라 사회 전체에 심각한 영향을 미치는 사회문제로 비화될 가능성이 있다고 보아야 할 것이다.

로써 몸을 변형시켜야 한다는 욕구를 끊임없이 만들어내는 대중매체 탓이 더 크다고 할 수 있다.

이러한 사회문화적 환경 속에서 몸에 대한 불만족과 몸 변형의 욕구는 새로운 소비대상으로 상업화되고, 몸에 대한 전문적인 지식의 대중화는 더욱 가속화된다. 몸에 대한 왜곡된 이미지는 이러한 사회문화적 맥락 속에서 심화되고 있는 것이다. 하지만 서구 여성의 신체를 속박하는 코르셋이나 브래지어의 개념을 무슬림 여성의 히잡 착용에 무비판적으로 적용하는 것은 이슬람 문화에 대한 무지에서 비롯된 것이다. 무슬림 사회에서 여성들은 다른 사회에서와 마찬가지로 자신의 몸을 구성하는 것을 통해서 자신의 감정적 욕구를 표현한다고 봐야 한다(쉴링 1999). 무슬림 여성에게 몸은 자신의 개인의 욕구와 욕망에 순응하여 형성될 수 있는 변형 가능한 존재 양식일 뿐만 아니라 집단 정체성의 표식이기도 하다.

최근 말레이시아 사회에서 일고 있는 이슬람 의료 체계의 도입과 이슬람식 건강과 의료 개념의 도입으로 인한 임상의 주요한 성격 변화, 의료 기술의 발달, 질환과 질병의 변화, 그리고 인구노령화 등과 같은 요인들로 인해 말레이 무슬림 여성의 몸은 더욱 중요한 대상이 되고 있다.[19]

결론적으로, 통상 가장 광범위하게 세상과 몸, 그리고 자아정체성에 대한 공유된 시각을 유지하고 있는 "성스러운 덮개"(버거 1997)를 인간들에게 제공해온 것은 바로 이슬람과 같은 종교 또는 믿음 체계이다. 이런 점에서 이슬람은 무슬림들 사이에서 죽음에 대처할 수 있는 "공유된 의미

---

[19] 이러한 각각의 문화적 항목에 대한 보다 상세한 논의와 분석이 요구된다.

체계"로 인식된다.

　이슬람교, 즉 무슬림의 종교 활동을 통해 생활 전반을 포괄할 수 있는 성스러운 질서를 구축하는 일은 무슬림 사회의 현실에 정당성을 제공하고 그것을 유지하는 특별한 역할을 담당한다. 이슬람이 무슬림들의 세계 구축 활동을 정당화하는 이유는 이슬람이 설정한 유일신 또는 알라로 대표되는 우주와 세계가 개인을 초월함과 동시에 개인을 포함하고 있기 때문이다. 이슬람은 궁극적으로 의미 있는 세계 속에 무슬림의 삶을 자리매김함으로써 무슬림 개인에게는 엄청나게 위력적인 실체로 보이게 한다. 이러한 의미들을 내면화한 무슬림들은 자신의 삶의 우연성을 초월하게 된다. 따라서 이슬람은 전통적으로 개인을 초월한 의미구조 안에서 자기 자신과 자신의 몸을 발견할 수 있게 하는 자아정체성의 강력한 원천을 제공해왔다고 할 수 있다. 이런 점에서 무슬림 여성의 몸은 무슬림 여성의 일상적 실천 영역에 속하는 것이며, 그 층위가 매우 다양하면서도 복합적이라고 할 수 있다.

　일반적으로 인간의 몸과 자연, 그리고 환경은 무슬림들이 관심을 갖는 주요 항목에 속하는 것들이다. 무슬림들의 환경운동에서 자연은 무슬림의 몸을 위탁해서 관리하는 알라의 영역에 속한 것이다. 무슬림은 자연 속에서 일상을 살아가는 일시적인 거주자로 간주된다. 환경 위기에 대한 이러한 서사들은, 소위 "위험사회"(벡 1997)라는 세속적 개념 속에 이슬람 교리와 원칙을 담고 있다. 즉 위험사회라는 개념은 자본주의적 문명화 속의 통제 불가능하고 탐욕스러운 근대화를 향한 충동이 전 지구적인 집단적 딜레마를 낳았다고 보는 현대판 신정론이라 할 수 있다.

최근 지배적인 사회이론들은 위험사회에 대해 이야기한다. 9·11 사태는 몸이 직면한 위험들을 확인하는 데 기여했다. 바야흐로 몸은 위험성을 내포한 전 지구적 관계의 네트워크 속에 놓여 있는 것이다. 이런 의미에서 몸과 건강 관련 담론은 그저 몸의 상태에 대한 문제가 아니라 어떤 삶을 더 가치 있는 것으로 여길지에 관한 판단을 요구하는 윤리적이고도 정치적인 문제를 담고 있다고 해야할 것이다(백영경·박연차 편저 2008: 31). 주지하는 바와 같이, 여성의 몸을 선험적으로 주어진 것으로 간주한 상태에서 그에 대한 어떤 해결책을 찾는다면 오히려 더 큰 위험과 고통을 불러오기 쉽다. 여성의 몸, 특히 무슬림 여성의 몸과 그러한 몸과 관련된 사고방식과 태도 등의 이슬람식 행위 양식은 남성적이거나 반이슬람적인 시선을 통해 만들어지거나, 그러한 활동을 통해 구성 혹은 재구성되는 것이기 때문이다. 이런 점에서 "일상적인 것은 정치적인 것"이며(백영경·박연차 편저 2008: 32), 이러한 메커니즘을 일상적 맥락에서 밝히는 것이 몸과 베일의 문화정치학이 지향하는 바가 아닐까 싶다.

5. 맺으며

말레이시아는 종교의 자유를 인정하지만, 이슬람을 국교로 정하고 있는 나라이다. 따라서 모든 말레이인은 반드시 이슬람을 믿어야 한다. 이슬람을 신봉하는 사람들 중에는 말레이인들만 있는 것은 아니지만, 모든 말레이인은 무슬림이다. 말레이시아의 헌법에 따르면 "말레이인들은 말레이어를 사용하고, 이슬람을 믿으며, 말레이 관습을 준수하는 사람들"이다. 그러나 말레이시아에서 누구를 말레이인으로 규정하는가의 문제는 매우 복잡한 사안이다. 여기에는 정치적, 종교적, 상징적 의미가 포함되어 있기 때문이다.

문화적인 관점에서 볼 때, 말레이인들은 이슬람을 신봉하고 전통관습을 준수하며 말레이어를 사용하는 사람들을 일컫는다. 헌법상에는 "모든 말레이인은 무슬림이다"라고 규정되어 있지만, 이 규정이 일상생활에서의 말레이인에 대한 규정과 항상 일치하는 것은 아니다. 그러나 많은 말레이인들이 자신의 정체성을 이슬람이라는 종교에서 찾고 있는 것은 부인할 수 없는 사실이다.

1970년대 이후부터 현재까지 지속적으로 실시되고 있는 정부 주도의 개발 위주 경제정책과 그에 따른 급속한 도시화는 이슬람을 정치적으로 조작, 이용하려는 정부의 움직임과 무관하지 않다(Kessler 1980; Muzaffar 1987; Zainah 1987). 이슬람 부흥운동이 전개됨에 따라 이슬람의 정신이 중요시되면서 지배세력이 이슬람을 정치적으로 이용할 필요성은 더욱 증대하였다. 정부는 정책의 방향이 이슬람의 기본 원칙과 규범에 입각해 있다는 인식을 확산시켜야 했다. 결국 말레이인들의 정체성을 강화하기 위해 종족 내 갈등 및 종족 간 갈등을 해소시키기 위한 다양한 노력을 시도해야 했다. 이슬람 부흥운동은 이러한 이슬람과 말레이인의 이해관계를 조정해야 할 이중고를 안게 되었다.

이슬람화는 이슬람의 본래적인 속성으로의 회귀라는 내적 요인과 정치사회적, 경제적 변화라는 외적 요인이 결합하여 진행되었다. 다시 말해, 암노와 빠스의 정치적 대립과 갈등이 심화되는 상황에서 이슬람의 종교 이데올로기는 정치적 수단으로 이용되었다. 이러한 상황에서 무슬림 각

개인의 행동은 이슬람과 관련된 다양한 담론이나 이슬람의 규범이나 가치를 실천하는 구체적인 행동으로 나타났다. 이 점에서 빠스는 암노에 비해 보다 적극적인 면모를 보여주었다. 빠스는 끌란딴 주의 역사적 특수성과 정치적 상황의 특수성을 배경으로 이슬람을 무슬림의 유대와 단결을 고취하는 하나의 강력한 종교 이데올로기로 발현시키는 전략을 구사함으로써 정치적으로나 사회적으로 성공할 수 있었다. 빠스의 지도력하에서 이슬람화를 위한 호조건이 형성되었기 때문에 무슬림 개인의 자유보다는 이슬람을 통한 무슬림 집단의 통합이 더 중시되었다. 끌란딴 주에서 빠스가 주도한 이슬람화는 이슬람을 둘러싸고 내적, 외적 요인이 상호 유기적인 맥락에서 복합적으로 작용하는 중층적이고 역동적인 정치적, 경제적, 사회적 조건의 일부를 구성하고 있는 것이다.

말레이 농촌마을 내에서 이슬람화는 이슬람 교리에 대한 완벽한 지식과 알라에 대한 절대적 신앙을 전제로 일상생활에서 교리와 원칙을 철저하게 실천하는 무슬림을 목표로 진행되었다. 암노 지지자들은 빠스 지지자들이 매우 교조적이고 광적으로 이슬람 교리를 신봉한다고 비난했다. 반면에 빠스 지지자들은 암노 지지자들을 가리켜 이슬람을 모르는 비무슬림이거나 이슬람의 기본 교리에 위배되는 행동을 하는 이단자들이라고 비난했다. 그들은 이슬람에 대한 해석과 실천에서 서로 차이를 나타냈다. 이슬람을 정치적 자원으로 이용하는 과정에서도 그들은 상이한 입장을 취했다.

그들 사이의 이러한 정치적, 종교적, 이데올로기적 대립은 이슬람화가 어떻게 그리고 왜 일어나는지를 이해하는 데 중요한 단서를 제공한다. 이러한 상황에서 이슬람의 교리와 원칙에 입각하여 마을 주민들의 일상적 행위의 정당성 여부를 판단하거나, 그에 입각한 사회도덕의 기준에 의해 그들의 태도나 행동을 선 또는 악으로 규정하는 이슬람적 세계관 또는 가치관은 그들 사이의 정치적 대립의 근본적인 원인을 제공한다. 그리고 그것을 널리 확산시키는 이슬람화의 과정은 이슬람에 대한 관심과 실천을 그들에게 주지시킴으로써 스스로 이슬람의 교리와 규범에 합당한 행동을 하도록 강제로 유도하는 방향으로 진행되었다. 이런 점에서 말레이 농촌 마을의 주민들이 이슬람 신앙에 대한 각자의 태도나 가치를 판단하고 평가한 기준은 이슬람 교리나 규범 그 자체의 이론적 원칙이 아니라 일상생활에서 누가 그것을 더 철저히 또는 충실하게 수행하는가라는 실천적 행위나 실제적인 경험이었다고 할 수 있다.

이와 같이 말레이시아의 이슬람화는 다양하고 새로운 사회변동을 불러일으켰다. 개별 루마들은 이슬람과 관련된 정치적 성향의 차이로 전통적인 통합 기제가 아닌 정치적 분화의 단위로 변모되었다. 마을 사람들은 암노와 빠스의 정치적 입장 차이에 따라 상이한 정치적 연대를 형성함으로써 지지자들 사이의 일상적인 접촉이 제한되는 양상을 나타내고 있다. 따라서 암노와 빠스의 지도자의 역할이나 그들의 지도력이 마을 내의 의사결정 과정에서 가장 중요한 준거를 제공하는 상황이 발생했던 것이다. 그 배경에는 빠스 지지자들의 이슬람 교리와 원칙에 대한 관심과 실천이 분명히 반영되어 있다고 볼 수 있다. 이런 의미에서 말레이시아 이슬람화의 과정은 변화 속에서 지속적으로 진행될 것으로 보인다. 그것은 이슬람의 교리와 원칙을 고수하는 방향을 지향하고 그에 대한 실천을 강조하는 방향으로 지속될 것이다. 이런 점에서 이슬람화는 말레이시아 사회를 특징짓는 중요한 주제일 뿐만 아니라 사회변동을 유발하는 주요 동인이라고 말할 수 있다.

이러한 의미에서 말레이시아의 이슬람 부흥은 종족 간, 종교 간 관계를 방해해왔으며, 종족 집단 간의 사회적 거리를 넓히는 데 기여해왔다. 이슬람의 역사에 비추어 볼 때, 민족 통합과 정치적 안정은 항상 국가 간의 대립과 갈등을 일으키는 주요 요인으로 지적되어 왔지만, 이것이 말레이시아의 상황과 항상 일치한다고 말할 수는 없을 것이다. 따라서 모하메드 아부 바까르(Mohamed Abu Bakar 1981)의 주장대로, 도시의 엘리트 집단을 중심으로 활발하게 전개되었던 이슬람 부흥운동이 결과적으로 무슬림과 비무슬림의 비율이 거의 같은 말레이시아와 같은 복합사회에서 민족 통합에 대한 새로운 문제를 야기했다는 점은 매우 중요한 의미를 지니고 있다.

결론적으로, 말레이시아에서 이러한 이슬람 부흥운동의 움직임들은 정치적 권위와 종교적 권위 간의 상호작용을 포함하며, 말레이인 내부 혹은 말레이인과 비말레이인 사이에 존재하는 종족 정치와 계급 갈등의 맥락에서 보다 잘 이해할 수 있다. 말레이시아 사회에서 1970년대 이후 광범위하게 확산된 이슬람 부흥운동의 영향은 전통의 이슬람화 과정이라고 말할 수 있다. 종교적인 측면에서 볼 때, 전 역사를 통해서 구조적으로 상이한 사회규범의 존재는 반드시 행위자가 문화 내에서의 종교의 위치와 역할에 대한 분석 영역을 분류하고 질서를 부여하는 특정의 규칙을 발전시키도록 유도한다. 따라서 대립되는 사회규범 혹은 행동 원리에 의해 야기된 양자 간의 불균형은 대안적 해결책을 필요로 하게 되고, 그 최종적인 선택은 궁극적으로 전통과의 관련하에서 현재의 종교가 특정 사회에서 어떠한 의미를 지니고 어떠한 역할을 수행하는지를 규명하는 중요한 단서를 제공한다. 예컨대 이슬람 부흥운동이 현재 말레이 사회에서 종족 간 갈등, 종족 내 구분 그리고 정치적 분파의 형성에 기여하는 문화적 현상이라면, 그것은 이슬람이 전통관습과의 상호작용 속에서 항상 새롭게 재해석되고 있으며, 최근에는 중요한 사회적 쟁점으로 부각되어 말레이인을 비롯한 말레이시아 사람들의 일상생활에 영향을 미치고 있음을 반증하는 것이다.

1970년대 이후 세계의 여러 무슬림 국가들은 자본주의의 급속한 성장과 근대적인 교육제도의 확산 등 새로운 변화에 직면하게 되었다. 이러한 변화는 전통적인 이슬람 제도와 규범에 대한 위기의식으로 표출되었고, 이러한 상황에서 종교는 사회적 맥락 내에서 새롭게 정의될 필요성이 증가하였다. 말레이시아의 이슬람 부흥운동은 다른 이슬람 세계에서와 마찬가지로 일시적인 현상에 그친 것이 아니라 이슬람의 정치적이고 도덕적인 영향과 전통문화와의 상호작용이라는 맥락에서 지속적으로 영향을 미치고 있다고 보아야 할 것이다. 말레이시아에서 이슬람은 단순한 의미의 종교적 요소가 아니라 말레이인의 정체성을 확인하고 강화하는 메커니즘으로 이해해야 한다. 또한 말레이시아의 이슬람 부흥운동의 종족적이며 종교적인 요소는 정치적 지배구조와 밀접히 관련되어 있으며, 정부에서도 이슬람 부흥운동을 이용하고 조작하는 과정에 적극적으로 개입하였다.

결국 말레이시아의 이슬람 부흥운동은 전통문화와 이슬람 간의 상호 작용이라는 역사적 과정에서 이슬람의 영향력이 증대한 시점에서 발생한 정치적, 종교적, 종족적 현상의 일부로 해석된다. 이런 점에서 말레이시아의 이슬람 부흥은 이슬람식 의례와 생활방식을 권장하는 방향으로 전개되었으며, 정치종교적인 측면에서는 비이슬람적인 정치 세력들에 대한 새로운 도전으로 받아들여졌다고 말할 수 있다.

참고 문헌

기계형. 2008. "중앙아시아 무슬림 여성들의 베일(Veil)에 관한 담론". 『e-Eurasia』. 한양대학교 아태지역연구센터.

김정명. 2004. "중동: 프랑스의 '베일 논쟁': 서방과 이슬람권의 문명 충돌인가?". 『국제지역정보』. 한국외국어대학교 국제지역연구센터.

김정아. 2003. "무슬림 여성의 정체성 확립에 관한 연구: 여성보호정책을 중심으로". 『중동연구』 22(1). 159~175쪽.

김효정. 2005. "이혼에 관한 튀니지인의 인식과 실천". 『한국이슬람학회논총』 15(2). 215~235쪽.

네틀턴, 사라. 1995. 조효제 옮김. 『건강과 질병의 사회학』. 한울아카데미.

『뉴스위크』 한국판. 2010. 10. 13일자.

모스, 마르셀. 2003. 이상률 옮김. 『증여론』. 한길사.

문경덕. 2003. "현대 한국사회에서의 날씬함의 '컬트화': '다이어트 장애자'들의 몸 프로젝트를 중심으로". 서울대학교 대학원 인류학과 석사학위 논문.

바버, 벤자민 R. 2003. 박의경·이진우 공역. 『지하드 대 맥월드』. 문화디자인.

백영경·박연규 편저. 2008. 『프랑켄슈타인의 일상: 생명공학시대의 건강과 의료』. 도서출판 밈.

버거, P. 1997(1990). 『성스러운 덮개』. 시공사.

버틀러, 주디스. 2005. 김윤상 옮김. 『의미를 체현하는 육체』. 인간사랑.

벡, 울리히. 1997. 홍성태 옮김. 『위험사회: 새로운 근대(성)을 향하여』. 새물결.

소병국. 1997. "말레이시아 이슬람부흥운동의 발전과 침체(1970-1997)". 『동남아연구』 6. 139~169쪽.

쉴링, 크리스. 1999. 임인숙 옮김. 『몸의 사회학』. 나남.

신원경. 2008. "'히잡 논쟁'을 중심으로 본 독일과 이슬람의 문화 갈등". 『아랍어와 아랍문학』 12(2). 307~334쪽.

양승윤. 1993. "말레이시아 이슬람부흥운동의 역사적 배경에 관한 고찰". 『이문논총』 2. 763~772쪽.

오명석. 1997. "이슬람, 아닷(adat), 근대화 속에서의 말레이 여성의 정체성 변화". 『한국문화인류학』 30(1). 3~51쪽.

오은경. 2006. "베일로 재현된 무슬림들의 욕망: 무슬림 여성들의 베일 착용에 대한 정신분석적 고찰". 『한국이슬람학회논총』.

———. 2007. "이슬람 여성의 몸과 섹슈얼리티: 민족주의와의 연관성을 중심으로". 『국제지역연

구』 11(1). 123~142쪽.

_____. 2008. "이슬람 여성과 에로티시즘: 이슬람 여성들의 히잡 착용을 중심으로". 한국이슬람
학회. 『한국이슬람학회논총』.

유달승. 2003. "서구문명의 유입과 이슬람 여성의 정체성: 이집트 여성을 중심으로". 『국제지역연
구』. 한국외국어대학교 국제지역연구센터.

윤영주. 2002. "일간지 및 여성지에 나타난 한국 여성의 다이어트 담론 분석". 서울대학교 대학원
사회학과 석사학위 논문.

이경찬. 2001. "말레이시아 이슬람부흥운동의 정치적 함의". 『동남아시아연구』 11. 53~85쪽.

조희선. 2001 "'억압'과 '저항'의 기제(機制)로서의 이슬람 여성의 베일(veil)과 히잡(hijab)". 한
국중동학회. 『한국중동학회논총』.

지아우딘 사르다르·메릴 윈 데이비스. 2007. 유나영 옮김. 『이슬람, 우리는 무엇을 알고 있나?』. 도
서출판 이후.

터너, 브라이언. 2002. 임인숙 옮김. 『몸과 사회』. 몸과마음.

푸코, 미셸. 1996. 박정자 옮김. 『성의 역사』. 민음사.

_____. 2000. 오생근 옮김. 『감시와 처벌』. 나남.

홍석준. 1993. "현대 말레이시아의 말레이 민족정체성의 문화적 의미". 『지역연구』 2(4). 101~ 122
쪽. 서울대학교 지역종합연구소.

_____. 1997. "말레이시아 농촌의 이슬람화와 사회변동". 서울대학교 박사 학위 논문.

_____. 2001. "현대 말레이시아 이슬람부흥운동의 문화적 의미". 『동남아시아연구』 11. 1~27쪽.

_____. 2002. "현대 말레이시아에서의 이슬람 부흥(Islamic Revivalism)과 말레이 여성". 『인
문학논총』 2. 257~275쪽.

_____. 2004. "몸과 문화, 그리고 몸의 정체성: 몸에 관한 기존 이론들에 대한 비판적 검토". 『인
문연구』 47. 141~172쪽.

Abu-Lughod L. 1986. *Veiled Sentiments: Honor and Poetry in a Bedouin Society*. Berkeley:
University of California Press.

Ahmed, Akbar S. and Donnan Hastings (eds.). 1994. *Islam, Globalization and Postmodernity*.
Routledge: London and New York.

Aliran (ed.). 1979. *The Universalism in Islam*. Penang: Aliran.

Bagader, Abubaker A. 1994. "Contemporary Islamic Movements in the Arab World". In
Islam, Globalization and Postmodernity (eds.). Ahmed Akbar S. and Donnan Hastings. pp.

114~126.

Dekmejian, Hrair. 1985. *Islam in Revolution: Fundamentalism in the Arab World*. Birmingham: Syracuse University Press.

Department of Statistics, Government of Malaysia. 2013. *Statistics of Population Census*. Malaysia, Department of Statistics, Government of Malaysia.

Douglas, Mary. 1970. *Natural Symbols: Explorations in Cosmology*. London.

Gellner, E. 1992. *Postmodernism, Reason and Religion*. London and New York: Routledge.

Halliburton, Murphy. 2002. "Rethinking Anthropological Studies of the Body: Manas and Bodham in Kerala." *American Anthropologist* 104(4). pp. 1123~1134.

Halliday, Fred. 1994. "The Politics of Islamic Fundermentalism: Iran, Tunisia and the Challenge to the Secular State." In *Islam, Globalization and Postmodernity*. (eds.). Ahmed Akbar S. and Donnan Hastings. pp. 91~113.

Hussin Mutalib. 1990. *Islam and Ethnicity in Malay Politics*. Singapore. Oxford University Press.

_____. 1993. *Islam in Malaysia: From Revivalism to Islamic State*. Singapore University Press.

Jomo, K. S. and Shabery Cheek, Ahmad. 1992. "Malaysia's Islamic Movements." in Joel S. Kahn and Francis Loh Kok Wah. *Fragmented Vision: Culture and Politics in Contemporary Malaysia*.

Jones, G. 1994. *Marriage and Divorce in Islamic Southeast Asia*. Kuala Lumpur: Oxford University Press.

Karim, Wan Wazir Jahan. 1992. *Women and Culture: Between Malay Adat and Islam*. San Francisco: Westview Press.

Kessler, Clive S. 1980. "Malaysia: Islamic Revivalism and Political Disaffection in a Divided Society." *Southeast Asia Chronicle* 75. pp. 3~11.

Maududi A. 1972. *Purdah and the Status of Women in Islam*. Lahore: Islamic Publications.

Mohamed Abu Bakar. 1981. "Islamic Revivalism and the Political Process in Malaysia". *Asian Survey* 21(10).

Muhd. Syukri Salleh. 1992. *An Islamic Approach to Rural Development: The Arqam Way*. London: ASOIB International.

Muzaffar, Chandra. 1987. *Islamic Resurgence in Malaysia*. Petaling Jaya: Penerbit Fajar Bakti,

Sdn. Bhd.

Nagata, Judith. 1984. *The Reflowering of Malaysian Islam: Modern Religious Radicals and Their Roots.* Vancouver: University of British Columbia Press.

_____. 1996. "The 'Rebirth' of a Modern Malay Muslim Woman." *Southeast Asian Journal of Social Science* 24(1). pp. 36~51.

Ong, A. 1990. "State versus Islam: Malay Families, Women's Bodies and the Body Politics in Malaysia". *American Ethnologist* 17. pp. 258~276.

Roff, William. 1974. *The Origins of Malay Nationalism.* Kuala Lumpur: University of Malaya Press.

Roziah Omar. 1994. *Malay Women in the Body.* Petaling Jaya: Fajar Bakti.

Zainah Anwar. 1987. *Islamic Revivalism in Malaysia: Dakwah Among the Students.* Petaling Jaya: Pelanduk Publications.

3

필리핀 무슬림 분리주의 운동의 발생과 전개

이슬람 부흥운동의 맥락에서

김동엽

이 글은 2009년도 정부재원(교육과학기술부 학술연구조성사업비)으로 한국연구재단의 지원을 받아 작성되었으며 (NRF-2009-362-B00016), 「동아연구」 32권 2호에 게재된 글임.

1. 들어가며

동남아에서 근대국가의 탄생이 민족(혹은 종족)이나 문화적 구분에 따르기보다는 식민지 역사와 정치적 타협에 의해 이루어졌다는 점을 감안하면 동일한 근대국가 체계 내에 다수의 민족이 공존하는 것은 그리 특이한 일이 아니다. 대부분의 동남아 국가들은 그 배경과 양상이 조금씩 다르기는 하지만 문화적 소수민족의 문제들을 가지고 있다. 필리핀은 종종 "동남아의 유일한 기독교 국가"라는 말로 묘사된다. 이처럼 대내외적으로 기독교를 국가 정체성의 일부로 간주하는 필리핀에서 문화적 소수민족인 필리핀 무슬림은 자신들의 존재를 인정받기 위해 끊임없는 투쟁을 지속하고 있다. 필리핀 무슬림들이 가지고 있는 특이성 중의 하나는 이들이 통합된 하나의 공동체로 존재한다기보다는 지역에 따라 언어적, 종족적으로 구분된다는 점이다. 이처럼 분화된 필리핀의 무슬림 사회는 300년이 넘는 스페인과의 투쟁 과정에서도 통합되지 않았다. 더욱이 오랜 기간 외부와 단절되면서 정통 이슬람의 성격보다는 다양한 토착적 문화전통이 개별 이슬람 공동체의 정체성에 깊이 뿌리내리고 있다. 이러한 필리핀 무슬림 사회에 통합의 움직임이 나타난 것은 1960년대 후반부터였다. 이는 시기적으로 아랍의 이슬람 국가에서 발생해 전 세계로 전파된 이슬람 부흥운동Islamic Resurgence 혹은 이슬람화Islamization와 그 맥을 같이한다.

이 글에서는 전 세계적으로 전파된 이슬람 부흥운동이 필리핀의 이슬람 공동체에 어떠한 측면에서 영향을 미쳤으며, 분리주의 운동의 발생과 전개에 어떻게 영향을 미쳤는지를 살펴보고자 한다. 일반적으로 오랜 식민통치를 경험하고 독립을 획득한 국가에서는 식민지배 시기에 구조화된 경제사회적 계층구조와 더불어 문화적 다양성 때문에 국가적 통합에 어려움을 겪는 경우가 많다. 이러한 다양성은 사회적 갈등과 불안을 조장하여 경제 발전의 발목을 잡기도 한다. 그 대표적인 사례가 필리핀의 무슬림 분리주의 운동이며, 이에 대한 연구는 무슬림 소수민족을 포함하고 있는 국가에서 이슬람 부흥운동이 무슬림 사회의 정치적 활동에 어떤 영향을 주었는지를 알 수 있는 좋은 사례가 될 것이다.

필리핀의 무슬림 분리주의 운동을 이해하는 시각으로는 주로 정치·경제적 접근이 지배적이다. 즉 서구적 사회문화 정향을 가진 다수의 가톨릭이 말레이적 사회문화 정향을 가진 소수의 무슬림을 식민지배 시기부터 독립 이후인 오늘날까지 지속적으로 정치·경제적 영역에서 주변화 marginalization시킴으로써, 이에 대한 저항으로 분리독립을 주장하게 되었다는 것이다(Gowing 1979). 한편 오랜 식민지 정부와의 투쟁을 통해 필리핀 무슬림들은 지배적 가톨릭 세력에 대해 비문명화된 그룹으로 타자화되었으며, 이들을 주류사회로 통합하는 것이 문명화로 간주되기도 한다. 이는 타자화의 주요 원인이었던 이슬람의 정체성을 약화시키는 방향으로 전개되었다. 밀리건(Milligan 2006)은 국가 통합을 위한 이러한 정책적 방향이 무슬림의 집단적 저항을 초래했다고 분석한다. 비슷한 맥락에서 1960년대 말부터 전개된 필리핀 무슬림의 정체성 강화와 분리독립을 향한 열망은 근대화, 서구화, 그리고 균일화에 대한 반작용으로 보는 시각도 있다(McKenna 1988). 즉 독립 후 근대화 이론에 입각한 중앙집권적인 정치체제와 경제발전 정책이 지역 간 불균형을 심화시킴으로써 분쟁을 야기했다고 보고, 필리핀 정부는 무슬림 지역의 경제 발전을 문제 해결의

실마리로 보고 있다는 것이다. 이와 같은 기존의 시각들은 오늘날까지 필리핀 정부와 무슬림 반군단체 간의 평화협정이 타결되고 폐기되는 악순환의 원인을 제대로 설명하지 못한다. 이는 이슬람이라는 종교적 신념에 기반을 둔 분리주의 운동을 단순히 정치·경제적 시각에서 접근함으로써 발생한 결과라고 볼 수 있다.

필리핀의 무슬림 분리주의 운동의 독특한 전개 양상은 보다 새롭고 포괄적인 관점의 접근 방법을 요구한다. 필리핀 무슬림들의 역사·문화적 다양성에 대한 이해는 물론, 국제 이슬람 부흥운동의 영향과 정치적 역학관계를 포함한 포괄적인 이해를 바탕으로 하는 접근이 필요하다. 또한 다수의 가톨릭과 소수의 무슬림이 공존하는 필리핀 정치체제 내에서 국민적 통합과 국가의 경제 발전을 추구하는 정부의 정책적 방향이 무슬림 사회에 어떠한 영향을 주었는지도 살펴봐야 할 것이다. 이처럼 전 세계적으로 전파된 이슬람 부흥운동의 맥락에서 필리핀 무슬림 분리주의 운동을 살펴보는 것은 냉전 시대 이후 새로운 분쟁의 불씨가 되고 있는 두 문명 간의 출동 원인과 미래의 평화적 공존을 모색하는 작은 사례연구로서 의미를 가진다.

이 글은 필리핀 현지조사를 통해 수집한 다양한 문헌 자료를 중심으로 작성되었다. 특히 필자는 필리핀 현지의 대표적 이슬람 연구기관인 국립 필리핀대학교 이슬람연구소[IIS-UP: Institute of Islamic Studies, University of the Philippines]를 방문하여 조사를 실시했다.[1] 분쟁 지역으로 분류되어 접근이 여의치

---

1   필리핀 현지조사는 2013년 2월 16부터 23일까지 실시되었다.

않은 민다나오 무슬림 지역의 현실을 감안할 때, 이 글의 주제에 관한 필리핀 무슬림들의 견해를 알아볼 수 있는 현실적 방안으로 IIS-UP를 졸업한 무슬림 학자들의 석사학위 논문을 다수 참조했다. 이 글은 총 다섯 개의 절로 구성되어 있으며, 1절에 이어 2절에서는 이슬람 부흥운동과 소수민족 분리주의 운동을 이론적 차원에서 고찰하였다. 이를 통해 여기서 논하고 있는 필리핀 무슬림 분리주의 운동을 바라보는 이론적 배경을 제시했다. 3절에서는 필리핀의 무슬림 분리주의 운동의 배경을 역사적 맥락에서 살펴보았다. 이를 통해 이 글에서 논하고자 하는 문제의 맥락을 이해할 수 있도록 했다. 4절에서는 이슬람 부흥운동이 필리핀 무슬림 분리주의 운동에 끼친 영향과 필리핀 정부의 접근 방식을 살펴봄으로써 문제의 전개 과정에 대한 이해를 모색했다. 5절에서는 이 글의 논지를 정리하고, 가능한 범위 내에서의 발전적 해결 방안을 간단히 제시했다.

2. 이슬람 부흥운동과 분리주의 운동

이슬람 부흥운동은 오랜 역사적 배경과 시대 상황에 의해 생성되고 전개되어 왔다. 이 운동은 만연한 자본주의와 사회주의의 비종교적인 이념에 대해 온전한 이슬람식 삶의 방식이 생명력 있는 대안을 제공할 수 있다는 믿음과 함께 이슬람이 왜곡된 세계질서를 재편하고 수정하는 중요한 역할을 담당할 수 있다는 전제에서 출발한다(이희수 1995b: 266, 197). 많은 사람들이 이슬람 부흥운동을 근대성에 대한 반작용으로 보지만, 보다 근본적인 측면에서 이 또한 근대성의 표현이기도 하다. 근대화의 개념은 다양하지만, 일반적으로 국가권력의 중앙집권화와 자본주의적 경제

발전을 통한 사회적, 문화적 변화를 의미하는 것으로 이해할 수 있다. 식민지에서 독립한 이슬람 국가에 서구식 제도와 생활 방식이 도입되었으며, 이는 정치적 독재와 경제적 빈곤으로 이어졌다. 정치 엘리트들의 지도력은 약화되고 이슬람 형제애가 사라지면서 전통적인 사회적 결속이 붕괴되었다. 국가는 근대적 교육을 통해 가족과 남녀 관계에 변화를 가져왔고, 대중매체는 서구의 물질주의와 사치스런 생활 방식을 전파함으로써 무슬림 여성과 젊은이들의 가치관과 세계관에 많은 영향을 주었다. 이러한 경향이 이슬람 부흥운동을 촉발한 배경을 제공했다(Lapidus 1997: 446; Lewis 1990).

종교적 의미를 넘어 정치 · 사회적 의미를 담고 있는 이슬람 부흥운동의 주요 전략은 교육과 공동체 조직을 통해 이슬람 사회의 기반을 다지는 것이다. 오늘날의 발전된 기술적, 과학적 환경에서 이슬람 부흥운동은 근대국가와 근대경제를 건설하기 위한 노력의 일환으로 이해되기도 한다. 따라서 그 주도 세력도 근대적 교육을 받은 학생이나 관료, 혹은 의사나 변호사 등 전문 인력이 주를 이룬다. 또한 이 운동에 참여하는 사회계층도 일반적으로 근대국가, 근대교육체제, 그리고 부분적으로 근대경제의 산물이다(Lapidus 1997: 447~448). 대부분 이슬람 사회가 부족이나 지역 공동체로 분열되어 있는 상황에서 이슬람 부흥운동은 꾸란과 순나에 입각해 다양성을 극복하고 보편성을 강조하는 경향을 나타낸다. 1970년대 이란 혁명, 소련의 아프가니스탄 침공, 아랍-이스라엘 분쟁, 그리고 오일 머니 등을 통해 이슬람 부흥운동은 국제적 영향력을 가지게 되었다. 이것은 보편적이고 세계적 현상이었지만, 개별 국가들은 각각의 환경에 따라 다른 수준의 이슬람 부흥운동을 경험했다. 동남아 국가들은 개별 국가의 역사·문화적 특성, 경제·사회적 발전 수준, 무슬림 인구 비율, 교육제도, 그리고 이슬람의 정치화 수준 등에 따라 이슬람 부흥운동의 영향이 다르게 나타난다(Mutalib 1990: 878~879). 무슬림 인구가 전체 국민의 약 5퍼센트 정도밖에 되지 않는 필리핀에서 이슬람 부흥운동은 주변의 동남아 이슬람 국가들과는 달리 분리독립 운동이라는 과격한 정치적 운동을 촉발하는 계기가 되었다.

　이슬람에서 상정하는 이상적인 국가 모델은 예언자 무함마드가 서기 622년에 처음으로 만든 종교 공동체 "메디나의 움마Ummah"에 있다. 무함마드는 사막의 다양한 유목 민족을 하나의 종교 공동체로 바꾸었으며, 움마는 정치와 종교가 분리되지 않은 신정체제theocracy라고 할 수 있다. 16~17세기 유혈의 개혁운동을 통해 종교로부터 국가를 분리시킨 기독교계와는 달리 이슬람은 그런 원칙을 개발하지 않았다. 많은 이슬람 사상가들은 정치, 경제, 사회, 문화 모두를 궁극적으로 규정하는 이슬람을 기반으로 한 정치·경제·종교 공동체, 즉 이슬람 국가를 이상적인 공동체로 주장해왔다(정상률 2012: 40~41; Lewis 1990). 정치적으로 권력 분립과 여러 자유권이 보장되지만 꾸란과 하디쓰의 절대적 권위에 위배되지 않는 "이슬람식 신정 민주주의"이며, 경제적으로는 사적 소유 및 개인의 경제적 자유를 허용하지만 이슬람에서 허용하지 않는 것은 철저하게 금하는 "이슬람식 자본주의"를 이상적인 이슬람 국가의 요소로 상정한다(이희수 1995b: 269~271; 정상률 2012: 33). 전통적인 이슬람의 관점에서 세계는 두 가지로 구분된다. 하나는 이슬람의 집Dar al-Islam, 즉 이슬람의 법과 신념이 지배하는 사회이고, 둘째는 불신자 혹은 전쟁의 집$^{Dar\,al\text{-}Harb}$으로 많은 분쟁의 원인이 되며 개종과 개도의 대상이 된다. 세계의 많은 지역이 불신자의 집이며, 이슬람의 집 내부에도 이슬람법이 제대로 지켜지지 않으므로 변화는 내부에서 시작하여 외부로 이어져야 한다고 봤다(Lewis 1990).

필리핀 무슬림 사회에 많은 영향을 미친 국제적 이슬람 부흥운동 조직으로는 일리야스$^{Maulana\,Muhammad\,Iliyas}$(1885~1944)가 창시한 타블리 자마아트$^{Tablighi\,Jamaat}$와 마우두디$^{Maulana\,Maududi}$(1903~1979)가 창시한 자마아티 이슬라미$^{Jamaat\text{-}i\,Islami}$ 등이 두드러진다. 타블리 자마아트는 교육을 통한 개인 생활의 이슬람적 개선에 치중하여 이슬람 국가에서건 비이슬람 국가에서건 신앙의 함양과 영적인 생활의 실천을 강조한 반면, 자마아티 이슬라미는 적극적인 정치 참여를 통해 이슬람 국가를 건설하는 것에 목표를 두었다(이희수 1995a: 271). 특히 1950년대 말에서 1970년대 사이에 이슬람 부흥운동이 가시적인 성과를 거두지 못하자, 일련의 급진적인 이슬람 운동이 확산되었다. 이들은 성전^{聖戰}으로 규정하는 지하드^{Jihad}를 통해 목표를 달성코자 했으며, 이러한 추세는 필리핀의 무슬림 분리주의 운동에 많은 영향을 주었다. 마우두디에 따르면, 이슬람은 인습에 젖은 종교가 아니며, 인위적인 국경을 초월해서 투쟁과 개혁을 도모하는 혁명 이념이며, 그 구성원은 바로 혁명 당원이다. 그리고 그 행동 실체의 결집체가 이슬람 개혁정당이다. 지하드는 바로 이러한 혁명 과업을 완수하는 과정이자 수단이며, 글을 통한 호소, 선전과 연설, 혹은 자금과 물자 제공 등과 같은 단계를 먼저 거친 후에 이러한 방법들이 여의치 않을 경우 최종적이고 가장 고차원적인 투쟁 방법으로 무력 항쟁을 설정한다(김정위 1993: 5~6; 이희수 1995b: 272~273).

한 국가 내에서 분리주의 운동이 발생하는 것은 다양한 이유에 근거한다. 분리주의 운동의 시작은 "우리"와 "타자"를 구분하는 정체성의 분열에서 출발한다. 민족의식^{ethnicity}을 규정짓는 일반적인 접근법으로는 원초주의^{primordial}와 도구주의^{instrumental}, 혹은 구성주의^{constructivism}가 있다. 원초주의에서는 민족을 가족이나 혈족 관계에 바탕을 두고 나타난 자연적인 현상으로 간주한다(Geertz 1962). 반면 도구주의나 구성주의는 민족의식이 특정 경계 안의 개인들이 함께 생활하면서 자연적으로 혹은 인위적으로 생겨난 것이며, 특히 공동체의 정치·경제적 이해를 보호하기 위한 집단화의 전략으로 민족의식이 강조된다(Gellner 1981). 분리주의 운동을 전개하는 필리핀 무슬림의 민족의식은 원초주의보다는 도구주의 혹은 구성주의적 관점에서 보다 잘 이해할 수 있다. 분리주의 운동의 맹아가 민족의식에 내재^{內在}해 있다면, 이의 발아는 다양한 역사적, 정치·경제적 상황에 근거한다. 소수민족의 분리주의 운동을 포괄적으로 연구한 기어(Gurr 1993)에 따르면, 분쟁이 촉발하는 원인으로 소외감의 극대화, 정치적 야심가의 등장, 허약한 중앙정부, 그리고 대외적 지원 등 네 가지를 제시하고 있다.[2] 이슬람 부흥운동은 무슬림 사회의 집단 정체성을 강화시키고, 외부적 지원의 원천이 됨으로써 소수의 억압받는 무슬림 공동체에 분리독립 운동이 촉발할 수 있는 계기를 제공했다.

---

2   이에 대한 필리핀의 구체적 사례는 다음 절에서 다룬다.

3. 필리핀 무슬림 분리주의 운동의 배경

1) 필리핀 무슬림 사회의 특성과 역사

필리핀 무슬림 공동체는 13개의 주요 종족집단으로 구성되어 있으며, 이들은 각자의 언어와 전통을 가지고 있다. 이들 중 4개 종족집단이 대다수를 차지하며, [그림 1]에서 볼 수 있듯이 지역적으로 민다나오 남서부에 작은 섬들로 구성된 술루 지역에 집단적으로 거주하는 따우숙$^{Tau\,Sug}$(해류의 사람)과 사마^{Sama}(연합 부족)가 있고, 민다나오 섬 남서부 평원에 거주하는 마긴다나오^{Magindanaw}(범람원 사람)와 그 북쪽에 위치한 거대한 호수 인근에 거주하는 마라나오^{Maranaw}(호수의 사람)가 있다. 이들은 현재 필리핀 행정구역 구분상 지역 9$^{Region\,IX}$와 지역 12$^{Region\,XII}$, 그리고 나중에 출범하는 민다나오 무슬림자치구$^{ARMM:\,Autonomous\,Region\,of\,Muslim\,Mindanao}$에 분포해 있다.

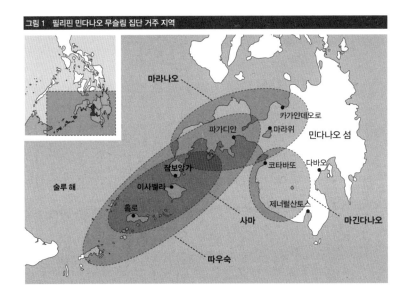

그림 1 필리핀 민다나오 무슬림 집단 거주 지역

이슬람이 정확하게 언제 필리핀에 전파되었는지는 알 수 없지만, 타르실라^{Tarsila}(가족의 역사를 기록한 문서)에 기록된 바에 따르면 14세기 후반경에 막둠^{Karimul Makdum}이라는 사람이 술루에 도착하여 이슬람을 설파하고 모스크를 세웠다는 내용이 있다. 그리고 약 1450년경에 술루에 이슬람 술탄이 등장했고, 마긴다나오에는 약 1515년경에 술탄이 나타난 것으로 추정하고 있다(Finley 1916: 36; Majul 1999: 11~31). 스페인이 도래하기 이전에 필리핀에 존재했던 무슬림들은 아랍인과 인근 말레이인과의 혼혈로 풍족한 경제적 환경으로 인해 건장한 외모를 지녔으며, 오랜 문헌 기록을 가지고 있을 정도로 지적 수준도 우월하여 비사야나 루손에 사는 비무슬림 부족들과 구분되는 사람들이었다. 이들은 가장 문명화된 부족들로서 주변으로 이슬람을 급속히 전파시키고 있었다. "만약 스페인의 침략이 100년만 늦었더라면 필리핀의 모든 군도는 이슬람화되었을 것이다"라는 역사적 가정은 설득력이 있다(Finley 1915: 354~355).

스페인의 도래와 식민통치는 필리핀 무슬림의 역사적 진화를 멈추게 했고, 오히려 퇴보의 길에 들어서게 했다. 필리핀 군도를 식민지화한 스페인 식민지 정부는 명목상으로 필리핀 무슬림들에 대한 주권을 행사했지만, 실제적으로 무슬림들은 스페인의 영향과는 동떨어진 독립적인 문화적, 경제적, 군사적 영역을 유지했다. 필리핀 무슬림은 끊임없는 저항을 통해 가톨릭으로의 개종을 거부했으며, 이는 곧 무슬림 지역의 고립화와 경제적 주변화로 이어졌다(Milligan 2003: 470). 본국인 이베리아 반도에서 무어^{Moor} 족 무슬림에 대항하여 수세기 동안 재정복 전쟁(*Reconquista*: 711~1492)을 벌였던 스페인은 필리핀에 거주하는 무슬림을 무어의 스페인어 발음인 모로^{Moro}라고 불렀다. 모로는 오늘날까지 필리핀 무슬림을 지칭하는 말로 사용되고 있다.

1898년 스페인의 식민통치가 마감되고, 이를 승계한 미국 군인들이 필리핀 무슬림과 처음으로 조우하게 된 것은 1899년 5월 19일 홀로^{Jolo}에서였다. 새로운 침략자들과 치열한 전투를 벌인 술루의 술탄은 8월 20일 미국과 베이츠협약$^{Bates Treaty}$(미-술루협약이라고도 함)을 체결하고, 자신이 지배하는 식민지에 대한 통치권과 신앙의 자유를 보장받았다. 그러나 식민지 정부는 1902년에 이 조약을 돌연 파기하고 직접 통치를 위한 법$^{Organic Law for the Moro Province}$을 공포했다. 그러자 술탄은 편지를 보내 이 법을 정중히 거절했으며, 이후 수천 명의 무슬림들이 미국의 통치에 저항해 무력 투쟁을 벌였다(Finely 1915: 359). 식민지 정부는 1903년 6월 1일 모로 지역을 특별구역으로 선포하고 타지역과 분리하여 관리하기 시작했다. 1914년 1월 1일부터 식민지 정부가 군부에서 민간으로 이양되면서 모로는 필리피노^{Filipino}(필리핀인)에 통합되었고, 모로 지역은 "민다나오 및 술루 행정구역$^{The Department of Mindanao and Sulu}$"으로 변경되었다(Finley 1916: 28~34).

미국 식민지 시대에도 필리핀 무슬림들의 정치·경제적 주변화는 지속되었다. 식민지 정부는 무슬림에 대해 유인정책을 펼쳤으며, 종교의 자유를 보장하면서 서구적 교육을 통해 문명을 전파하고자 했다. 그러는 동시에 필리핀의 타지역에 살고 있는 기독교도들을 무슬림 거주 지역으로 대거 이주시키는 정책을 펼쳤다. 식민지 정부는 재원이 부족한 이주자들에게 자금을 대여해주었으며, 땅을 무상으로 불하하기도 했다. 식민지 정부는 각종 토지 소유권 관련 법률을 통해 많은 토지를 국유지로 만들었으며, 외국 기업의 진출을 유도하여 많은 토지를 기업적 농장으로 전환시켰다. 이러한 과정을 통해 무슬림들은 자신들의 선조로부터 물려받은 토지를 점차적으로 상실했다(Islam 1998: 445). 1935년 필리핀 자치정부 Commonwealth가 수립되기 전에 라나오Lanao에 있는 120명의 다투Datu(족장)들이 연합하여 "우리는 독립국으로 탄생하려는 필리핀에 포함되는 것을 원하지 않는다. 이는 수백 년 동안 그들과 우리는 평화롭게 공존하지 않았으며, 우리의 땅을 모로가 아닌 그 누구에게도 넘겨줄 수 없다"는 내용의 단살란 선언Dansalan Declearation을 선포하기도 했다. 그들은 미국의 보호 아래 남아 있다가, 이후 독립된 국가를 건설하길 원했다. 그러나 미국은 필리핀 주류 민족주의자들의 요구에 따라 무슬림의 분리를 허용하지 않았다(Kamlian 2003; Majul 1988: 899).

한편 전통적 권위를 대표하는 술탄은 식민지 정부와의 협약을 통해 자신의 사회적 권위를 인정받았다. 그러나 술탄과 근대적 헌법체제가 동시에 존재함으로써 이중적인 정치체제가 등장했다. 술탄은 사회적, 종교적 문제를 다루고, 헌법적 지도자는 행정부의 일을 다루었다(Bakuludan 1996: 105). 술루 정치의 역사를 연구한 푼뚜칸(Puntukan 1992)은 새로운 식민지 체제에 비협조적이었던 일부 전통적 엘리트들의 권위가 약화되는 현상을 기록하고 있다. 일부 전통적 엘리트들은 자녀들을 근대식 학교에 보내지 않음으로써 점차 시대에 뒤떨어졌다. 반면 새로운 체제에 협조한 사람들은 식민지 정부가 제공하는 각종 직위에 임명되었다. 또한 다수의 다투들은 필리핀 자치정부 시기 집권정당인 국민당Nationalista Party에 참여하여 다양한 공직에 진출하기도 했다. 이들은 비록 중앙정부에 참여함으로써 부와 권력을 차지했지만, 이는 곧 무슬림 사회 전반의 수탈을 수반하는 것이었기 때문에 이들의 전통적인 권위는 점차 약화되었다. 일례로 이들은 식민지 정부를 대신해 기독교 이주민들에게 토지를 불하하는 것을 도왔는데, 이는 전통 사회를 수호해야 하는 다투의 의무와 배치되는 행태로서 무슬림 공동체의 불신을 사는 이유가 되었다(Brown 1988:72).

  1946년 독립과 함께 필리핀 정부는 중앙집권적인 정치체제를 강조하는 통합정책을 추진했다. 독립 초기에 필리핀 사회는 항일 무장투쟁에 가담했던 소작농들의 처우 문제를 놓고 사회적 혼란이 가중되고 있었다.[3] 이러한 사회적 문제를 해결코자 필리핀 정부는 민다나오 이주정책을 추진했다. 이주민들에게 각종 법적·재정적 혜택을 부여함으로써 많은 수의 가톨릭 신자들이 민다나오로 이주했다. 그 결과 1948년부터 1970년까지 민다나오의 인구는 타지역에 비해 거의 두 배에 가까운 성장세를 기록했다. 이러한 이주정책은 민다나오에서 무슬림을 소수민족으로 만드는 결과를 낳았다(Bakuludan 1996: 107; Brown 1988: 60). 민다나오 무슬림들은 점차 외지에서 들어온 사람들과 자신들의 처지를 비교하면서 소외감과 함께 상대적 박탈감을 느끼게 되었다. 막달레나(Magdalena 1977: 303~304)는 "좌절이 폭력으로 이어진다"는 사회이론을 통해 민다나오 무슬림들의 과격화 현상을 설명하기도 했다.

  필리핀 정부는 1957년 국가통합위원회[CNI: Commission on National Integration]를 설치하여 지배적인 가치와 제도를 통해 무슬림 사회를 통합하려는 정책

---

3 후크[Hukbalahap]라고 불리던 항일 게릴라 집단은 독립 후 토지문제를 두고 지주들과 갈등을 빚었다.

을 추진했다(Brown 1988: 60). 그러나 국가 재정의 한계로 인해 민다나오 지역에 대규모 경제개발 프로젝트를 추진할 수 없었다. 대신 많은 수의 무슬림 젊은이들에게 장학금을 수여하여 근대적 교육을 받을 수 있도록 했다. 기대했던 것과는 달리 이러한 근대화 정책은 오히려 무슬림의 정체성을 강화시켜 국가적 분열을 가속화하는 결과로 이어졌다. 이전의 필리핀 무슬림 사회는 종교적 정체성이 그리 강하지 않은 것으로 인식되었다. 이는 "필리핀 무슬림의 약 80퍼센트가 자신의 종교에 대해 아무런 인식도 가지고 있지 않다"는 1954년 알몬토^{Domocao Almonto} 상원의원의 의회 보고서를 통해서도 알 수 있다. 이러한 상황에 대한 인식은 필리핀 무슬림들로 하여금 이슬람 교육을 강화하는 방향으로 이어졌다.

1961년 알몬토 상원의원의 노력으로 민다나오 국립대학^{MSU: Mindanao State University}이 설립되었다. 그러나 인력 부족으로 어려움을 겪다가, 이집트로 유학을 떠났던 학생들이 공부를 마치고 귀국하면서 대학 운영이 정상화되었다. 1973년에는 MSU와 국립 필리핀대학교^{UP}에 각각 이슬람연구소(King Faisal Center for Arabic, Islamic and Asian Studies-MSU; IIS-UP)가 세워져 이슬람 교육과 연구의 기반이 강화되었다. 또한 많은 이슬람 학자들과 다양한 단체들의 활동으로 필리핀 무슬림에 대한 인식은 차츰 변화하게 되었다(Calimba 1990: 117~119).

독립 초기의 이주정책과 근대화 정책은 민다나오 무슬림 지역의 정치에 많은 변화를 가져왔다. 술루와 마긴다나오의 정치 엘리트들의 변화를 추적한 일부 연구들(Puntukan 1992; Bakuludan 1996)에 따르면, 전통적 엘리트 가문에 속하지 않은 정치인들이 등장하기 시작했다. 이러한 변화는 외부 이주민들의 유입과 농촌 사회의 도시화, 그리고 그동안 귀족계급에게만 열려 있었던 교육 기회가 보편화되면서 나타났다. 특히 마르코스 정권(1965~85)은 전통적 정치 엘리트들을 근대적 기술 관료로 대체하려는 정책을 추진함으로써 새로운 정치 엘리트들의 등장을 낳기도 했다. 정치적 라이벌 간의 치열한 경쟁은 각종 부정과 부패, 폭력과 무질서의 원인이 되었으며, 이는 해외, 특히 이집트에 유학하고 돌아와 울라마Ulama로 활동하던 사람들이 이슬람적 가치를 내세워 정치의 전면에 나서는 이유를 제공했다(Panda 1989: 34~35). 또한 이슬람 반군 활동을 통해 명성을 얻은 일부 사람들이 제도권 정치에 뛰어드는 경우도 나타났다(Puntukan 1992: 51~53). 이들은 그동안의 부패한 정치 행태에서 벗어나 이슬람 신념에 입각한 새로운 선거와 정치를 펼치고자 했으며, 일부 도시 지역에서는 성공을 거두기도 했다.

2) 무슬림 분리주의 운동의 발생과 전개

필리핀 무슬림 분리주의 운동의 발생에는 기어(Gurr 1993)가 지적한 네 가지 소수민족 분쟁 발생 요건이 모두 충족되는 것을 볼 수 있다. 첫째로 무슬림 사회의 정치·경제적 박탈감의 극대화이다. 막달레나의 연구(Magdalena 1977)에 따르면, 기독교도들의 이주에 따른 무슬림들의 주변화와 상대적 박탈감의 증가가 필리핀 민다나오 지역에서 무슬림과 기독교도 간의 폭력 사태의 원인임을 지적하고 있다. 특히 이 지역에서 무슬림 인구수의 상대적 비율 감소와 높은 문맹률은 이러한 상황에 대한 좌절감을 더욱 증가시켰으며, 토지를 둘러싼 소유권 및 임차 문제가 분쟁의 직접적 원인을 제공한 것으로 분석했다. 무슬림과 기독교도 간의 인구 비율이 변화함에 따라 1971년 선거는 정치 지형에 많은 변화를 가져온 계기가 되었다. 이러한 정치권력의 변동은 정치적 갈등을 고조시켰으며 잦은 무력 충돌로 이어졌다. 1972년 마르코스는 계엄령을 선포하여 정치권력을 기독교도가 주도하는 중앙정부에 집중시켰으며, 지역의 정당한 정치 활동에도 제한을 가했다. 또한 그동안 기독교도 사병 조직으로부터 자신들을 보호한다는 명분으로 보유하고 있던 총기를 정부에서 회수하려는 정책을 추진하자, 이를 무슬림에 대한 무장해제의 의미로 받아들여 불안감을 증폭시켰다. 이러한 상황이 곧 무슬림들로 하여금 반체제 저항운동을 시작하도록 유도하는 배경이 되었다(Noble 1976: 411~412).

둘째로 정치적 야심가의 등장이다. 무슬림 사회의 정치·경제적 박탈감을 처음으로 자신의 정치적 목적에 이용한 것은 전통적 엘리트들이었다. 1968년 최초로 필리핀에서 범무슬림 저항운동 조직인 무슬림독립운동MIM: Muslim Independence Movement을 선언한 사람은 코타바또Cotabato 지역의 다투이며 오랜 정치 엘리트였던 마탈람Udtog Matalam이었다. 정부의 이주정책으로 무슬림 지역에 기독교도가 늘어나 다수를 차지하자 무슬림 정치 엘리트들의 공직 선출이 어렵게 되었고, 이들은 기독교도에 의한 지배에 불안해하는 무슬림들의 감정을 이용해 자신들의 정치적 입지를 강화하려 했다(Brown 1988: 73). 그러나 이러한 움직임을 감지한 마르코스 정권은 MIM 지도자들에게 정부의 고위직을 제공함으로서 회유하였다. 마탈람을 포함한 다수의 MIM 지도부가 필리핀 정부에 협력하자, 이에 불만을 품은 다수의 젊은 MIM 간부들이 조직을 이탈했다. MIM의 뒤를 이어 분리주의 운동을 주도한 조직은 룩만Haroun al-Rashid Lucman이 주도한 방사모로 해방조직BMLO: Bangsa Moro Liberation Organization이었다. 그러나 BMLO도 전통적 엘리트들의 독단적인 조직 운영과 정치적 이해관계에 따라 지도부가 분열하는 모습을 보였다. 이러한 전통적 엘리트들의 행태에 불만을 품은 젊은 무슬림 혁명가들은 이후 분리주의 운동을 주도하게 되었다(Calimba 1990: 98). 대표적 인물로 미주아리Nur Misuari와 살라맛Hashim Salamat이 있으며, 이들을 중심으로 모로민족해방전선MNLF: Moro National Liberation Front이 조직되었다. MNLF는 젊은 무슬림들로 구성된 군사조직Bangsa Moro Army을 갖추어 마르코스 정권에 대해 성전을 선포하고 게릴라전을 전개하기 시작했다.

셋째로 소수민족 분쟁을 다루는 중앙정부의 능력 부족이다. 1960년대 필리핀은 평균 5퍼센트 대의 비교적 낮은 경제성장률을 나타냈으며, 특히 사회적으로는 경제적 자유주의에 반대하는 민족주의 사상과 불평등한 사회구조에 저항하는 공산주의 운동이 급속히 성장하는 시기였다. 1960년대 후반에서 1970년대 초 민다나오 지역에서는 무슬림과 기독교도 간의 상호 불신과 적대감이 팽배해지고, 무슬림들의 주변화와 상대적 박탈감이 고조되었음에도 중앙정부는 별다른 처방을 내놓지 못했다. 1969년 재선에 성공함으로써 마지막 임기를 수행하게 된 마르코스는 이와 같은 사회적 혼란상을 오히려 영구 집권의 길을 여는 빌미로 삼았다. 1972년 마르코스는 계엄령을 선포하고, 강압적 통제정책을 추진했다. 이를 통해 사회 전반의 혼란상은 잦아들었지만, 공산당 세력과 이슬람 반군의 활동은 더욱 조직화되고 체계화되었다. 사회적 혼란 속에서 국내 경제가 위축됨에 따라 마르코스 정권의 대외 의존도는 더욱 증가하였고, 이는 정부가 외부의 압력에 취약해지는 원인이 되었다. 특히 원유의 80퍼센트를 이슬람 국가에서 수입하는 필리핀으로서는 이슬람 국가들의 외교적 압력을 무시할 수 없는 상황이었다(Milligan 2003: 472; Islam 1998: 455). 이러한 국내외적 환경은 필리핀 정부의 분쟁해결 능력을 더욱 약화시키는 결과를 낳았다.

넷째로 무슬림 반군에 대한 외부 세력의 적극적인 지원이 있었다. 필리핀 무슬림들이 부당한 탄압을 받고 있다는 소식이 외부로 전파되자 민다나오의 분쟁은 전 세계 이슬람 국가들의 관심을 불러 모았다. 이슬람 국가들은 반군에게 재정적 지원은 물론 교육과 훈련을 위한 장소를 제공하기도 했다. 특히 이집트와 말레이시아는 장차 필리핀 무슬림 최대 반군 조직이 되는 MNLF를 이끌 지도자들을 양성하는 데 많은 기여를 했다. 1971년 7월 리비아는 마르코스에게 작금의 현실에 대한 우려를 표명하는 서한을 보냈으며, 무슬림 피난민들에게 의료와 기타 지원을 제공했다. 또한 케손 시에 모스크와 이슬람 센터를 설립할 자금을 지원하기도 했다. 점증하는 국제적 압력을 진화할 목적으로 필리핀 정부는 1972년 1월 이슬람 국가의 대사들을 초청하여 무슬림 지역을 순방하는 행사를 펼치기도 했다. 그럼에도 그해 3월, 국제 이슬람 국가 최대 조직인 이슬람회의기구OIC: Organization of the Islamic Conference는 필리핀 무슬림의 현실에 대해 깊은 우려를 표명했다(Majul 1988: 905). MNLF는 서구와 OIC, 그리고 많은 이슬람 국가들의 지지를 획득하는 데 성공함으로써 강력한 대정부 협상력을 가지게 되었다. 1975년 사우디아라비아의 제다Jeddah에서 열린 6차 OIC 외교장관회의는 MNLF를 필리핀 무슬림을 대표하는 조직으로 공식 인정하고, 필리핀 정부로 하여금 협상에 나서도록 종용했다(Islam 1998: 455).

이와 같이 다양한 요인들이 필리핀 무슬림을 분리주의 운동으로 이끈 요인이 되었으며, 일련의 결정적 사건들을 계기로 분쟁이 본격화되었다. 분리주의 운동을 촉발시킨 사건은 1968년 3월에 발생한 자비다Jabidah 학살 사건이었다. 코레히도르Corregidor 학살이라고도 불리는 이 사건은 말레이시아 연방에 편입되어 있는 사바Saba에 대한 영토주권을 회복하기 위해 활용할 목적으로 필리핀 군부에 의해 소집되어 코레히도르 섬에서 훈련을 받던 무슬림 청년 수십 명이 의문의 학살을 당한 사건이었다. 사건의 전모가 명확히 밝혀지지는 않았지만, 이를 계기로 무슬림 사회에는 위기감이 팽배해졌으며, 또한 많은 이슬람 무장단체가 조직되었다. 더욱이 이 사건은 그동안 분열되어 있던 이슬람 세력들이 결집하는 계기로 작용했다. 이로 인해 본격화된 무장투쟁은 많은 비극적 사건을 초래했다. 1971년 6월에는 최소 70명의 무슬림이 기독교도 사병 조직인 일라가Ilaga에 의해 살해되는 마닐리Manili 학살 사건이 발생했고, 그해 11월에는 40여 명의 마라나오 무슬림들이 군인과 기독교도들에게 살해되는 따쿱Tacub 학살 사건이 발생했다. 이러한 일련의 무력 분쟁으로 인해 1971년 말 코타바또와 라나오에서 최소한 10만 명의 무슬림 피난민이 발생했다. 이는 이후 장기간 전개되는 무슬림 분리주의 운동의 서막을 알리는 것이었다(Majul 1988: 902~905).

한편 무슬림 반군의 조직적인 저항과 이슬람 국가들로부터의 강력한 외교적 압력에 직면한 마르코스 정권은 MNLF와의 협상을 시작했으며, 영부인 이멜다 여사의 리비아 방문으로 1976년 12월 23일 트리폴리Tripoli

에서 최초로 필리핀 정부와 MNLF 간의 평화협정이 체결되었다. 이슬람 세계로부터의 외교적 압력에 떠밀려 협상에 임한 마르코스 정권은 민다나오 내의 13개 지역에 이슬람 자치구를 설치할 것을 약속하고, 외교와 국방을 제외한 거의 전 분야에서 자치권을 인정하는 내용의 평화협정에 조인했다. 그러나 자치권의 이행에 관련된 세부사항은 차후에 논의하기로 함으로써 처음부터 문제의 불씨를 남겼다. 필리핀 정부는 MNLF의 반대에도 불구하고 주민투표를 실시하여 무슬림 거주 지역을 행정구역상 지역 9와 지역 12로 분리시켰다. 이러한 필리핀 정부의 행보는 협상안에 대한 이행 의지가 없음을 드러내는 것이었으므로 MNLF는 다시금 대정부 투쟁을 전개하기 시작했다(Majul 1988: 909). 트리폴리 협정은 MNLF의 내부에 분열이 가져왔다. 미주아리의 독단과 정부와의 협상에 불만을 품은 MNLF 부의장 살라맛이 새로운 반군조직인 모로이슬람해방전선MILF: Moro Islamic Liberation Front을 조직했다. 또한 마르코스 정권의 회유정책에 따라 일부 MNLF의 일선 지휘관들이 반군 활동에서 이탈하여 제도권 정치에 뛰어들기도 했다(Islam 1998: 449~450).

이후 필리핀 정부와 이슬람 반군 간에는 수차례의 평화 협상이 진행되었으며, 라모스 집권 시기였던 1996년 9월 2일에 정부와 MNLF는 20년 전에 합의한 트리폴리 협정문을 기초로 하여 최종 평화협정에 조인했다. 이 협정을 바탕으로 민다나오 무슬림 지역에는 ARMM이 설치되었고, MNLF의 미주아리는 주지사에 출마하여 당선되었다. 그러나 이를 계기로 완전한 이슬람 국가로의 분리독립을 주장하는 MILF는 최대 반군조직으로 부상했으며, 같은 해 12월 대규모의 시위를 조직하여 정부군과의 지속적인 싸움을 결의했다. 1998년에 대통령으로 당선된 에스트라다 Joseph Estrada는 MILF와 전면전을 전개하기도 했다. 2008년 7월 아로요 정부는 "MILF와 민다나오에 평화를 정착하기 위한 협정안MoA-AD: Memorandum of Agreement on Ancestral Domain"에 합의했으나, 필리핀 대법원이 이를 위헌으로 판결함으로써 협정 체결이 무산되었다. 2010년 집권한 현 아키노 정부는 MILF와의 평화 협상에 적극적으로 임하여 2012년 10월에 "방사모로 이슬람 자치지역에 대한 기본협정Framework Agreement on the Bangsamoro"에 서명했으며, 현 정부의 임기가 만료되는 2016년까지 이를 실행할 수 있도록 세부 항목을 조율하고 있다. 그러나 협정 내용의 위헌 여부가 지속적으로 제기되고 있으며, 무슬림 사회 내에서도 협상안에 반대하는 목소리가 나오고 있어서 그 결과를 예측하기 힘들다.

4. 이슬람 부흥운동과 필리핀 무슬림 분리주의 운동

1) 이슬람 부흥운동과 모로 민족주의

이슬람이 전파되기 전 필리핀 남서부 지역은 8세기경 자바를 중심으로 흥기한 사일렌드라Sailendra 왕조의 세력권하에 포함되었던 것으로 알려져 있다. 따라서 이 지역의 많은 전통문화 속에는 사일렌드라가 수용했던 인도의 영향이 남아 있다. 또한 해상무역이 활발했던 술루 지역은 일찍부터 중국의 영향을 많이 받은 것으로 알려져 있다. 이미 10세기 말에 중국인이 방문한 것으로 기록이 전해지고 있으며, 특히 명대(1368~1644)에는 많은 교류가 있었던 것으로 추정된다. 이는 각종 유물과 여전히 남아 있는 중국식 생활 풍습을 통해 확인할 수 있다. 스페인의 도래와 더불어 시작된 서구 식민지 시기에는 이슬람 세계와의 교류가 단절되었으며, 이는 곧 이슬람 교육의 결핍을 낳았다. 또한 미국의 식민지배 시작과 더불어 추진된 통합정책은 필리핀 무슬림의 생활 태도와 신념에 많은 서구적 요소를 가미시켰다. 이처럼 오랜 관습과 외부 문화의 영향으로 필리핀 이슬람에는 비이슬람적인 요소가 많이 포함되어 있으며, 일부 인류학자들은 이를 "민속이슬람folk-Islam"이라는 새로운 용어로 구분하기도 한다(Esmula 1994: 15~21). 필리핀 무슬림 사회는 같은 종교를 신봉하지만 언어·종족적 구분에 따라 마라나오, 따우숙, 마긴다나오와 같은 자신들의 집단적 정체성을 강하게 유지하고 있다. 이들 집단의 전통적 생활 문화가 근본적인 이슬람의 전통과 배치되는 경우도 있으며, 이에 대한 척결은 이슬람 부흥운동의 중요한 목표가 되기도 했다(Milligan 2003: 476).

전 세계적으로 전파되기 시작한 이슬람 부흥운동이 필리핀에 영향을 미치기 시작한 것은 필리핀의 독립과 더불어 1940년대 말부터였다. 유명한 이슬람 학자이자 선교사인 싯디끄Alim Muhammad Siddique가 술루를 방문하여 따우숙의 무지하고 왜곡된 이슬람 행태를 목격하고, 이슬람 교육의 필요성을 외부에 알렸다. 이에 따라 이슬람 선교사가 파견되었으며, 공식적인 이슬람 신학교 마드라사madrasa가 설립되기 시작했다(Esmula 1994: 34; Tulib 1991: 14). 1948년 초 이집트의 알아즈하르Al-Azhar 대학에서 필리핀에 두 명의 선교사를 파송했으며, 그 이듬해부터 젊은 무슬림 학생들이 이집트로 유학을 떠나기 시작했다. 최초의 유학생인 마라나오 출신 바시르Anwar Bashir와 마긴다나오 출신 압둘라만Sulaiman Abdul Rahman이 1964년에 졸업함으로써 이집트로 유학을 떠나 이슬람 학자가 된 최초의 필리핀인이 되었다. 이 중 바시르는 졸업 후 필리핀으로 돌아와 이집트 정부의 후원으로 월 240달러를 받으며 이슬람 선교사로 일했다. 1968년에는 약 300명의 필리핀 무슬림 학생들이 이집트 정부의 장학생으로 카이로에서 유학한 것으로 보고되었다. 점점 확대되는 외부 이슬람 세계와의 교류는 필리핀 무슬림 사회의 변화를 촉진시켰다(Tulib 1991: 16).

민다나오에서는 약 100여 개가 넘는 이슬람 선교조직인 다와$^{Da'wah}$가 생겨났으며, 이 중 17개는 세계 다와 주소록에 등재되기도 했다. 가장 유명한 조직은 1973년 젊은 무슬림 사니$^{Faisal C. Sani}$와 라긴답$^{Ali Laguindab}$이 중심이 되어 세운 수바닐무슬림타블라이알알람$^{Subhanil Muslimeen Tabligh Al Alam}$으로서 약 5만 명의 조직원을 거느렸다(Calimba 1990: 128~130). 파키스탄에서 시작된 국제적 무슬림 조직인 자마 타블라이$^{Jama'ah Tabligh}$(메시지의 전파) 운동도 필리핀에 많은 영향을 주었다. 필리핀 타블라이는 젊은 무슬림들의 이슬람적 의식이 약화되는 것을 우려한 일부 지도자들에 의해 조직되었으며, 법조인이나 교수 등 전문직 사람들이 이를 주도했다(Esmula 1994: 34~36). 타블라이는 성인들을 위한 비공식적 이슬람 교육제도로서 필리핀에서는 이 운동을 "순회하는 이슬람 대학 운동$^{roving Islamic university movement}$"으로 인식하기도 한다(Milligan 2006: 420). 타블라이의 목표는 이슬람적 의식과 이슬람 형제애를 강조함으로써 무슬림 공동체 의식을 강화하는 것이었다(Bandahala 1994: 23). 다와 운동과 타블라이의 활동은 필리핀 무슬림 사회에 많은 변화를 가져왔다. 이슬람에 귀의하는 사람들의 수가 증가했으며, 모스크와 마드라사의 수도 증가하고, 메카 순례^{Haij}에 참가하는 순례자의 수도 증가했다. 또한 여성들의 히잡 착용 비율이 높아지고,

젊은이들의 마약 복용 비율이 줄어드는 등 신앙적인 측면과 도덕적인 측면에서 큰 변화를 가져온 것으로 평가받는다(Bandahala 1994: 60; Calimba 1990: 128~130; Esmula 1994: 58).

이와 같은 이슬람 부흥운동이 필리핀 무슬림 사회에 남긴 가장 중요한 영향 중 하나는 무슬림 정체성의 강화를 통해 언어·종족적으로 분열되어 있던 필리핀 무슬림 사회가 모로 민족주의로 통합하는 계기가 되었다는 점이다. 무슬림 정체성에 기초한 모로 민족주의는 자신의 존엄성에 대한 표현이자, 서구적 근대화 과정에서 자신들을 소외시킨 사람들에 대한 저항의 표시이기도 했다(Milligan 2003: 476). 민족주의는 근대화의 필연적인 요소인 동시에 그 산물로 간주한 겔너(Gellner 1981)의 견해를 적용하면, 전통적 요소인 계층과 종족 분화의 장벽을 뛰어넘어 모로 민족주의를 탄생시킨 필리핀 이슬람 부흥운동도 근대화의 일종으로 볼 수 있다. 모로 민족주의의 탄생을 단지 소수민족의 정치·경제적 주변화의 결과로만 볼 수 없다. 이는 필리핀 무슬림 사회가 300여 년이 넘는 스페인 식민지 정부의 탄압 속에서도 통합된 민족주의를 탄생시키지 못했다는 사실을 통해서도 입증된다. 결국 모로 민족주의의 탄생이 이슬람 부흥운동이라는 종교적인 활동과 밀접한 관련이 있다는 것을 알 수 있다. 필리핀 무슬림들은 각자의 문화적 정체성을 비교적 강하게 유지하면서 이슬람을 매개로 모로의 집단적 소속감을 만들어낸 것이다. 모로 민족주의는 동시에 지배적 억압 집단과 자신들을 구분하는 정체성의 본체를 의미하기도 한다(Milligan 2003: 477).

모로 민족주의 지도자들은 새롭게 정립된 집단 정체성을 근대적 국가

체제하에서 어디로 귀속시키느냐의 문제에 직면하게 되었다. 그동안 필리핀의 국가 정체성은 기독교적 세계관에 기초하고 있었다. 이슬람은 필리핀 역사에서 대부분 배제되었을 뿐만 아니라, 극히 일부 언급된 부분조차 많은 경우 왜곡되었거나 부정적으로 묘사되었다. 이러한 인식하에 마훌$^{Cesar Majul}$과 라술$^{Jainal Rasul}$ 같은 무슬림 지식인들은 필리핀 남부의 문화와 역사를 필리핀 국민 모두의 공동재산으로 인정할 수 있도록 새로운 필리핀 역사를 기술할 것을 촉구하면서, 필리핀 역사의 일부로서 모로 민족 정체성을 자리매김하고자 했다. 또한 무슬림과 기독교도 간의 갈등은 무슬림의 경제적 향상과 교육의 확대를 통해 극복할 수 있다고 봤다 (Calimba 1990: 115~116; Milligan 2003: 479~485). 그러나 무슬림들의 주변화가 지속되고 상대적 박탈감이 증가하는 상황에서 이와 같은 온건하고 개혁적인 접근법보다는 급진적이고 혁명적인 분리주의 운동이 더욱 큰 주목을 받게 되었다. 1960년대 후반, CNI 장학생으로 수도 마닐라에 있는 대학에 진학한 무슬림 학생들은 마르코스 정권에 반대하는 다양한 급진적 저항운동을 접하게 되었다. 이들 중 일부는 장차 MNLF를 창설하고 이끄는 반군의 지도자가 되었다. MNLF는 모로 민족주의를 기초로 하여 독립된 이슬람 국가를 건설하려는 목표를 추구한 최초의 반군조직이 되었다(Calimba 1990: 100; Majul 1988: 901; Noble 1981: 1098).

2) 무슬림 분리주의 운동의 주요 담론

필리핀 무슬림 분리주의 운동이 처음부터 이슬람 부흥운동과 연결되었다고 볼 수는 없다. 초기에는 서구적 근대화 과정에서 소외되고 탄압받는 소수민족의 단결을 통해 자신들의 정치적 야심을 달성코자 하는 전통적 엘리트들에 의해 이 운동이 주도되었다. 대표적인 조직으로는 MIM과 BMLO가 있다. MIM은 1960년대 말 필리핀 무슬림들의 정치·경제적 주변화로 인한 박탈감과 기독교도와 무슬림 간의 무력 충돌이 심화되는 과정에서 조성된 위기감에 편승하여 무슬림 분리주의 운동을 시작한 최초의 조직이다. 이 조직을 이끈 마탈람은 전통적 귀족 가문 출신으로서 태평양전쟁 당시 항일 게릴라 부대를 이끌었던 경력으로 유명해진 인물이었다. 그는 자신과 유사한 배경을 가졌으며 매제^{妹弟}이기도 한 코타바또 출신의 펜다툰^{Pendatun} 형제와 협력하여 지역 정치의 주요 인물로 부상했다. 그는 1955년부터 1967년까지 세 차례에 걸쳐 코타바또 주지사에 당선되었다. 그러나 1967년 지역 선거에서 낙선하고, 이어서 발생한 1968년 자비다 학살 사건을 계기로 MIM을 창설했다. MIM은 전통적 엘리트들이 자신들의 정치적 입지가 위축되자 이를 회복하기 위한 목적으로 조직된 것으로 평가된다(Islam 1998: 454). MIM은 이후 명칭에 "무슬림" 대신 "민다나오^{Mindanao}"를 넣음으로써 "민다나오독립운동"으로 변경되었으며, 이로써 지역의 무슬림뿐만 아니라 기타 토착 원주민과 기독교도도 포함하는 다분히 정치적 목적을 드러냈다. 하지만 마탈람을 포함한 MIM 지도부가 마르코스 정부의 회유정책을 수용하여 분리독립 주장을 철회하고 정부의 고위직에 임명됨으로서 MIM은 동력을 상실했다(Beckett 1995; Buendia 2005).

MIM의 뒤를 이어 BMLO가 결성되었는데, 이는 하원의원 룩만이 1971년에 무슬림 정치 엘리트들을 규합하여 조직한 것이다. 마라나오에 기반을 둔 BMLO는 필리핀에서 분리된 이슬람 국가를 설립한다는 목표를 중심으로 모든 이슬람 해방조직을 포괄하는 중심적 조직이 되었다. 처음에는 조직의 명칭에 모로Moro라는 용어를 사용했으나, 일부 지도자들이 이에 대해 부정적 인식을 표명함으로써 1984년에 "모로" 대신 "무슬림Muslim"을 사용하여 "방사무슬림해방조직"이 되었다. BMLO는 무력으로 무슬림의 독립을 쟁취하기 위해 젊은 무슬림들을 말레이시아 사바로 보내 군사훈련을 받도록 했다. 그러나 일부 BMLO 지도자들이 분리독립이 아닌 민다나오 무슬림의 정치적 자치권 획득을 위해 정부와의 협상에 임하게 되자, BMLO의 젊은 엘리트들은 이를 굴복으로 간주하여 조직을 이탈해 MNLF를 조직하였다.

MNLF는 1969년 말레이시아 플라우 팡코르Pulau Pangkor의 무슬림 반군 훈련장에서 조직되었으며, 제1기 훈련생이었던 미주아리Nur Misuari가 주도했다(Noble 1976: 411). MNLF의 탄생은 그동안 필리핀 무슬림 사회를 이끌었던 전통적 엘리트들의 행태에 대한 젊은 무슬림들의 불만이 표출된 것이었다. MNLF의 지도자들은 일반적으로 근대적 대학교육을 받고 전문직 배경을 가진 사람들이었다. 이들은 일부 전통적 엘리트 계급 출신도 있지만 다양한 계급을 망라했다(Majul 1988: 906). MNLF의 지도자 미주아리는 평범한 따우숙 가정 출신으로 CNI의 장학생으로 UP에서 교육을 받았으며, 대학교수로 재직한 바 있다. 미주아리는 그동안 일부 무슬림들에 의해 부정적으로 인식되었던 모로라는 명칭을 모든 필리핀 무슬림들의 단결의 상징이자 긍정적 의미로 새롭게 부각시켰다(Buendia 2005). 그는 방사모로에 비무슬림까지 포함하는 대중 기반의 통합을 추구했으며, 부조리와 부정의에 저항하여 방사모로 민족의 단합을 촉구했다. 또한 이슬람에 근거한 형제애를 가족보다 우선시하고, 지도자들의 정의로운 판단을 강조했다. MNLF의 주요한 목표는 종교를 보호하고, 모로 민족 정체성을 확립하며, 분리독립을 통해 민다나오 무슬림(방사모로)의 독자적인 정치체계를 수립하는 것이었다. 미주아리의 이념은 서구의 민족주의 이념과 유사한 것이었다.[4] 그러나 미주아리는 오랫동안 필리핀 무슬림들을 구분하고 있던 지역적, 종족적 차이를 극복하지 못한 것으로 평가된다. 따우숙 출신의 미주아리는 따우숙 언어로 자신의 이념을 전달함으로써 타언어를 사용하는 무슬림들의 공감을 얻는 데 어려움을 겪었다. 이는 다른 주류 부족인 마긴다나오와 마라나오 무슬림들로부터 끊임없는 도전을 받는 원인이 되기도 했다(Jairi 2007).

미주아리가 주도한 1976년 트리폴리 협정은 MNLF를 분열시키는 계기로 작용했다. MNLF는 두 리더, 즉 의장인 미주아리와 부의장인 살라맛이 주도하는 두 파벌로 나눠졌다. 또 다른 부의장인 알몬토[Abul Alonto]는 MNLF를 이탈하여 정부에 투항하기도 했다. 살라맛이 이끌던 신MNLF는 1985년 파키스탄에 본부를 두고 MILF로 개명함으로써 공식적으로 MNLF와 결별했다(Calimba 1990: 99; Majul 1988: 911). 미주아리의 MNLF가 과거 술루 술탄의 지배 지역에 거주하는 따우숙이 중심이 되었다면, 살라맛의 MILF는 과거 마긴다나오 술탄의 지배 지역에 거주하는 마긴

---

4   미주아리의 리더십 기간은 1968년부터 2001까지 33년간 이어졌으며, 다양한 성취를 낳았다. 그는 방사모로 문제를 국제적 문제로 만들어 필리핀 정부와 협상을 통해 트리폴리 협정(1976), 제다 협정(Jeddah Accord-1986), 최종 평화협정(GPR-MNLF Final Peace Agreement-1996) 등을 이끌어냈다(Stern 2012).

다나오 종족이 중심이 되었다(Kamlian 2003). 살라맛은 17세가 되던 1957년부터 이집트에서 유학하면서 이슬람 신학대학al-Azhar's College of Theology에서 학사와 석사 학위를 받았다. 그는 박사 과정을 수료하고 필리핀 무슬림 분리주의 운동에 전념하기 위해 귀국했다. 이슬람 학자인 쿠틉Syed Qutb과 마우두디Syed Abul A'la Maududi의 사상적 영향을 많이 받은 살라맛은 무슬림 분리주의 운동에 있어서 보다 이슬람적인 요소를 강조했다. 그가 이끌던 MILF는 이슬람을 공식 이념으로 삼았으며, 미주아리를 세속적인 민족주의자로 비판하기도 했다. MNLF가 필리핀 헌법이 인정하는 범위 내에서 자치를 추구한 것과는 달리, MILF는 이를 거부하고 보다 철저하게 이슬람 정신과 법이 지배하는 이슬람 국가 건설을 목표로 삼았다(Salamat 1998). 살라맛은 2003년 7월 심장마비로 사망했으며, 그 뒤를 이어 MILF를 이끄는 이브라힘Murad Ibrahim은 최근 분리독립은 아니지만 실질적 의미의 자치정부를 수립코자 현 아키노 행정부와 평화협상을 진행하고 있다.

　무슬림 분리주의 운동의 새로운 분파는 1991년 잔잘라니Abdurajak Janjalani가 조직한 아부사얍ASG: Abu Sayyaf Group이다. ASG는 주로 따우숙과 사마 종족이 중심을 이루었으며, 주로 MNLF와 MILF에 불만을 품은 젊은 무슬림들로 구성되었다. ASG는 외국인에 대한 납치와 테러 활동에도 가담하였으며, 이로 인해 국제적 테러단체로 규정되었다. ASG를 이끌었던 잔잘라니는 1980년대 중동 지역에서 유학하면서 급진적 이슬람을 받아들였고, 아프가니스탄의 대對소련 전쟁에 참전하기도 했다. ASG는 MNLF가 정부와 타협하는 것에 반대한다는 측면에서는 MILF와 의견을 같이 하지만, 이슬람 국가에 대한 비전과 방법에 있어서는 의견을 달리했다. ASG

는 이슬람 정부의 수립이 오직 지하드를 통해서만 성취할 수 있다고 보았다. 잔잘라니는 1998년 정부군과의 전투에서 사망했으며, 2001년 9 · 11 사건 이후 미국의 주도로 강력히 추진된 국제테러단체 소탕작전의 여파로 세력이 급속히 위축된 것으로 알려지고 있다. ASG와 유사한 이념과 활동 방향을 가진 단체로는 미주아리의 전 참모였던 알람Melham Alam이 이 끄는 이슬람민족평의회NICC: National Islamic Command Council가 1995년에 조직되어 활동하고 있다(Buendia 2005). 이처럼 무슬림 분리주의 운동은 필리핀 정부와 지속적으로 협상을 진행하면서, 한편으로는 거듭되는 내부적 분열을 통해 새로운 조직들이 나타나고 있다. 이러한 무슬림 분리주의 운동의 분열은 이슬람식 사회에 대한 해석의 차이와 함께 전통적인 지역적, 종족적 다양성이 여전히 작동하고 있는 결과로 볼 수 있다.

3) 필리핀 정부의 대응과 무슬림 분리주의 운동의 전망

필리핀은 군도로 이루어진 지형적 조건 때문에 문화적 다양성이 큰 국가이다. 이러한 문화적 다양성은 근대화 과정에서 중앙집권적인 강력한 국가를 형성하는 데 많은 장애가 되었다. 또한 지방에 강력한 세력을 가진 전통적 엘리트들이 중앙에 모여 국가의 각종 이권을 두고 경쟁하는 과두제적 정치체제를 나타냄으로써 필리핀은 "약한 국가weak state"의 면모를 갖추게 되었다. 이는 곧 국가의 사회 전반에 대해 침투력의 부족을 의미하기 때문에 무슬림 분리주의 운동이나 공산반군과 같은 반정부 활동에 강력하고 효과적으로 대응하지 못한다. 필리핀 정부의 무슬림 분리주의 운동에 대한 접근 방식은 엘리트 지향적이며, 또한 근대화 정책으로 볼 수 있다. 필리핀 정부는 무슬림 엘리트들에 대한 "분리와 통치"라는 정책을 일관되게 구사해왔다(Calimba 1990: 108~109). 이는 필리핀 무슬림 사회의 다원성을 이용한 접근법으로서, 마르코스 정권이 민다나오의 무슬림 지역을 행정구역상 지역 9와 지역 12로 나눈 것이나, 무슬림 반군 지도자들에게 각종 정치·경제적 이권을 제공함으로써 반군세력을 분열시켰던 정책이기도 하다. 이러한 접근법은 일정 부분 성공을 거두었으며, 그 결과 반군세력은 내부적으로 지속적인 갈등과 분열을 거듭하면서 중앙정부에 대해 보다 강력한 압력을 행사하지 못하고 있다.

　필리핀 정부의 또 다른 전략은 근대화 이론에 근거한 국가통합 정책이다. 필리핀 정부는 무슬림 분리주의 운동이 무슬림들의 정치·경제적 주변화로 인한 소외감과 좌절감에 기인하는 것으로 판단한다. 이러한 문제에 대한 해결책으로 교육과 경제개발을 통한 근대화 정책을 추진했다. 무슬림들의 빈곤과 저발전 문제를 해결하기 위한 대규모 경제개발 계획에는 막대한 예산이 투입되어야 하므로 재정적 여유가 부족한 필리핀 정부는 교육에 대한 지원과 무슬림 인재를 등용하는 정책을 우선적으로 추진했다. 이슬람 학자들이 교육하고 연구할 수 있는 대학과 연구소를 설립하여 무슬림 전문 인력을 양성토록 했으며, 교육정책에 관한 분권화를 실시함으로써 지역의 공공교육 교과과정에 이슬람의 내용과 가치를 포함시키는 길을 열었다. 중앙정부 내에는 무슬림 관련 전담부서Ministry of Muslim Affairs를 둠으로써 무슬림들이 국가의 주류사회에 통합되도록 유도하는 업무를 담당토록 했다. 또한 ARMM을 지정하여 무슬림들이 스스로 통치할 수 있는 제도적 기반을 마련하기도 했다. ARMM 내에서는 이슬람법인 샤리아를 집행할 수 있는 법정을 두고 재판관을 임명하기도 했다. 물론 이슬람법이 적용되는 분야는 일부 영역에 국한되며, 여전히 많은 영역에서 필리핀 법률이 적용되도록 했다(Calimba 1990: 108~109).

필리핀 정부의 이러한 교육과 자치를 통한 근대화 정책은 오히려 필리핀 무슬림들의 이슬람 정체성을 강화시키는 결과를 가져왔다. 밀리건 (Milligan 2006: 424~428)에 따르면, 교육의 이슬람화는 단순히 교리와 언어를 추가하는 것 이상의 의미를 가진다. 이는 꾸란에서 밝히고 있는 개념과 가치의 의미구조를 수용하는 것이고, 이를 통해 다른 모든 주제를 인지하는 틀로서 작용한다는 것이다. 필리핀 헌법에도 규정하고 있는 바와 같이 근대국가에서는 국가와 종교를 구분하고 있는데, 이슬람의 교리는 이를 통합된 것으로 간주한다. 필리핀 무슬림들이 점점 더 지역적 혹은 언어·문화적 차이를 넘어 이슬람을 우리와 타자를 구분하는 기준으로 삼게 되었다. 이에 따라 필리핀 사회는 기독교와 이슬람이라는 이분법적 구분이 강화되었다(Milligan 2003: 487~488). 또한 필리핀 정부는 교육정책을 통해 무슬림들이 책임 있는 시민으로 성장하는 것에만 집중했을 뿐, 필리핀 주류사회에 존재하는 이슬람에 대한 편견을 없애는 교육에는 신경을 쓰지 않았다(Milligan 2006: 439). 이러한 교육 현실은 무슬림과 기독교도 간의 국민적 연대의식을 쌓기보다는 상호 차이점만 부각시키는 결과를 낳았다. 또한 교육의 분권화로 인해 이슬람 교리의 급진주의적 해석이나 보수적인 성향을 강화시켜 오히려 분리주의 운동을 촉진하는 결과를 가져왔다고 볼 수 있다.

필리핀 정부와 무슬림 반군세력이 합의점을 찾지 못하고 충돌을 지속하고 있을 때, 중재자로서 외부 세력의 역할은 더욱 중요해졌다. 경험적으로 필리핀 무슬림 분리주의 운동이 지속적으로 전개될 수 있었던 것은 외부 이슬람 세계의 지원이 있었기 때문이다. 그러나 필리핀 정부와의 평화협상 과정에서 외부 이슬람 세계의 중재는 MNLF나 필리핀 정부 어느쪽에 전적으로 유리하게 작용하지 않았다. 단지 이들은 이슬람의 원칙에 따라 고통받는 무슬림 대중들을 돕는 것에 초점을 두었다. 협상이 지연될수록 필리핀 무슬림 대중의 고통은 가중되었으므로 장기적 안목보다는 조속한 타결만을 양측에 촉구했다. 또 다른 측면에서 이들의 입장은 근대적 국가체제를 인정하는 것이었다. 트리폴리 협상 과정에서 OIC는 MNLF로 하여금 독립국가 수립을 포기하고 정치적 자치권을 요구하도록 압력을 가했다. 트리폴리 협정을 이행하기 위한 협상에서도 OIC는 마르코스 정부의 무슬림 사회에 대한 분열정책을 묵인함으로써 MNLF의 비난을 받기도 했다(Mustafa 2010: 40; Wadi 1993: 273~274). 비록 국제 이슬람 세계의 관심과 도움이 무슬림 분리주의 운동의 밑거름이 된 것은 부인할 수 없지만, 분리독립과 같은 극단적인 주장에는 지지를 유보해온 것이 사실이다. 이는 이슬람 국가들도 자국 내에서 소수민족 문제로 어려움을 겪는 경우가 많았기 때문에 국가적 차원의 지지에는 한계가 있었다. 이러한 현실은 무슬림 분리주의 운동의 동력을 약화시키고, 또한 끊임없이 내부적 분열을 유발하는 배경이 되기도 했다.

MILF가 현 아키노 행정부와 큰 틀에서 합의한 평화협정의 내용은 홍콩을 모델로 한 "한 국가 두 체제"를 기본틀로 하고 있다. 세부 집행 방안에 대한 협상이 계속 진행 중이며, 현 행정부의 임기가 만료되는 2016년까지 민다나오에 진정한 평화를 정착시키는 것을 목표로 하고 있다. 그러나 이러한 목표가 계획대로 성취될 수 있을지는 아직 미지수이다. 이는 과거에 경험한 바와 같이 무슬림 반군을 대표하여 MILF가 필리핀 정부와 합의한 평화협정이 복잡하게 얽혀 있는 필리핀 무슬림 사회의 이해관계를 어느 정도 대변할 수 있을지 의문시된다. 또한 필리핀 정부가 제시한 한 국가 두 체제에 대한 필리핀 주류사회의 합의도 아직 명확하지 않은 실정이다. 구체적 내용이 확정된 상태가 아니기 때문에 반대의 목소리가 크지 않지만, 최종 시행안이 나올 경우 헌법적 해석과 여론이 어떻게 작동할지 아직 알 수 없다. 요약하면, 1960년대 말에 시작된 필리핀 무슬림 분리주의 운동이 50년이 지난 오늘날까지 지속되고 있는 이유는 필리핀 정부의 미약한 분쟁해결 능력과 분리주의 운동세력의 지속적인 분열, 그리고 외부 세력의 미온적이고 근시안적인 중재 행태가 큰 변화 없이 지속되고 있기 때문으로 볼 수 있다. 이러한 세 요소에 특별한 변화가 없는 한 필리핀 무슬림 분리주의 운동은 어떠한 형태로든 결말을 기대하기 힘들 것이다.

5. 맺으며

필리핀 무슬림 분리주의 운동은 독립 후 중앙정부가 추진한 근대화 과정에서 소외되고 주변화된 무슬림 사회의 저항에서 시작되었다. 그러나 운동의 추진력은 당시 세계적으로 확산되고 있던 이슬람 부흥운동에서 기인한 것으로 볼 수 있다. 선교 활동과 교육 프로그램을 통해 전파된 이슬람 부흥운동은 오랫동안 외부 세계와의 단절로 인해 전통적인 관습과 혼합되어 있던 이슬람의 본질을 회복하고, 더불어 외부 이슬람 세계와 연결하는 역할을 했다. 이로써 그동안 지역과 종족 단위로 분열되어 있던 필리핀 무슬림들을 이슬람을 중심으로 하는 통일된 민족 정체성, 즉 모로 민족주의를 탄생시켰다. 모로 민족주의를 중심으로 한 분리독립 운동은 본질적으로 서구식 근대화에 대한 비판에서 출발하여 이슬람 원리에 입각한 대안적 근대화를 지향하고 있다. 이슬람 부흥운동을 통해 성장한 근대적 성향의 젊은 필리핀 무슬림들은 기독교를 국가 정체성의 기초로 삼고 있는 필리핀 국가체제 속에서 무슬림 공동체의 미래를 발견할 수 없었으며, 또한 전통적 무슬림 엘리트들에게 이러한 문제의 해결을 기대할 수 없었다. 이러한 배경에서 1960년대 말과 70년대 초 마르코스 독재체제에 대한 저항운동이 거세게 일어났던 시기에 젊은 무슬림들이 주축이 되어 분리독립 운동을 전개하기 시작한 것이다.

이슬람 정체성의 강화가 분리주의 운동의 배경을 제공했지만, 반군을 조직하여 정부군과 무력 투쟁을 전개하는 데에는 다양한 현실적 요건들이 충족되어야 한다. 즉 중앙정부의 분쟁해결 능력과 반군세력의 저항능력, 그리고 외부의 지원과 같은 요건들이 어떠하냐에 따라 분리주의 운동의 운명이 결정된다. 필리핀에서 분리주의 운동이 끊임없이 지속되는 이유는 분쟁의 원인을 제공했던 정치·경제적 환경과 분쟁을 둘러싼 주체들의 역량과 접근 방식에 있어서 별다른 변화가 나타나지 않았기 때문으로 볼 수 있다. 지속되는 정치적 불안정, 경제발전의 지체, 그리고 사회·경제적 계층 분화의 지속과 같은 필리핀의 현실은 중앙정부의 사회 통제력을 강화시키는 데 한계로 작용하고 있다. 한편 반군세력은 비록 무슬림 정체성에 바탕을 둔 모로 민족주의에 기초하여 결합되어 있지만, 전통적인 지역과 종족의 분열구조가 정치·경제적 이해관계와 맞물려 지속적으로 작동하고 있다. 필리핀 무슬림 분리주의 운동에 초기부터 깊이 관여하고 있는 OIC나 주변 이슬람 국가들은 비록 국적을 초월한 이슬람 형제애를 바탕으로 평화협상에 중재자 역할을 하고 있지만, 이들 역시 근대적 주권국가 체제하에서 소수민족 문제를 겪고 있는 입장이므로 분쟁의 일시적 안정에 치중하는 경향을 나타내고 있다. 이처럼 각 주체별로 가지고 있는 나름대로의 한계들이 필리핀 무슬림 분리주의 운동을 지속시키는 원인이 되고 있다.

지속되는 무력 분쟁을 종식시키고자 하는 필리핀 정부와 무슬림 반군세력의 입장 간에는 국가체제에 관한 근본적인 인식의 차이가 존재한다. 필리핀 정부는 정교분리의 원칙과 영토주권 문제를 고수하고 있는 반면, 반군세력은 정교일치의 원칙하에 독립된 체제를 주장하고 있다. 이러한 근본적 차이를 극복할 수 있는 방안을 도출하지 않는 이상 무력에 의한 어느 일방의 굴복이 아닌 상생의 분쟁 해결은 기대하기 힘들다. 결국 이와 같은 근본적 차이를 하나의 주권국가 내로 수렴할 수 있는 방안은 서로의 차이를 인정하고 존중하는 문화를 배양하고 다양성을 수용할 수 있는 정치체제를 확립시키는 데에서 찾을 수밖에 없다. 이를 위해서는 필리핀의 현 엘리트 민주주의 체제를 보다 대중적인 참여민주주의로 전환함으로써 국가의 역량을 강화하고, 타문화에 대한 존중과 공존의 환경을 조성하려는 노력이 수반되어야 할 것이다. 한편 반군세력은 모로 민족 정체성의 강화를 통해 이슬람 공동체에 관한 인식적 합의를 도출하는 것이 필요하다. 이를 바탕으로 이슬람 공동체의 본질이 부정되지 않는 범위 내에서 유연한 협상 태도를 견지해야 할 것이다. 외부 세력의 역할은 제3자의 입장에서 협상의 중재자이자 증인으로서 협상의 진행에 편의를 제공하고, 협상 결과를 이행하는 데 필요한 다양한 인적, 물적 지원을 제공하는 데 있을 것이다. 필리핀 무슬림 민다나오 분쟁에 대한 해결 방안의 모색은 단지 필리핀뿐만 아니라, 오늘날 화두가 되고 있는 기독교 세계와 이슬람 세계 간의 소위 문명의 충돌로 인한 갈등에도 많은 시사점을 제공할 수 있을 것이다.

참고 문헌

김정위. 1993. "이슬람 원리주의자의 지하드 운동". 『한국중동학회논총』 14. 1~10쪽.

이희수. 1995a. "특집/이슬람 개혁운동의 현황과 전망: 제4장 마우두디의 사상과 21세기 파키스
탄의 이슬람화 운동 — 마아티 이슬라미의 개혁운동을 중심으로". 『한국이슬람학회논총』 5(1).
265~302쪽.

———. 1995b. "탈식민시대 파키스탄의 이슬람화 운동: 타블리 자마트의 대중계몽운동을 중심
으로". 『민족학연구』 1. 267~299쪽.

정상률. 2012. "마우두디(Abul A'ala Maududi)의 정치경제 사상: 이슬람국가론을 중심으로".
『한국중동학회논총』 33(1). 31~58쪽.

Bakuludan, Samier M. 1996. "A Study on the Pattern of Political Leadership in kabuntalan,
Maguindanao(1898-1993)." MA Thesis, Institute of Islamic Studies, University of the
Philippines, Diliman, Quezon City.

Bandahala, Basher Balla. 1994. "The Tabligh in A Muslim Community: A Case Study of
Tabligh in Campo Islam, Zamboanga City." MA Thesis, Institute of Islamic Studies,
University of the Philippines, Diliman, Quezon City.

Beckett, Jeremy. 1995. "Political Families and Family Politics Among the Muslim
Maguindanaon of Cotabato." Alfred W. McCoy (ed.). *An Anarchy of Families: State and
Family in the Philippines*. pp. 285~309. Quezon City: Ateneo de Manila University Press.

Brown, David. 1988. "From Peripheral Communities to Ethnic Nations: Separatism in
Southeast Asia." *Pacific Affairs* 61(1). pp. 51~77.

Buendia, Rizal. 2005. "The State-Moro Armed Conflict in the Philippines: Unresolved
national question or question of governance?" *Asian Journal of Political Science* 13 (1). pp.
109~138.

Calimba, Maulawi L. 1990. "Muslim Intellectuals' Contribution to Islamic Resurgence in
the Philippines: A Historical Survey." MA Thesis, Institute of Islamic Studies, University
of the Philippines, Diliman, Quezon City.

Esmula, Jadja Eleanor S. A. 1994. "The Impact of Tabligh and Da'wah in the Socio-Religio
Transformation in Jolo." MA Thesis, Institute of Islamic Studies, University of the
Philippines, Diliman, Quezon City.

Finley, John P. 1915. "The Mohammedan Problem in the Philippines I." *The Journal of Race*

Development 5(4). pp. 353~363.

_____. 1916. "The Mohammedan Problem in the Philippines II." *The Journal of Race Development* 7(1). pp. 27~46.

Geertz, Clifford. 1962. "The Integrative Revolution: Primordial Sentiments and Civil Politics in the New States." in C. Geertz (ed.). *Old Society and New States*. pp. 105~157. New York: The Free Press.

Gellner, Ernest. 1981. "Nationalism." *Theory and Society* 10(6). pp. 753~776.

Gowing, Peter G. 1979. *Muslim Filipinos: Heritage and Horizon*. Quezon City: New Day Publishers.

Gurr, Ted Robert. 1993. *Minorities at Risk, A Global View of Ethnopolitical Conflicts*. Washington, D. C.: United States Institute of Peace Press.

Islam, Syed Serajul. 1998. "The Islamic Independence Movements in Patani of Thailand and Mindanao of the Philippines." *Asian Survey* 38(5). pp. 441~456.

Jairi, Fainur G. Estino. 2007. "Misuari's Ideology: A Critical Inquiry on the Islamicity of MNLF Ethnic-Oriented Pagluwas-Lungsad (Struggle)." MA Thesis, Institute of Islamic Studies, University of the Philippines, Diliman, Quezon City.

Kamlian. 2003. "Ethnic and Religious Conflict in Southern Philippines: A Discourse on Self-Determination, Political Autonomy and Conflict Resolution." In a lecture presented at the Islam and Human Rights Fellow Lecture, organized by the Islam and Human Rights Project, School of Law, Emory University, Atlanta, GA, November 4, 2003.

Lapidus, Ira M. 1997. "Islamic Revival and Modernity: The Contemporary Movements and the Historical Paradigms." *Journal of the Economic and Social History of the Orient* 40(4). pp. 444~460.

Lewis, Bernard. 1990. "The Roots of Muslim Rage." in http://www.theatlantic.com/doc/print/199009/muslim-rage?x=37&y=8 (검색일: 2013. 04. 15).

Magdalena, Federico V. 1977. "Intergroup Conflict in the Southern Philippines: An Empirical Analysis." *Journal of Peace Research* 14(4). pp. 299~313.

Majul, Cesar Adib. 1988. "The Moro Struggle in the Philippines." *Third World Quarterly* 10(2). pp. 897~922.

_____. 1999. *Muslim in the Philippines*. Quezon City: University of the Philippines Press.

McKenna, Thomas M. 1988. "Persistence of an Overthrown Paradigm: Modernization in a Philippine Muslim Shantytown." *Journal of Anthropological Research* 44(3). pp. 287~309.

_____. 1998. *Muslim Rulers and Revels: Everyday Politics and Armed Separatism in the Southern Philippines*. Berkeley, Los Angeles and London: University of California Press.

Milligan, Jeffrey Ayala. 2003. "Teaching between the Cross and the Crescent Moon: Islamic Identity, Postcoloniality, and Public Education in the Southern Philippines." *Comparative Education Review* 47(4). pp. 468~492.

_____. 2006. "Reclaiming an Ideal: The Islamization of Education in the Southern Philippines." *Comparative Education Review* 50(3). pp. 410~430.

Mustafa, Alfathi S. 2010. "Moro Movement Diplomacy: Its Past Triumph and Failure and Hopes for Tomorrow." MA Thesis, Institute of Islamic Studies, University of the Philippines, Diliman, Quezon City.

Mutalib, Hussin. 1990. "Islamic Revivalism in ASEAN States: Political Implications." *Asian Survey* 30(9). pp. 877~891.

Noble, Lela Garner. 1976. "The Moro National Liberation Front in the Philippines." *Pacific Affairs* 49(3). pp. 405~424.

_____. 1981. "Muslim Separatism in the Philippines, 1972-1981: The Making of a Stalemate." *Asian Survey* 21(11). pp. 1097~1114.

Panda, Ali B. 1989. "Ulama Political Participation: The Case of the OMPIA Party in Lanao Del Sur." MA Thesis, Institute of Islamic Studies, University of the Philippines, Diliman, Quezon City.

Puntukan, Ibnohajar A. 1992. "PAGKAWASA: A Study of the Struggle for Political Power Among Contemporary Tausug Elites." MA Thesis, Institute of Islamic Studies, University of the Philippines, Diliman, Quezon City.

Salamat, Hasim. 1998. "MILF Leader to "Nida'ul Islam." minutes of interview with Salamat, in http://www.fas.org/irp/world/para/docs/ph2.htm (검색일: 2013. 04. 15).

Stern, Tom. 2012. *Nur Misuari - An Authorized Biography*. Mandaluyong City: Anvil Publishing, Inc.

Tulib, Ismaeil Hassanin Ahmad. 1991. "The Muslim Filipino Scholars to Egypt: Their

Impact On The Development of Muslim Communities In The Philippines." MA Thesis, Institute of Islamic Studies, University of the Philippines, Diliman, Quezon City.

Wadi, Julkipli M. 1993. "Islamic Diplomacy: A Case Study of The OIC and the Pacific Settlement of the Bangsamore Question(1972~1992)." MA Thesis, Institute of Islamic Studies, University of the Philippines, Diliman, Quezon City.

4

경제활동의 이슬람화

인도네시아 사례연구

전제성 · 김형준

이 글은 2012년 정부(교육부)의 재원으로 한국연구재단의 지원을 받아 수행된 연구임(NRF-2012S1A5A2A 03034378). 이 글은 『세계지역연구논총』 23호 1호(2014), 61~87쪽에 게재된 논문을 수정, 보완한 것임.

1. 들어가며

성속의 구분을 인정하지 않는 이슬람에서 종교적 가르침은 인간 삶의 모든 영역을 포괄한다. 이 원칙은 이슬람이 처음 도래한 시기부터 현재까지 변화되지 않은 채 적용되어 왔다고 전해지지만 현실 세계에서 문자 그대로 실천되어 온 것은 아니다. 이슬람의 가르침이 적용되어야 한다고 여겨지는 삶의 영역은 역사적이고 지역적인 상황에 따라 차이를 보였으며, 특정한 상황에서 특정한 영역에 대한 교리의 적용이 강조되는 모습이 나타났다. 이러한 측면에서 볼 때 지난 20~30여 년 동안 전 세계 무슬림의 이목을 집중시킨 문제 중의 하나는 경제생활과 관련된다.

20세기 들어 서구화의 흐름 속에 놓여 있던 이슬람권 국가에서는 1960~70년대를 거치며 소위 이슬람 부흥Islamic resurgence 현상이 발생했다 (Dekmejianm 1985; Esposito 1983). 이슬람식 가치를 개인적 삶과 공적 영역의 중심부로 위치시키고자 했던 이 움직임은 무슬림의 종교적 의무 실천의 중요성을 부각시키고 종교적 정체성을 강화했으며 서구식 제도에 대한 재평가를 촉진했다. 상당수 이슬람 국가에서 수용했던 서구식 제도를 새로운 각도에서 바라보려는 시도가 이루어짐에 따라 서구식 민주주의와 자본주의에 대한 비판이 비등해졌고 이슬람에 부합하는 대안적 정치 경제체계를 모색하려는 이슬람화Islamization 움직임이 가시화되었다.

경제적 영역에서 주목을 받은 문제는 이자와 투기적 성격의 금융거래였다. 이자는 이슬람 교리상 명백하게 금지된 관행인 "하람"에 해당하는 요소이며, 주식과 채권 거래에 내포되어 있는 투기성은 이슬람에서 금지하는 도박과 유사한 성격으로 인식되었다(누카야 히데키 2009: 38~9). 과거 무슬림들이 자본주의식 금융제도를 무조건적으로 금기시하거나 필요악으로 간주한 채 방관자적 견해를 보였다면, 이슬람 부흥 이후 이들은 이슬람식 틀 내에서 대안적 제도를 찾아보려고 시도했다. 현대식 경제 운영에 필수적인 자본주의적 금융제도의 장점을 수용함과 동시에 이를 이슬람식 교리에 부합하도록 변형시키려는 시도는 곧이어 가시적인 성과를 도출했다. 이자를 이용하지 않지만 자본주의식 금융거래 형식을 유지하는 방식이 개발되었고,[1] 이에 기반을 둔 이슬람 은행이 1970년대에 이르자 윤곽을 드러냈다.

이슬람식 금융에 대한 논의와 새로운 거래 방식의 실험에 있어 선도적인 역할을 수행한 곳은 중동 국가와 말레이시아였다(누카야 히데키 2009: 75~82). 이 지역에서는 1970년대에 이슬람 은행이 설립되었으며, 이후 보험, 채권, 증권을 포함한 다른 부문에서도 이슬람식 거래에 기반을 둔 제도가 확립되었다. 이들 국가에서의 실험적 시도는 이후 다른 이슬람 국가로 확산되어서 1990년대에 접어들자 다수의 이슬람 국가에 이슬람식 금융기관이 설립되었다(이충열 외 2011: 104). 이슬람식 금융이 정착하게 되자 무슬림들의 관심은 경제적 삶의 제 영역으로 확대되었다. 이슬람식 경제활동이 어떤 방식으로 이루어져야 하는지에 대한 논의가 활성화되었고, 이슬람식 생산, 유통, 소비를 위한 다양한 실천 방안이 모색되었다. 특히 소비와 관련된 이슬람화 논의가 활발하게 전개되었으며, 이는 소비 영역에서 할랄 개념을 부각시켰다.

1　이슬람식 금융거래 방식에 대해서는 아윰(Ayub, 2007), 이크발과 아바스(Iqbal and Abbas, 2011)를 참조할 것.

　4장 경제활동의 이슬람화 | 전제성·김형준

말레이시아에 인접한 인도네시아의 경우, 이슬람 금융 관련 논의는 1980년대에 접어들어 시작되었으며 곧이어 이를 현실에 적용하려는 실험이 진행되었다. 1992년 이슬람 은행이, 이듬해 이슬람 보험회사가 사업을 개시한 후 이슬람식 금융은 여타 분야로 확장되었으며, 2000년대 들어 금융 이외의 경제활동을 대상으로 한 이슬람화 논의가 활성화되었다. 인도네시아의 이슬람식 금융과 경제활동의 성장은 말레이시아의 변화를 10여 년의 시차를 두고 쫓아가는 양상을 보였다. 하지만 사회경제적, 정치적 환경의 차이로 인해 그 발전 양상은 말레이시아를 포함한 여타 이슬람 국가와 몇 가지 차이점을 갖는다. 따라서 인도네시아의 사례는 경제적 영역에서의 이슬람화 전개 과정을 다각적으로 이해하기 위한 시사점을 제공해준다. 다른 이슬람 국가와 비교할 때 인도네시아의 특수성과 그 의미는 다음과 같이 정리할 수 있다.

첫째, 세계에서 가장 많은 무슬림이 인도네시아에 거주하지만, 다른 이슬람 국가, 특히 중동 및 그 인근 지역과 비교할 때 이슬람의 역할은 최근까지 강하게 부각되지 않았다. 그러므로 인도네시아의 사례는 이슬람권의 주변부에 위치한 지역의 변화 양상을 이해하는 데 도움을 줄 수 있다.

둘째, 인도네시아는 지난 50여 년간 서구식 경제 발전을 지향함으로써 이슬람권 국가들 중 말레이시아와 함께 가장 확고한 자본주의 체제를 발전시켰다. 따라서 인도네시아에서의 변화 과정은 자본주의적 제도와 이슬람식 제도 사이의 양립가능성과 상호작용을 검토하기에 유용한 사례를 제공한다.

셋째, 이슬람에 대한 인도네시아 정부의 태도는 다른 국가와 차이를 보여왔다. 1990년대 이전의 수하르또 정권은 반이슬람적이라 규정될 정도로 이슬람에 거부감을 보였다. 1990년대부터 현재까지 정부의 반이슬람적 성향은 완화되었지만, 친이슬람적으로 전환되지는 않았다. 정부의 전폭적인 지지하에 이슬람 금융이 성장한 말레이시아와(강대창 외 2011: 114~9) 비교할 때, 인도네시아의 상황은 이슬람식 경제 발전에 있어 새로운 가능성, 즉 상향식 발전 가능성을 예시한다.

경제적 영역에서의 이슬람화가 인도네시아 내부와 외부의 학자에 의해 관심을 받으며 꾸준히 연구되어 왔던 것과 달리(Ariff 1988; Choiruzzad 2013; Fealy and White 2008; Salim and Azra 2003) 국내에서 이 주제에 대한 연구는 초보적 수준에 머물고 있다. 최근 출판된 인도네시아의 이슬람 경제 관련 연구는 금융 부문만을 다루고 있으며, 그 논의의 범위 역시 금융 관련 법안과 제도 등 제한된 주제만을 포괄하고 이를 몰역사적인 방식으로 다루고 있다(김선정 2011: 187~212; 심의섭 2011: 159~186; 원순구 2010). 지난 몇 년간 이슬람 경제에 관한 국내 학계의 관심으로 인해 이슬람 경제와 금융을 다루는 글이 상당수 출판되었지만, 이러한 연구들에서 인도네시아의 사례는 주변적인 것으로 취급되고 있다(김한수·김보영 2013; 온인주·장병옥 2012: 111~132; 정영규 2010: 185~217). 따라서 인도네시아의 이슬람식 경제 발전을 역사적이고 포괄적인 수준에서 연구할 필요성이 제기되며, 이를 통해 이슬람권 전반에서 진행되고 있는 경제적 삶의 이슬람화에 대한 논의를 인도네시아라는 개별 국가의 구체적인 수준에서 다각적으로 조명할 수 있을 것이다.

이 글의 목적은 인도네시아에서 현재까지 진행되어 온 경제활동의 이슬람화와 관련된 전개 과정과 변화의 양상을 연구하는 것이다. 기존 연구의 문제점을 보완하기 위해 이를 역사적인 시각에서 검토할 것이며, 금융뿐만 아니라 경제생활 일반에서 나타나는 특성 역시 분석할 것이다.

2절에서는 경제활동을 바라보는 이슬람 세력의 관점과 경제에 대한 종교적 대응 양상을 20세기 초부터 시작하여 1980년대까지 검토할 것이다. 3절에서는 이슬람 은행의 설립으로 가시화된 금융 영역에서의 이슬람화 추이가 논의될 것이다. 4절에서는 특히 소비 문제를 중심으로 금융 이외 영역에서의 이슬람화 양상을 검토할 것이다.

2. 이슬람과 경제에 대한 무슬림의 시각: 역사적 전개 과정

인도네시아에서 경제 문제가 이슬람식 시각으로 검토된 첫 시기는 20세기 초이다. 당시 서구식 교육을 받은 인도네시아 지식인들이 대중조직을 결정하려는 움직임을 확산시켰고, 그 영향을 받아 중부 자바 솔로^{Solo}에서 이슬람상인연합^{SDI: Sarekat Dagang Islam}이 설립되었다. SDI는 토착 직물인 바띡^{batik}을 거래하는 상인들이 만든 조직으로, 식민정부의 지원하에 그 세력을 확장하던 중국 상인에 대항하여 토착인의 경제활동을 지원하려는 목적을 띠고 있었다.

설립 목적에서 드러나듯 SDI는 경제적 영역에서의 이슬람 교리 실천이라는 측면보다는 당시 확산되던 국가주의적^{nationalistic} 이념에 동조하여 외부로부터의 위협에 대처하고자 했던 대중 조직이었다. 이로 인해 SDI의 활동에는 종교적 교리가 뚜렷하게 투영되지 않았으며, 설립 1년 후 정치 조직으로 변신하여 종교적 색채를 약화시켰다. 이러한 한계에도 불구하고 SDI의 설립은 경제활동에 대한 초기 이슬람 세력의 관점을 일정 정도 반영했다. 첫째, SDI는 무슬림 정체성과 무슬림 간의 상부상조를 강조함으로써 경제활동에 있어서 종교적 정체성의 중요성을 부각시켰다. 둘째, SDI는 경제활동에 있어 할랄 개념을 포괄적으로 적용하려는 경향을 가지고 있었다. 설립 발기문에는 SDI가 "이슬람법에서 허용하는 노력을 통해" 활동을 전개한다는 점이 명시되어 있다(Noer 1980: 117). 이슬람법에서 허용하는 노력이 경제활동에 있어 무엇을 의미하는지에 대한 구체적인 논의를 이끌어내지는 못했지만, SDI는 할랄 개념이 상업적 활동에 적용되어야 한다는 시각이 기초적 수준에서나마 공유되었음을 보여준다.

SDI의 문제 제기는 1920년대 이슬람권, 특히 근대주의의 영향을 받은 무슬림들에게 중요한 이정표를 제시했고, 이들은 토착 무슬림의 경제적 상태를 개선할 필요가 있다고 역설했다. SDI와 마찬가지로 근대주의 무슬림들의 시각에는 반식민주의적 태도가 내포되어 있었지만, 이들의 준거 틀이 토착인 일반이 아닌 토착 무슬림이었다는 점은 간과할 수 없다. 이러한 관점이 확산되면서 경제활동에 대한 이슬람권의 관심이 증가했고, 이는 근대적 이슬람 조직인 무함마디야^{Muhammadiyah}가 1935년 경제위원회^{Majlis Ekonomi}를 설립하는 배경으로 작용했다(Muhammadiyah 2007: 84). 경제위원회의 설립은 이슬람 경제와 이슬람 은행에 대한 논의를 촉발시켰는데, 이 과정에서 두 가지의 상이한 입장이 대두되었다.

첫번째는 은행 거래에 이용되는 이자를 금지시켜야 한다는 견해였다. 경제위원회가 계획했던 은행 설립 초안에는 "채무를 변제할 때 약간 더 많이 갚도록 한다"는 이자 관련 조항이 포함되어 있었지만, 이후의 논의 과정에서 이 조항은 삭제되었다. 상거래 과정에서 동등한 양의 재화나 서비스가 거래되어야 하기에 더 많은 것에 대한 요구는 이자로 간주되어야 한다는 점, 빌린 금액보다 더 많이 주기로 계약(약속)하는 거래는 이슬람법으로 금지된다는 점이 이 조항이 삭제된 근거로 거론되었다(Muhammadiyah 1940: 244~5).

이자 금지를 주장하는 시각과는 구별되는 절충안도 제기되었다. 당시 무함마디야 조직의 회장은 은행 이자를 하람으로 규정함과 동시에 현대 경제생활에서 은행이 필수적인 시스템으로 자리 잡은 현실적 상황을 인정했다. 그는 은행 이용이 금지될 경우 무슬림의 경제활동이 어려워지게 된다는 점을 거론하면서 이러한 강제적 상황으로 인해 무슬림의 경제적 상황을 개선하기 위한 목적하에서 은행 이용이 허용될 수 있다는 의견을 제시했다(Lubis 2004: 104).

이자와 관련된 무함마디야의 두 입장은 당시 무슬림들 사이에 퍼져 있던 관점을 반영하고 있었다. 예를 들어 이슬람 정치 조직인 "인도네시아 이슬람연합당PSII: Partai Syarikat Islam Indonesia"은 국가주의 계열의 정치조직과 결별을 선언하면서 그 이유 중 하나로 그들이 계획하는 서구식 은행이 이슬람 교리에 부합하지 않기 때문이라는 점을 들었다(Sitompul 1989: 85). 이와 대조적으로 최대 이슬람 조직인 나다뚤 울라마NU: Nahdlatul Ulama는 "경제생활에 도움을 주기 때문에 은행 이자는 허용될 수 있는 범주makruh에 속한다"는 파트와fatwa(종교적 결정)를 내렸다(Anwar 2010).

이슬람 지도자들의 주요 관심사가 정치에 집중되어 있던 식민지 상황에서는 서구식 은행 이자를 중심으로 표출된 대립적인 견해가 이후 본격적인 토론의 대상으로 자리 잡지는 못했다. 하지만 이러한 초기 논쟁은 이후 대다수 이슬람권에서 전개된 이상주의와 실용주의의 대립을(Saeed 2004: 116) 반영함으로써 이자에 대한 추후의 논의 전개 과정을 예시했다.

이슬람 경제 관련 논의는 종교적 담론의 중심부에 놓이지 못함으로써 독립 전후의 이념 투쟁 과정에서 주변화되었다. 국가의 이념과 헌법 내용을 중심으로 전개된 국가주의적 정치인과 이슬람 정치인 사이의 대립에서 이슬람 경제는 거론조차 되지 않았고, 이로 인해 헌법의 경제 관련 조항에는 이슬람적 시각이 투영되지 않았다.

> 33조 1항. 국가경제는 가족주의적 원칙에 기초한 공동의 활동으로 조직될 것이다.
>
> 33조 2항. 국가에 중요하며 국민의 삶에 영향을 미치는 생산 부문은 국가에 의해 통제될 것이다.

1945년에 반포된 인도네시아 헌법의 경제 관련 조항에는 이슬람 원칙이 아닌 전통주의적, 사회주의적 이념이 강하게 투영되어 있다. 이들 조항에 대한 상세 설명에 따르면, 33조 1항은 경제민주주의 원칙에 기초한 경제활동의 일차적인 목표를 사회 번영에 두고 있으며, 이 원칙에 부합하는 경영 형태가 협동조합임을 지적했다.

이슬람 경제에 대한 낮은 관심도는 이슬람 국가 설립을 목표로 반란을 일으킨 다룰이슬람Darul Islam 운동에도 적용되었다. 이들이 발표한 이슬람 국가 헌법에는 "국민의 삶과 생계에 관련된 문제는 상호부조에 기반하여

4장 경제활동의 이슬람화 | 전제성·김형준

규제된다"는 조항이 포함되었다(Jackson 1980: 326). 상호부조가 전통 사회의 경제적 관행과 밀접하게 연관되어 있음을 고려한다면(Bowen 1986: 545~561), 이 조항은 당시의 이슬람 세력이 경제활동과 관련된 교리에 충분히 노출되지 못했음을 보여준다.

수까르노 통치기를 통해 이슬람 경제 관련 논의는 식민지 시대와 마찬가지로 초보적 단계에 머물러 있었다. 이자를 둘러싼 논의에서 새로 첨가된 면은 실용주의적 시각을 보다 체계화하려는 노력이었는데, 이는 이자와 은행 개념의 세분화를 통해 가능했다. 이 입장에 따르면 "필요악" 혹은 "기아 상태에 처한 사람이 금지된 음식을 먹는 경우"에 비유될 수 있는 이자는 소비 영역과 생산 영역에서의 이자로 구분될 수 있다. 일반인 사이의 거래에서 이용되는 이자는 소비적 성격을 띰으로써 이슬람법으로 금지해야 하는 반면, 기업에 투자한 후 얻어지는 이자는 생산적인 것으로써 허용될 수 있다(Boland 1982: 220). 이러한 시각은 근대적 경제체제를 유연한 방식으로 이해하고 식민지 시대의 논의를 교리적으로 세련화하려는 노력의 결과였다.

무함마디야는 이자 대신 은행을 구분함으로써 실용주의적 시각을 체계화했다. 1968년 파트와는 현대식 은행이 이슬람 경제의 이상에 기초하여 탄생하지는 않았지만 이슬람 교리에 부합하는 은행이 현재까지 제도화되지 않았기 때문에 이로부터 무슬림이 벗어날 수 없다는 현실인식을 보여준다. 이 파트와에서는 국가에 의해 세워지고 운영되는 국영은행의 이윤이 궁극적으로 무슬림을 위해 사용된다는 점이 강조되었다. 이자 방식을 적용하는 개인소유 은행의 이용은 하람이지만, 국영은행의 이자는 그 성격이 불확실하기 때문에 그에 대해 명확한 결정을 내리기가 불가능하다는 입장이 제기되었다(Muhammadiyah 1972: 304~7).

이자가 하람이지만 이를 현실 세계에 문자 그대로 적용하기 힘들다는 점을 인정하고 있는 무함마디야의 파트와는 국영은행의 존재를 인정함과 동시에 서구식 경제발전 방식을 부정하지 않고 있다. 이러한 입장은 경제 발전을 정권의 주요 목표로 설정한 수하르또 정부와의 대립을 회피할 수 있도록 했으며, 동시에 시대적 변화에 부응하는 방식으로 교리를 해석하려는 경향을 반영했다. 이자와 관련된 유연한 종교 해석은 수하르또 정권의 영향력이 강해진 1970년대를 거치며 이슬람권 전체에서 별다른 논란을 불러일으키지 않은 채 수용되었다.

1980년대에 접어들면서 이자에 대한 실용주의적 시각은 새로운 도전에 직면하게 되었다. 국제적으로는 여타 이슬람권 국가에서 전개된 이슬람 금융 관련 논의가 인도네시아로 유입되었고, 국내에서는 이슬람 부흥의 움직임이 강력하게 진행되었기 때문이다. 1980년대 이후 이슬람 금융과 관련되어 전개된 변화의 양상은 다음 장에서 자세히 검토해볼 것이다.

3. 이슬람 금융의 등장과 발전

1) 이슬람 은행의 설립: 1990년대의 변화

이슬람권에서 제기된 이슬람 경제, 특히 금융 관련 담론은 1980년대에 접어들면서 인도네시아에 영향을 미치며 급속하게 확산되었다(Lubis 2004: 105). 경제활동을 대상으로 한 이슬람화 논의가 무슬림의 관심을 끌어낼 수 있었던 이유는 당시의 종교적 분위기와 연관되어 있다.

4장 경제활동의 이슬람화 | 전제성·김형준

1970년대 중후반 이래 인도네시아에서는 이슬람에 대한 일반인의 관심이 급증하고, 이슬람의 의무를 실천하려는 무슬림이 증가했다. 젊은 세대, 특히 대학생들 사이에서 이러한 이슬람 부흥이 두드러지게 나타났는데,[2] 이들은 이슬람을 전통적인 종교가 아닌 현대사회의 제 문제를 해결할 대안으로 받아들였다(Beatty 1998: 139). 기도와 금식 같은 개인적 차원의 종교 의무 수행을 강조하던 이슬람 부흥은 곧이어 일상의 제 영역을 포괄하는 방향으로 확대되었고, 이 과정에서 경제활동이 주요 관심사 중의 하나로 부상했다(Lubis 2004: 96).

이슬람 부흥 과정에서 중시된 경전중심적^{scriptural} 경향, 즉 경전의 내용을 있는 그대로 해석해야 한다는 시각으로 인해 이슬람식 경제활동에 관심을 가진 무슬림들은 이자를 하람으로 규정하는 이상주의적 관점을 채택했다. 이상과 현실 사이의 간극을 넘어서기 위해 이들은 이후 두 가지 방식의 노력을 경주했다. 급진적 성향을 가진 집단은 기존의 은행을 대체할 새로운 이슬람식 금융거래 관행을 확립하고자 했던 반면, 중도적인 집단은 기존의 은행 체제에 이슬람식 금융을 추가하고자 했다.

대안적인 이슬람 금융기관을 설립하려는 시도는 이슬람 부흥의 움직임이 선도적으로 전개된 반둥공과대학교$^{Institut Teknologi Bandung}$의 살만^{Salman} 모스크에서 가시화되었다. 이들은 협동조합을 설립한 후 출자금과 투자금으로 마련된 자본을 "이윤과 손실 공유" 원칙에 입각하여 운용했다. 즉, 출자자와 투자자로부터 얻어진 자금을 소상공인에게 투자하는 형식

---

2 이슬람 부흥의 원인과 특성에 대해서는 김형준(2013)을 참조할 것.

으로 제공했고, 여기서 얻어진 수익을 출자자와 투자자에게 기간과 액수에 따라 배분해주었다.

1980년대 초, 500명의 회원으로 시작한 협동조합은 이후 자본금이 13억 루삐아rupiah(당시 미화 65만 달러)에 이를 정도로 성장했지만, 결국 악성 채무를 견디지 못하고 도산했다(Hefner 2003: 153~4). 새로운 실험은 성공적이지 못했지만, 이 협동조합은 금융거래와 관련된 경험을 참가자들에게 제공함으로써 이슬람 은행의 실현 가능성에 대한 확신을 확산시켰다.

기존의 금융 시스템 내에서 이슬람 은행을 창설하려는 움직임은 1980년대 후반 가시화되었다. 이를 촉발시킨 요인은 수하르또 정권의 친이슬람적 행보로의 전환이었다. 집권 이후 수하르또는 이슬람 세력의 정치적 영향력을 약화시키려는 시도를 계속했고, 이는 1980년대 중반 모든 이슬람 단체로 하여금 국가 이념인 빤짜실라Pancasila(민족주의, 인도주의, 민주주의, 사회정의, 신앙심 등을 말한다.)를 단체의 설립의 목표로 수용하도록 강제한 정책에 이르러 정점을 찍었다. 독재적 권력에 대해 자신감을 얻게 된 수하르또는 1980년대 후반 이슬람 세력을 포섭하려는 타협적인 태도를 보이며 이슬람 활동을 후원하기 시작했다. 이러한 변화의 결과로, 광범위한 이슬람 지도자와 지식인을 포함하는 "인도네시아 무슬림지식인연대ICMI: Ikatan Cendekiawan Muslim Indonesia "가 설립되었다(김형준 2013: 196). 정부에 비판적인 태도를 취하던 무슬림들에게 공적 활동의 장이 제공되자 이들은 정치 외적 영역에서 자신들의 목소리를 정책에 담아내고자 노력했다. 이들이 제기한 의제 중의 하나가 이슬람 은행이었다. 이들은 급격한 산업화 과정에서 무슬림이 처하게 된 경제적 불평등에 관심을 가졌고, 이를 자본주의나 사회주의가 아닌 이슬람식 경제를 통해 해결하려는 지향을 가졌다(Choiruzzad 2013: 152~3). 이들에게 말레이시아를 비롯한 이슬람권에서 설립된 이슬람 은행은 새로운 가능성으로 받아들여졌고, 정치적 화해 분위기 속에 이들은 수하르또를 대상으로 하여 다각적인 로비를 펼쳤다. 그 결과 수하르또가 이슬람 은행 설립을 허가하게 되었다. 이를 지원할 입법 절차가 마무리된 1992년, 정부의 지지하에 인도네시아의 첫 이슬람 은행인 무아말랏은행Bank Muamalat이 사업을 시작했다(Hefner 2003: 155~6). 초기 자본금은 1350억 루삐아였는데, 이를 10만 명에 이르는 일반인들이 출자하여 마련했다(Hakim 2011: 24).

이슬람 은행을 뒷받침하기 위해 개정된 1992년 은행법 개정안에는 "이슬람 은행"이라는 표현이 명시적으로 포함되지는 않았다. 단지 6조 m항에 "이윤과 손실 공유bagi hasil 원칙"에 기초한 은행 운영이 가능하다는 구절이 첨가되었을 뿐이다. 같은 해 제정된 은행 관련 조례들 역시 이슬람을 언급하지 않았지만 하나의 조례(PP No. 72 Tahun 1992)에서 예외가 나타났다. 이 조례는 "이윤과 손실 공유 원칙이 은행의 영업 활동 수행 과정에서 이슬람법에 기반을 둔 거래"를 의미한다고 적시함으로써(Saefuddin 2011: 184), 이 원칙의 근원이 이슬람임을 특정했다.

은행법에 제시된 이슬람 은행 관련 조항에서 알 수 있듯이, 인도네시아에서 이슬람 금융은 체계적으로 준비된 채 시작되지는 않았다. 하지만 1990년대 중후반기의 정치경제적 변화는 이슬람 금융 확대에 우호적인 환경을 제공했으며, 2000년대에 접어들자 이슬람 금융이 활성화되기 시작했고, 동시에 이를 지원할 법적 제도 역시 체계화되었다.

2) 이슬람 금융의 법제화

이슬람의 사회적·종교적 영향력이 확대되고 있던 상황에서 1998년 수하르또가 퇴진하게 되자 이전까지 억압되어 온 이슬람 세력의 정치적 욕구가 분출되었다. 이들은 이슬람에 기반을 둔 정당을 결성하여 1999년 선거에 참여하였고, 다수당의 위치에는 오르지 못했지만 약 30퍼센트에 달하는 득표율을 얻어 성공적으로 국회에 진입했다(김형준 2008: 99~134).

이슬람에 우호적인 사회 분위기가 지속되고, 이슬람 정치세력이 부상하면서 이슬람 금융의 성장에 긍정적인 영향을 미쳤다. 이슬람 은행이 증가했고, 이슬람식 금융 영역이 보험, 채권, 주식과 같은 분야로 다변화되었다. 이러한 변화는 이슬람 경제 관련 법제화를 가속화시켰다. 이를 통해 이슬람 금융기관의 법적 위상이 확고해지자 일반인들의 관심과 선호도 역시 증가했다.

이슬람 금융의 확산은 이자와 관련된 논의를 공론화시켰으며, 궁극적으로 서구식 은행의 이자를 하람으로 규정하는 파트와의 출현을 가능케했다. 2004년 "인도네시아 이슬람지도자협의회MUI: Majlis Ulama Indonesia"는 은행 이자를 하람이라 선언했고, 2005년에 같은 결정이 무함마디야에 의해 공표되었다(Majlis Ulama Indonesia 2004; Yusuf 2005: 50). 최대 이슬람 조직인 NU는 현재까지 동일한 입장을 공식화하지 않았지만 MUI와 무함마디야의 파트와는 이슬람 금융 확산을 위한 확고한 이념적 기반을 제공했다.

1992년 이슬람 금융의 합법화를 위해 이용된 이윤과 손실 공유 원칙이라는 소박한 표현은 이후 두 차례의 은행법 개정 과정을 거치며 체계

4장 경제활동의 이슬람화 | 전제성·김형준

적인 개념으로 전환되었다. 1998년에 개정된 은행법은 은행을 "관행적 conventional 은행"과 "샤리아 원칙에 기초한 은행"으로 구분했다. 그리고 후자에 적용될 수 있는 영업 방식으로 은행이 자금을 지원하고 개인이 운영을 맡는 "무다라바mudharabah", 은행이 기업에 자본을 투자한 후 이윤과 손실을 공유하는 "무샤라카musyarakah", 은행이 물품을 구입하여 판매하거나 임차하는 "무라바하 murabahah", 소유권이나 물품의 이전에 대한 선택권이 없는 순수 임차 방식인 "이자라ijarah", 소유권이나 물품의 이전에 대한 선택권이 있는 순수 임차 방식인 "이자라 와 익티나ijarah wa iqtina" 등을 제시했다. 그로부터 10년 후인 2008년에는 이슬람 은행만을 대상으로 하는 샤리아은행법이 공포되었다. 이전과 비교할 때 새로운 법률은 이슬람 은행 거래에서 금지되는 행위를 세분화하여 이자뿐만 아니라 불확실성과 운에 기반한 거래aisir, 투기적 성격을 띠며 거래의 목적이 불분명한 거래gharar, 이슬람법에서 금지하는 대상과 관련된 거래haram, 상대방에게 불공정한 거래zalim 등으로 나누었다. 영업 방식 역시 세분화되어서, 이전 은행법에 제시된 5가지 방식 이외에 7가지 방식이 추가로 적시되었다.[3]

이슬람 은행 관련 법률이 체계화되고 세분화됨과 동시에 다른 금융 영역을 대상으로 한 법률이 개정되거나 신설되었다. 2004년에 제정된 증여 관련 법안, 2007년에 개정된 주식회사 관련 법안, 2008년에 신설된 국채 관련 법안, 2009년에 개정된 조세법, 2011년에 개정된 종교세 관련 법안, 2012년에 개정된 협동조합 관련 법안, 2013년 신설된 소액대출업 관련 법

---

3 새롭게 추가된 이슬람식 거래방식으로는 와디아wadi'ah, 살람salam, 이스티스나istishna, 카르드qardh, 이자라 문타히야 비탐릭ijarah muntahiya bittamlik, 하와라hawalah, 카파라kafalah 등이 제시되어 있다.

안[4] 등은 이슬람 금융에 대한 제도적 뒷받침을 확고히 했다.

　장기적으로 보았을 때 개별 금융 업종에 대한 법제화보다 더욱 중요한 의미를 갖는 법안은 2006년에 제정된 이슬람 종교법원 관련 개정안이다. 이전까지 종교법원의 주요 기능이 결혼, 상속 등과 같은 민사 문제를 다루는 것이었다면, 개정 법안은 이슬람 경제와 관련된 문제를 종교법원 관할로 귀속시킴으로써 경제활동에 개입할 수 있는 이슬람의 역할을 추인했다. 이슬람 법원이 심의할 권리를 부여받은 영역은 샤리아 경제로 규정되었고, 여기에는 은행, 대부업, 보험, 뮤추얼 펀드, 채권, 증권, 대출, 전당 등 대다수의 금융 활동이 포함되었다. 곧이어 이슬람 법원은 경제 관련 문제를 심의하는 과정에서 고려해야 할 내용을 적시한 문헌인 『샤리아경제법 편찬집 Kompilasi Hukum Ekonomi Syariah』(이하 『편찬집』)을 출판했다. 여기에는 금융 활동, 나아가 경제활동 일반의 이슬람화와 관련하여 이슬람 지도자들이 지향하는 이상이 잘 나타나 있다.

　『편찬집』에서 주목할 내용은 두 가지이다. 첫번째는 이슬람 법원의 심의 대상을 "계약akad"으로, 그리고 계약을 "둘 혹은 그 이상 간에 이루어진 … 합의된 어떤 약속"으로 규정함으로써, 경제활동과 관련된 모든 계약이 잠재적인 심의 대상에 포함될 수 있음을 명시해 놓았다는 점이다. 두번째는 특정 계약의 유효성 여부를 판단하는 기준을 설명하면서 그 기준의 순서를 샤리아, 국가법, 공공질서, 도덕 순으로 제시했다는 점이다. 4 가지 기준의 우선순위가 뚜렷하게 적시되지 않아 형식논리적으로 볼 때

4　관련 법안은 참고 문헌을 참조할 것.

이들 기준이 같은 위상을 갖는 것으로 해석될 수도 있다. 하지만 언급 순서에 의미를 부여하는 기존의 법적 관행을 고려한다면, 이는 샤리아를 국가법보다 상위의 기준으로 삼고자 하는 이슬람 지도자의 의도가 투영된 것이라 해석할 수 있다.

금융 이외의 경제활동을 대상으로 한 샤리아 적용 가능성에 대한 논의와, 샤리아와 국가법 사이의 관계에 대한 논의가 거의 이루어지지 않고 있는 현재의 상황을 고려해보면, 경제활동 일반에 있어 샤리아의 중요성을 부각시키는 『편찬집』이 이슬람 법원의 심의 및 판결 과정에 그대로 적용될 가능성은 높지 않다. 하지만 이슬람 지도자의 이상을 반영한다고 할 때 『편찬집』이 경제적 삶의 이슬람화와 관련된 변화의 추이를 일정 정도 반영하고 있음은 부정할 수 없다.

이슬람 금융의 법제화는 샤리아에 기반을 두고 운영되는 금융기관의 활동을 합법화함으로써 이들 기관에 대한 대중적 신뢰도를 높였다. 이슬람 금융기관과의 거래에 대한 불안 심리가 감소함에 따라 이슬람 금융은 2000년대 들어 급속한 팽창을 경험했는데, 이에 관해서는 다음 절에서 보다 자세히 검토할 것이다.

3) 이슬람 금융의 성장과 다변화

1992년 무아말랏은행 설립을 통해 시작된 이슬람 은행은 2000년대 들어 10개 은행이 추가로 설립되는 등 급격한 증가세를 보였다. 또한 기존 은행들이 이슬람식 거래를 전담하는 사업부를 신설함으로써 이슬람 은행의 팽창세는 가속화되었는데, 2000년 3개였던 일반 은행의 샤리아 영업 부서는 2013년 23개로 늘어났다. 이슬람 은행 증가는 운용자산의 증가를 가져왔다. 2003년 전체 은행자산에서 샤리아 은행이 차지하는 비중이 0.4퍼센트에 불과했다면, 2008년에는 2.1퍼센트, 2013년에는 4.8퍼센트로 성장했다(Bank Indonesia 각년호).

이슬람 은행에 이어 1993년 설립된 이슬람 보험업의 경우에도 2000년대 들어 급속한 성장세를 기록했다. 이는 일반 보험회사에서 세운 샤리아 영업부에 의해 주도되었는데, 2002년 2개였던 샤리아 영업부는 2003년 11개, 2008년 38개, 2012년 46개로 증가했다. 샤리아 보험이 전체 보험에서 차지하는 자산 비율 역시 점차 상승하여, 2005년 이전까지 1퍼센트 미만에 머물던 샤리아 보험사의 자산 비중은 2012년 3.5퍼센트가 되었다(Badan Pengawas Pasar Modal dan Lembaga Keuangan 각년호).

주식과 펀드의 경우, 이슬람 교리에 부합하는 경영 활동을 행하는 회사를 대상으로 하여 거래가 이루어졌다. 이를 위한 첫 단계로 투자가 가능한 회사를 선정해야 했고, 이를 위해 "인도네시아 샤리아주식 인덱스 Indeks Saham Syariah Indonesia"와 "자까르따 이슬람 인덱스 Jakarta Islamic Index"가 만들어졌다. 종교적으로 금지된 상품이나 활동(도박)을 영업 대상에 포함하지 않는 기업, 이자를 적용하지 않는 금융기관, 금지된 음식이나 음료의 생산, 분배, 유통에 간여하지 않는 기업, 도덕적으로 문제가 되는 재화와 용역을 생산, 분배, 유통하지 않는 기업 등이 이슬람식 금융 투자에 부합하는 회사의 기준으로 이용되었다.[5] 소수의 회사만으로 시작했던 이슬람 인

---

5 http://www.idx.co.id/id-id/beranda/produkdanlayanan/pasarsyariah/indekssaham syariah. aspx (검색일: 2014. 02. 28.)

덱스는 기업으로부터의 편입 요구가 꾸준히 증가해서, 2013년 주식시장에 상장된 547개 기업 중 321개 기업(58.7퍼센트)이 앞의 두 인덱스에 편입되었다.[6] 이슬람식 투자가 허용되는 회사의 수가 증가함에 따라 이들 기업을 대상으로 하여 운영되는 샤리아 펀드 역시 양적으로 팽창했다. 샤리아 펀드는 2003년 4개에서 2008년 36개, 2013년 58개로 늘어났으며, 전체 펀드 설정액에서 샤리아 펀드가 차지하는 비율 역시 2003년 0.1퍼센트에서 2008년 2.4퍼센트, 2013년 4.3퍼센트로 증가했다(Badan Pengawas Pasar Modal dan Lembaga Keuangan 각년호).

채권시장에서 이슬람 채권 발행 역시 증가하는 추세를 보였다. 2002년에 처음 발행된 후 샤리아 회사채는 2008년에 29종, 2013년에 54종이 발행되었으며, 2009년까지의 누적 발행액을 보면 샤리아 회사채가 전체 회사채 발행액에서 차지하는 비중이 3.9퍼센트에 이르렀다(Badan Pengawas Pasar Modal dan Lembaga Keuangan 각년호). 2008년 채권법 제정 이후 정부가 발행한 국채는 2008년 4조 6000억 루삐아에서 시작하여, 2010년에는 44조 3000억 루삐아, 2011년에는 77조 8000억 루삐아로 증가했다(Badan Pengawas Pasar Modal dan Lembaga Keuangan 각년호).

인도네시아의 이슬람 금융에서 빠질 수 없는 분야는 전당업이다. 국영기업으로 시작한 후 민영화되었지만 여전히 독점적인 전당 업체로서의 지위를 유지하고 있는 뻐가다이안[Pegadaian]은 2003년 샤리아 전당 영업부를 신설하여 운영에 들어갔으며, 2008년 133개, 2012년 160개의 샤리아

---

6 http://www.infobanknews.com/2013/05/produk-syariah-di-pasar-modal-terus-menggeliat/ (검색일: 2014. 02. 28.)

전당 전담영업소가 개설되었다. 이자 대신 행정 비용을 지불하는 방식을 취하는 샤리아 전당업 역시 급속한 신장세를 보여서 2003년 전체 전당업 대출 중 0.2퍼센트에 불과했던 샤리아 전당 대출은 2008년 4.8퍼센트로, 2012년에는 10.7퍼센트로 증가했다(Pegadaian 각년호).

은행, 보험, 주식, 채권, 전당업 등에서 전개된 변화 과정은 2000년대 이후 이슬람 금융기관이 확고한 위상을 확보했음을 보여준다. 각 부문에서 이슬람 금융이 차지하는 비중을 정리하면 [그림 1]과 같다.

[그림 1]에서 확인한 것처럼, 이슬람 금융기관이 꾸준한 성장세를 이어 가는 이유에 대해 특정하여 제시하기에는 어려움이 있다. 앞에서 거론된 법제화 과정을 통한 안정성 확보는 이를 설명할 중요한 요인이다. 그 외에

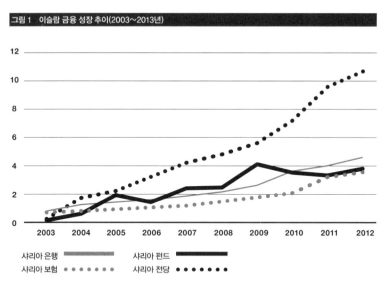

그림 1 이슬람 금융 성장 추이(2003~2013년)

샤리아 은행 ▬▬▬▬ 샤리아 펀드 ▬▬▬▬
샤리아 보험 ●●●●●●● 샤리아 전당 ●●●●●●●

출처 | Bank Indonesia 각년호, Badan Pengawas Pasar Modal dan Lembaga Keuangan 각년호, Pegadaian 각년호

도 다양한 사회적, 종교적, 정치경제적 요인이 지적될 수 있는데, 이를 일반인, 금융업 종사자, 종교 지도자, 정부 등 관련된 주요 집단의 입장을 통해 살펴보면 다음과 같다.

일반인들 사이에서 이슬람 금융기관 이용을 확대시킨 핵심 요인은 사회 전반에서 꾸준하게 진행되어 온 이슬람화이다. 종교적 믿음뿐만 아니라 실천이 강조되는 분위기 속에서 이슬람 금융상품이 제공되자, 이들은 서구식 금융체계를 대체할 대안으로서 이를 수용했다. 편의성의 측면에서 볼 때 기존 금융기관과 이슬람 금융기관을 이용하는 데 커다란 차이가 존재하지 않기 때문에, 이들은 큰 불편을 감수하지 않으면서도 이슬람 금융기관과 거래할 수 있었다.

이슬람 금융이 금융업 종사자에게 받아들여질 수 있었던 핵심적 이유 역시 이슬람화이다. 1980년대 이슬람 부흥운동이 가장 뚜렷하게 전개된 곳이 대학교였기 때문에 금융업 종사자 중 상당수는 이러한 종교적 흐름을 직간접적으로 경험했으며, 이슬람 금융의 확산에 대해 호의적인 태도를 취할 수 있었다. 종교적 이유와 더불어 고려해야 할 측면은, 이슬람 금융으로의 전환이 이들의 작업 방식이나 직업적 안정성에 커다란 변화를 가져오지 않은 채 이루어졌다는 점이다. 이윤공유 방식을 예로 든다면, 원칙적인 면에서는 서구식 은행과 차이가 나지만, 실제 업무 면에서는 기존 관행과 커다란 차이를 보이지 않는다(강대창 외 2011: 202~3). 이슬람식 금융으로의 전환이 희생 없이 이루어졌을 뿐만 아니라 새로운 일자리와 승진 기회를 제공했기 때문에 금융업 종사자들은 커다란 거부감 없이 이를 받아들일 수 있었다.

이슬람 지도자와 학자에게 이슬람 금융은 이슬람 교리의 실천을 제고할 고무적인 현상으로 받아들여졌다. 종교적인 면 외에도 이들의 호의적 태도를 설명할 이유로는 첫째, 이들이 이전까지 쉽게 간여할 수 없던 금융 분야에 개입하여 활동할 여지가 확대되었다는 점을 들 수 있다. 이슬람 금융기관의 운영 방식과 금융상품이 샤리아에 부합하는지를 판단할 종교위원회가 각 금융기관에 설치되었기 때문에 이들은 금융 활동의 필수 요소로 인정받게 되었다(Hakim 2011: 251~4). 둘째, 이슬람 금융 확대가 새로운 금융 인력을 요구하고, 이 인력을 양성할 교육기관이 대학원 수준에서 설립되었기 때문에 이슬람 학자에 대한 교육적 수요가 급증했다(Saefuddin 2011: 166~9). 이와 같이 과거 이슬람 학자와 지식인이 쉽게 개입할 수 없었던 영역에서 활동을 가능하게 함으로써 이슬람 금융은 이들의 전폭적인 지지를 이끌어낼 수 있었다.

수하르또 퇴진 이후에 들어선 정부가 전체적으로 반이슬람적인 태도를 취하지 않았고, 이슬람에 기반을 둔 정당이 의회에 진입했기 때문에 이슬람 금융 확산에 반대할 정치 세력은 뚜렷하게 존재하지 않았다. 또한 1997년 경제 위기 이후 경제 회복을 추구하던 정부에게 아랍권의 오일머니는 매력적인 요인이었기 때문에 정부는 그 유입을 촉진할 이슬람 금융기관의 확대를 호의적인 태도로 바라보았다.

요약하면, 일반인, 금융업 종사자, 이슬람 지도자와 학자, 정치인 등 관련된 주요 집단에게 있어 이슬람 금융은 심각한 사회문화적 갈등이나 정치경제적 문제를 야기할 요소로 비치지 않았으며, 이는 이슬람 금융 확산에 우호적인 분위기를 형성했다. 따라서 서구식 금융기관의 이용을 금지하는 것과 같은 급진적인 행보가 나타나지 않는 한 이슬람 금융의 성장 및 다변화는 커다란 거부감 없이 지속될 수 있으리라 기대된다.

4. 금융 이외의 경제활동에서의 이슬람화

1990년대에 시작된 경제적 삶의 이슬람화는 금융 부문이 주도했지만, 금융 이외의 영역에서도 이를 지향하는 움직임이 가시화되었다. 특히 식료품 소비에서 이런 경향이 뚜렷하게 드러나는데, 제품의 할랄 여부는 무슬림들의 관심을 이끌어내고 이슬람식 소비 개념을 확산시켰다.

이슬람 도래 이후 음식과 관련된 할랄 개념은 널리 알려져 있었고 돼지고기나 술 소비도 일반적으로 금기시되었지만, 1980년대 후반에 들어서야 비로소 이 문제가 중요한 사회적 이슈로 대두되었다. 시장에서 유통되는 인스턴트 라면과 분유에 돼지기름이 함유되어 있다는 폭로성 기사가 보도된 후(Hartoyo 1988) 이들 제품의 판매가 급감했고, 식품 관리를 소홀히 한 정부에 대한 비판이 비등했다. 이에 정부는 MUI 산하에 "식품, 약품, 화장품 검사원Lembaga Pengkajian Pangan, Obat-obatan, dan Kosmetika"을 설립하고 식음료 제품을 대상으로 성분 검사를 수행하도록 했다.[7] 검사원에서는 1994년부터 할랄 인증서를 발행하기 시작했으며, 할랄 평가를 받은 제품을 목록화하여 공개했다. 정부가 할랄 인증을 강제 규정으로 정하지는 않았지만, 대규모로 생산되는 식료품에 대한 자발적 인증 요청이 꾸준히 확대되었다. 2000년대에 들어서자 대량 생산되는 식료품에 대한 할랄 인증

---

[7] http://www.halalmui.org/newMUI/ (검색일: 2013. 03. 10.)

이 판매를 위한 필수 요건처럼 여겨지기 시작했으며, 대형 유통업체의 경우 할랄 인증이 표기된 제품의 판매를 장려했다.

식품 산업에서 할랄 인증과 검증이 결정적인 영향을 끼칠 수 있다는 것은 조미료 분야의 사례로 확인할 수 있다. 조미료 분야에서 전 세계적으로 시장점유율이 높은 일본 기업 아지노모토는 인도네시아의 조미료 시장을 개척하고 장악하였다. 그런데 2000년 9월에 실시된 동부 자바 모조꺼르또Mojokerto 아지노모토 공장의 MUI 검사 과정 중 조미료 생산에 필수적인 미생물을 배양하는 배지에서 돼지기름 성분이 검출됐다. 이후 현지 무슬림들의 강력한 항의를 받고 3000톤에 달하는 조미료를 회수해야 했으며, 한때 공장 가동이 중단되고 세 명의 직원이 지방경찰에 구속수사를 받는 고초를 겪어야 했다(Just-food.com Editorial Team 2001). 당시 급격하게 하락한 아지노모토의 인도네시아 시장점유율은 오늘날까지도 여전히 3위에 머물면서 예전의 영화를 누리지 못하고 있다.

식료품과 비교할 때 화장품과 약품에 대한 할랄 인증은 현재까지 초기 단계에 머물러 있다. 하지만 최근 유명세를 타고 있는 와르다Wardah 화장품의 사례는 할랄 인증을 포함한 이슬람 관련 요소가 소비에 미칠 잠재력을 잘 보여준다. [그림 2]의 와르다화장품 광고에는 이 회사의 제품이 할랄 방식으로 제조되었다고 표기하고 있을 뿐만 아니라 이슬람 복장을 한 여성을 모델로 기용함으로써 이슬람 관련 상징이 마케팅의 핵심적 요소로 사용되었다. 이 화장품은 지난 4년 동안 매년 75퍼센트의 매출 신장을 기록했기 때문에,[8] 할랄을 포함한 이슬람 관련 요소가 화장품과 약품 판매에 변수로 작용할 가능성은 확대될 것으로 예상된다.

그림 2 | 와르다화장품 광고

할랄 제품에 대한 관심 확대는 인증제를 강화해야 한다는 주장을 확산시켰고, 이는 할랄제품보장법Undang-Undang Jaminan Produk Halal이 입법을 위한 마지막 단계에 놓일 수 있도록 했다.[9] 초안에 따르면, 법안의 대상은 동식물, 미생물, 화학적·생물학적 공정 및 유전자 조작을 통해 얻어진 물질을 함유하는 모든 제품이다. 이 중 동물과 관련된 기준만이 적시되어 있는데, 죽은 동물, 피, 돼지, 이슬람법에 부합하지 않는 방식으로 도살된 동물이 금지 요소로 규정된다. 법안의 적용 대상에서 알 수 있듯 식품, 약품, 화장품뿐만 아니라 매우 광범위한 제품군에 할랄 인증을 강제하려 함으로써 이 법안은 소비 시장에서 이슬람이 차지하는 위상을 확대하려 하고 있다.

식료품에서 시작된 이슬람식 소비 개념은 2000년대 들어 다른 영역으로 점차 확대되었고, 특히 서비스업에서 두드러진 성장세가 나타났다. 이슬람식 미용실, 이슬람식 스파, 이슬람식 호텔, 이슬람식 식당, 이슬람식 관광 등이 그 예인데, 이 중 중상류층의 관심을 이끌어낸 서비스는 금식 기간 중 호텔에서 제공하는 이슬람식 식사 모임이었다. 금식 종료 후 처음 먹게 되는 식사를 호텔 패키지 상품으로 개발한 이 모임은 선풍적인 인기를 끌었으며 거의 모든 대형 호텔에서 제공되는 서비스로 자리잡았다 (Fealy 2008: 24~5). 이 패키지에는 할랄 인증된 음식물이 제공될 뿐만 아니라 이슬람 지도자의 간단한 설교가 포함되어 있어 소비 영역에서 이슬람식 정체성을 드러내려는 중상류층 무슬림의 욕구를 충족시켰다.

8　http://www.republika.co.id/berita/ekonomi/ritel/13/10/30/mvgy8l-kosmetik-halal- semakin-diminati (검색일: 2013. 03. 10.)

9　http://www.dpr.go.id/uu/delbills/RUU_RUU_Jaminan_Produk_Halal.pdf (검색일: 2013. 03. 12.)

이슬람식 소비 개념의 확대적용 가능성은 최근 등장한 이슬람식 주택 단지Perumahan Islami를 통해서도 확인할 수 있다. 앞서 거론된 상품이나 서비스와 비교할 때 이슬람식 주택단지는 중요한 종교적 함의를 내포하고 있다. 이를 위해 광고에 제시된 이 주택단지의 장점 중 이슬람과 관련된 측면을 살펴보면 다음과 같다.[10]

(1) 무슬림 집단거주지(cluster Muslim)로서 안전한 환경

(3) 충분한 부대시설(예배 장소, 놀이터, 운동장, 소규모 가게)

(8) 무슬림 거주지(알이르샤드 뚱가란 뻐산뜨렌에 인접)를 성공적으로 건축, 분양한 경험을 가진 건축업자에 의해 시공

광고에 제시된 이슬람식 주택단지를 특징짓는 요소는 무슬림 집단거주지, 이슬람 관련 부대시설 그리고 이슬람 교육기관인 뻐산뜨렌pesantren과의 인접성이다. 이 중 집단거주지 개념은 주택단지에 입주할 수 있는 주민을 무슬림으로 한정시킴으로써 이슬람식 소비 개념이 종교도 간의 공간적 분리로 확대 적용될 수 있음을 시사한다. 이러한 공간 구분을 공공시설로 확대하려는 움직임이 가시화되지는 않았지만, 이 사례는 이슬람식 소비가 종교도 간의 배타성을 심화시키는 방향으로 전개될 수 있음을 예시한다.

상품과 서비스를 선택할 때 이슬람식 소비가 확대되는 경향은 경영학

---

10 http://muslimhousing.blogspot.kr/2013/03/perumahan-islami-baitus-sakinah.html. (검색일 2014. 03. 11.)

계의 담론에서 "이슬람 마케팅", "샤리아 인지적$^{shariah\ sensitive}$"과 같은 개념을 유행시켰다. "사업 과정 전체에 이슬람의 가치를 적용하는 마케팅"을 (Kartajaya & Sula 2006: 29) 의미하는 이슬람 마케팅은 이슬람식 소비에 민감한 소비자 집단이 형성되고 있으며 이슬람 관련 요소를 이용한 판매 전략이 필요하다는 것을 잘 보여준다.[11]

이슬람식 소비와 같은 개념이 유행을 타며 확산될 경우, 종교적 시각을 경제와 관련된 여타 영역에 적용하려는 움직임이 가속화될 수 있다. 이러한 맥락에서 고려할 점은 앞에서 거론된 이슬람 법원 관련 법안에서 법원의 심의 및 판결 대상에 샤리아 사업$^{bisnis\ shariah}$이 포함되었다는 것이다. 이 개념이 명확하게 정의되지 않았기에 의미는 불명확하지만, 이러한 불확실성으로 인해 이 개념의 확대적용 가능성이 높아졌다. 예를 들어, 샤리아 사업을 컨설팅해주는 한 회사는 부채 및 이자와 관련된 사업 모두를 비이슬람적인 것으로 정의하고, [그림 3]에 나타난 것처럼[12] 샤리아 사업을 신용카드를 사용하지 않는 사업으로 규정했다. 이 개념을 보다 광의의 수준에서 이해하려는 시도도 나타나, 그것을 정의, 평등, 유대감 등과 같은 가치를 우선시하고 부도덕함과 불공정성을 야기하지 않는 경영 활동으로 규정하기도 했다.[13]

경제활동을 대상으로 한 종교적 시각의 확대 적용은 고용 분야에서도

---

11 이슬람 마케팅에 대한 관심 고조는 해외 시장 진출과도 연관된다. 할랄 인증이 이슬람 국가나 무슬림 이주민들이 살고 있는 세계 각지로 제품을 수출하는 데도 순기능을 하기 때문이다. 국제 무역에서 나타나는 할랄 인증의 이점에 대해서는 말레이시아 사례를 연구한 오명석 (2012)을 참조할 것.

12 https://www.facebook.com/BisnisBerkahSBC (검색일: 2014. 03. 13.)

13 http://www.ringkas.net/2010/08/bisnis−syariah.html (검색일: 2014. 03. 11.)

그림 3 | 신용카드 사용을 금지하는 샤리아 사업 광고

나타날 수 있는데, 할랄제품보장법 초안은 이러한 가능성을 예시한다. 할랄 인증 관련 인력의 자격을 설명하면서 초안에서는 할랄 인증 여부를 판단하는 인증기관의 담당자나, 회사에서 할랄 인증 관련 업무를 맡은 담당자의 종교가 이슬람이어야 한다는 점을 규정한다. 이러한 규정은 중요한 종교적 의미를 내포한다. 기존의 할랄 인증기관이 MUI 산하에 있기 때문에 인증 관련 인력들이 모두 무슬림이라는 것은 주지의 사실임에도 불구하고 이 규정이 제정되었다는 사실은 특정 업무를 담당하는 인력 선정에 있어 종교적 정체성이 고려되어야 한다는 인식이 이슬람 지도자들 사이에 제기되고 있음을 시사한다. 또한 위 규정은 일반 회사에서 인력을 운용할 때 종교적 정체성을 고려하도록 강제함으로써 신규 인력 충원이나 업무 배정 시 종교적 기준을 명시적으로 이용하지 않는 현재의 관행과는 차이를 갖는다. 특히 할랄 인증을 전담하는 직원을 둘 수 없는 중소 업체의 경우 위 조항은 비무슬림에 대한 차별을 정당화할 근거로 작용할 수 있다.

2000년 노동조합법 제정으로 노조 설립의 자유가 입법화된 이후, 무슬림을 위한 무슬림만의 노동조합도 설립되어 활동 중이다. 그중 NU의 후원을 받는 "인도네시아 무슬림노동조합Sarbumusi: Serikat Buruh Muslimin Indonesia"이 대표적이다. 수하르또가 집권한 이후 노동조합을 하나로 통폐합하기 전에 활동했던 무슬림 노동조합이 복원된 것이지만, 이 조직은 전반적으로 강화되는 경제활동의 이슬람화 추세 속에 새로운 의미와 위상을 갖추게 되었다. 할랄 인증과 검증이 강화되고 이슬람식 소비가 강조되는 와중에 무슬림 노동조합은 식품산업의 조직화에서 비교 우위를 누릴 수 있으며,

동부 자바 미원공장에서 2001년에 설립된 노동조합은 그러한 경우에 해당된다고 볼 수 있다(전제성 2013).

경제활동의 이슬람화는 금융뿐만 아니라 생산, 고용, 유통을 포함하는 모든 경제 영역에 이슬람 원칙을 적용하려는 움직임으로 이해할 수 있다. 이러한 식의 해석이 현재까지 담론화된 것은 아니지만, 이슬람화 추세가 과거와 같은 속도로 지속될 경우, 이슬람식 경제에 대한 논의가 확장되고, 종교가 인도네시아인의 경제활동에 보다 중요한 요소로 자리매김할 가능성은 점점 더 높아질 것이다.

5. 맺으며

인도네시아에서 경제활동의 이슬람화 움직임은 금융 부문에서 가장 두드러지게 나타났다. 1990년대 초반 시작된 이슬람 금융은 2000년대 들어 양적 팽창세를 지속했으며, 은행과 보험뿐만 아니라 주식, 채권, 전당 등으로 다변화되었다. 같은 시기 금융 이외의 경제 영역에서도 이슬람화 흐름이 가시화되었고, 특히 식료품을 대상으로 할랄 개념이 확대 적용되는 양상이 나타났다. 인도네시아의 이슬람 경제에서 나타나는 특징과 시사점을 요약하면 다음과 같다.

첫째, 경제활동의 이슬람화는 이슬람 부흥이라는 종교적 흐름의 일부로서 진행되었기 때문에 앞으로도 사회 전반에서 차지하는 이슬람의 위상 변화에 발맞추어 진행되리라 예상된다.

둘째, 이슬람식 경제 개념은 금융 분야에서 처음 정착된 후 소비 분야로 확산되었다. 최근 이 개념이 생산이나 고용 분야로 확대되는 양상이 부분적으로 나타났음을 고려해보면, 이러한 추세가 점진적으로 진행되어 보다 넓은 경제활동이 이슬람식 시각에서 평가되고 실천될 것으로 보인다.

셋째, 여타의 이슬람 국가, 특히 말레이시아와 비교할 때 인도네시아에서의 이슬람 경제 발전은 정부와 정치권이 아닌 민간 부문의 이슬람 세력이 주도했다. 이로 인해 이슬람식 경제 제도가 급속히 도입되기보다는 점진적으로 확산되었으며, 적용 분야나 수용 정도 역시 영역별로 불균등한 모습을 보였다. 또한 이슬람식 경제활동이 비이슬람식 경제활동을 대체할 체계라기보다는 보완적인 성격의 것으로 받아들여졌기 때문에 커다란 사회적 논란이나 갈등을 수반하지 않은 채 수용되었다. 하지만 할랄제품보장법 입법화를 위한 움직임이 시사하는 것처럼 특정 영역의 이슬람화가 일정 정도 진전된 후 이를 사회에 강제하려는 방향으로 전환될 가능성은 배제할 수 없다. 이는 이슬람화 움직임이 현재까지의 추세와 달리 정부의 직접적인 개입을 요구함과 동시에 사회적 갈등 유발 등으로 인한 사회적 비용의 지출을 증가시킬 것으로 예상된다.

참고 문헌

강대창 외. 2011.『동남아시아 이슬람 경제의 이해: 말레이시아와 인도네시아를 중심으로』. 대외
경제정책연구원.

김선정. 2011. "인도네시아에서의 이슬람금융법의 전개".『무역보험연구』12(3).

김한수·김보영. 2013.『이슬람금융의 현황과 시사점』. 자본시장연구원.

김형준. 2008. "인도네시아의 선거과정: 2004년 국회의원 및 지방의원선거를 중심으로". 신윤환
편.『동남아의 선거와 정치과정』. 서강대학교 출판부.

_____. 2013. "이슬람 부흥의 전개와 영향: 인도네시아의 사례".『동남아시아연구』23(3).

누카야 히데키. 2009. 박미옥 옮김.『이슬람 금융』. 살림Biz.

심의섭. 2011. "이슬람금융의 확산과 한국과 인도네시아의 협력이슈".『무역보험연구』12(3).

오명석. 2012. "이슬람적 소비의 현대적 변용과 말레이시아의 할랄 인증제: 음식, 이슬람법, 과학,
시장의 관계".『한국문화인류학』45(3).

온인주·장병옥. 2012. "한국의 이슬람 금융 도입 가능성과 전망".『중동연구』31(2).

원순구. 2010.『동남아시아 이슬람금융의 발전구도와 제도에 관한 연구: 말레이시아와 인도네시
아를 중심으로』. 한국외국어대학교.

이충열 외. 2011.『이슬람 금융: 이론과 현실 및 활용방안』. 대외경제정책연구원.

전제성. 2013. "해외투자 한인기업 노사관계의 현지화: 미원인도네시아 사례연구". 한국동남아학
회 추계학술대회 발표문.

정영규. 2010. "이슬람국가의 금융산업에 관한 연구: UAE와 말레이시아를 중심으로".『한국이슬
람학회논총』20(3).

Anwar, Khumaini. "Muhammadiyah Haramkan Bunga Bank." *Detik News*. April 04 2010.

Ariff, Mohamed. (ed.). 1988. *Islamic Banking in Southeast Asia: Islam and the Economic
Development of Southeast Asia*. Singapore: Institute of Southeast Asian Studies.

Ayub, Muhammad. 2007. *Understanding Islamic Finance*. West Sussex: John Wiley &. Sons
Ltd.

Beatty, A. 1998. *Varieties of Javanese Religion: An Anthropological Account*. London: Cambridge
University Press.

Boland, B. J. 1982. *The Struggle of Islam in Modern Indonesia*. The Hague: M. Nijhoff.

Bowen, John. 1986. "On the Political Construction of Tradition: Gotong Royong in
Indonesia." *The Journal of Asian Studies*, Vol. 45, No. 3.

Choiruzzad, Shofwan. 2013. "More Gain, More Pain: The Development of Indonesia's Islamic Economy Movement," *Indonesia*, Vol. 95.

Dekmejianm, Hrair. 1985. *Islam in Revolution: Fundamentalism in the Arab World*. Syracuse: Syracuse University Press.

Esposito, John. (ed.). 1983. *Voices of Resurgent Islam*. New York & Oxford: Oxford University Press.

Fealy, Greg. 2008. "Consuming Islam: Commodified Religion and Aspirational Peitism." in Greg Fealy and Sally White (eds.). *Expressing Islam: Religious Life and Politics in Indonesia*. Singapore: Institute of Southeast Asian Studies.

Hakim, Cecep. 2011. *Belajar Mudah Ekonomi Islam*. Jakarta: Shuhuf Media Insani.

Hartoyo, Budiman. 1988. "Menguber Si Tangan Jail." *Tempo*. November 26.

Hefner, Robert. 2003. "Islamizing Capitalism: On the Founding of Indonesia's First Islamic Bank," in Arskal Salim and Azyumardi Azra (eds.). *Shari'a and Politics in Modern Indonesia*. Singapore: Institute of Southeast Asian Studies.

Iqbal, Zamir, and Mirakhor Abbas. 2011. *An Introduction to Islamic Finance: Theory and Practice*. West Sussex: John Wiley &. Sons Ltd.

Jackson, Karl. 1980. *Traditional Authority, Islam and Rebellion: A Study of Indonesian Political Behavior*. Berkeley: University of California.

Just-food.com editorial team. "Indonesia: International outrage over Ajinomoto's use of pork enzyme in halal food escalates." *Just-food*. January 9, 2001.

Kartajaya, Hermwan, & Muhammad Sula. 2006. *Syariah Marketing*. Bandung: Mizan.

Lubis, Nur. 2004. "Financial Activism among Indonesian Muslims." in Virginia Hooker & Amin Saikal (eds.). *Islamic Perspectives on the New Millennium*. Singapore: Institute of Southeast Asian Studies.

Majlis Ulama Indonesia. 2004. *Keputusan Fatwa Majelis Ulama Indonesia Nomor 1, Tahun 2004 tentang Bunga*. Jakarta: MUI.

Muhammadiyah. 2007. *95 Tahun Langkah Perjuangan Muhammadiyah: Himpunan Keputusan Muktamar*. Yogyakarta: Muhammmadiyah.

Muhammadiyah. 1972. *Himpunan Putusan Majelis Tarjih Muhammadiyah*. Yogyakarta: Pimpinan Pusat Muhammadiyah.

Muhammadiyah. 1940. *Suara Muhammadiyah.* Yogyakarta: Muhammadiyah.

Noer, Delier. 1980. *Gerakan Moderen Islam di Indonesia 1900~1942.* Jakarta: LP3ES.

Pegadaian. 2008, 2010, 2012. *Laporan Tahunan.* Jakarta: Pegadaian.

Saeed, Abdullah. 2004. "Islamic Banking and Finance: In Search of a Pragmatic Model." in Virginia Hooker & Amin Saikal (eds.). *Islamic Perspectives on the New Millennium.* Singapore: Institute of Southeast Asian Studies.

Saefuddin, AM. 2011. *Membumikan Ekonomi Islam.* Jakarta: PT PPA Consultants.

Salim, Arskal, and Azyumardi Azra. (eds.). 2003. *Shari'a and Politics in Modern Indonesia.* Singapore: Institute of Southeast Asian Studies.

Sitompul, Einar Martahan. 1989. *NU dan Pancasila.* Jakarta: Pustaka Sinar Harapan.

Yusuf, Yunan, et al. (eds.). 2005. *Ensiklopedi Muhammadiyah.* Jakarta: Pt. RajaGrafindo Persada.

법령

Kompilasi Hukum Ekonomi Syari'ah (KHES).

RUU. Jaminan Produk Halal, http://www.dpr.go.id/uu/delbills/RUU_Jaminan_Produk_Halal.pdf (검색일: 2013. 03. 12.)

UU. No. 7 Tahun 1992 Tentang Perbankan.

UU. No. 10 Tahun 1998 Tentang Perubahan Atas UU. No. 7 Tahun 1992 Tentang Perbankan.

UU. No. 41 Tahun 2004 Tentang Wakaf.

UU. No. 3 Tahun 2006 Tentang Perubahan Atas UU. No. 7 Tahun 1989 Tentang Peradilan Agama.

UU. No. 40 Tahun 2007 Tentang Perseroan Terbatas.

UU. No. 19 Tahun 2008 Tentang Surat Berharga Syariah Negara.

UU. No. 21 Tahun 2008 Tentang Perbankan Syariah.

UU. No. 23 Tahun 2011 Tentang Pengelolaan Zakat.

UU. No. 17 Tahun 2012 Tentang Perkoperasian.

UU. No. 1 Tahun 2013 Tentang Lembaga Keuangan Mikro (LKM).

통계 및 인터넷 자료

"Aset Perbankan Syariah Rp 227 Triliun", http://www.jpnn.com/read/2013/12/01/
203560/Aset-Perbankan-Syariah-Rp-227-Triliun-# (검색일: 2014. 03. 04.)

"Triwulan IV-2012, Total Aset Bank Syariah Capai Rp199, 72 Triliun", http://www.
infobanknews.com/2013/02/triwulan-iv-2012-total-aset-bank-syariah-capai-
rp19972-triliun/ (검색일: 2014. 03. 04.)

Badan Pengawas Pasar Modal dan Lembaga Keuangan. *Laporan Tahunan*. Jakarta: BPPM
dan LK. 각년호.

Badan Pengawas Pasar Modal dan Lembaga Keuangan. *Perasuransian Indonesia*. Jakarta:
BPPM dan LK. 각년호.

Bank Indonesia. *Statistik Perbankan Syariah*. Jakarta: Bank Indonesia. 각년호.

http://keuangan.kontan.co.id/news/aset-asuransi-syariah-tumbuh-726 (검색일: 2014. 03.
15.)

http://www.idx.co.id/id-id/beranda/produkdanlayanan/pasarsyariah/indekssaham
syariah.aspx (검색일: 2014. 02. 28.)

http://www.infobanknews.com/2013/05/produk-syariah-di-pasar-modal-terus-
menggeliat/ (검색일: 2014. 02. 28.)

5

말레이시아 이슬람 경제의 대두

금융과 소비 영역을 중심으로

이선호

이 글은 2012년 정부(교육부)의 재원으로 한국연구재단의 지원을 받아 수행된 연구임(NRF-2012S1A5A2A 03034378). 이 글은 「동남아시아연구」 24권 1호(2014), 89~132쪽에 게재된 논문을 수정, 보완한 것임.

1. 들어가며

1980년대까지 중동 국가들은 고유가에 따른 오일머니 증가와 더불어 이 자금이 유럽 금융시장에 유입되면서 다른 부문과 비교하여 금융시장이 크게 발전하는 양상을 보였다. 또한 중동 산유국의 오일머니 증가에 따른 자금 운영 및 조달 확대에 힘입어 이슬람 금융은 최근 국제적으로 관심을 받고 있다. 이슬람 금융은 이슬람 율법인 샤리아를 바탕으로 금융서비스 및 금융상품을 제공하는 금융 및 금융기관을 의미하며, 이슬람 경제를 구성하는 한 축으로 1990년대 이후 이슬람 국가를 중심으로 발전하였다.

이슬람 경제는 자유로운 교역은 허용하지만 이자 및 고리대금, 투기의 관행은 금지하는 등 자본주의 및 사회주의 경제로 일컬어지는 서구 경제와는 구분되는 고유한 경제 개념과 상이한 원칙을 가지고 있다. 또한 이러한 이슬람 경제체제의 원리는 이슬람의 관습 및 문화적 측면과 밀접하게 연관되어 있다.

현재 세계 각국에서는 이슬람 금융을 도입하기 위해 노력하고 있다. 이 중 동남아시아 이슬람의 중심 국가인 말레이시아는 이슬람 금융의 허브로서 적극적으로 이슬람 경제 활성화에 노력을 기울이고 있다. 특히 말레이시아는 전통적인 금융과 이슬람 금융이 함께 공존하는 모습을 보이고 있으며, 소비 영역에서도 이슬람 방식이 확산됨에 따라 경제 전반에 걸친 이슬람화의 양상이 더욱 가속화되고 있다.

이 글에서는 말레이시아를 중심으로 이슬람화의 양상을 살펴보고자 한다. 이 과정에서 말레이시아 이슬람화의 양상을 두 가지 차원에서 접근

해보려 하는데, 그중 하나는 금융을 중심으로 한 제도적 수준의 이슬람식 경제이고, 다른 하나는 일반인의 일상적 경제활동에서 나타나는 이슬람식 경제이다. 두 차원을 모두 포괄하는 이유는 일반인들의 삶에서 나타나는 이슬람식 경제원칙의 실천이 궁극적으로는 제도적 수준에서의 이슬람 금융의 발전을 담보할 수 있으며, 두 차원이 서로 상보적인 관계를 맺고 있기 때문이다.

금융 영역에서의 이슬람화에 대한 논의는 국내에서 일정 정도 이루어져 왔다. 특히 이슬람 교리에 부합하는 금융 기법에 대한 검토는 몇몇 학자에 의해 이미 수행된 바 있다(공일주 2011: 216~236; 최두열 외 2008; 이충열 외 2011). 한편 소비 영역에서의 이슬람화는 최근 무슬림의 일상적 삶에서 두드러지게 나타나는 모습 중에 하나이다. 이슬람식 의복, 이슬람식 음식에 대한 관심과 소비가 동남아시아 이슬람 사회에서 큰 유행을 타고 있다는 보고처럼(Jones 2010: 62~7; Fealy 2008: 27~33), 이슬람화는 무슬림의 경제적 삶에 깊이 침투해 있다. 특히 할랄 산업은 과거에는 식품을 중심으로 집중적으로 적용되었지만, 최근 그 적용 영역이 화장품, 의약품으로 확산되는 경향을 보이고 있다.

이 글에서는 다음과 같은 내용을 집중적으로 다룬다. 첫째, 금융 영역에서 이슬람 금융과 관련된 선행 연구가 주로 이슬람 경제의 운용방식에 관심을 두고 있다는 한계를 고려하여, 교리상 이슬람 경제의 운용방식은 제한적으로만 검토하고 이슬람 금융의 배경 및 전개 양상에 초점을 맞춘다. 즉, 여기서는 이슬람 경제의 운용방식에 대한 자세한 설명을 배제하고 말레이시아 이슬람 금융의 현황 및 이슬람 금융의 발전 배경, 시기별 정부 정책의 변화 등을 중심으로 살펴본다.

둘째, 소비 영역에서의 이슬람화에 대해 특히 "할랄"이라는 개념을 중심으로 분석을 진행한다. 이때 할랄 산업에 대한 경제학적 측면을 분석한 기존 연구가 대체로 할랄 식품에 집중되어 있고 주로 현황만을 제시하고 있다는 한계를 고려해 이 글에서는 말레이시아 할랄 산업에 대한 제도적 측면을 중심으로 살펴본다. 즉, 할랄 산업의 다양화와 더불어 말레이시아가 할랄 인증에 대한 국제적 표준 개발로 그 위상을 높이고 있는 시점에서 말레이시아의 할랄 소비가 어느 영역까지 확산되었으며, 이에 대한 말레이시아의 정책적 지원 양상 등은 어떠한지 중점적으로 살펴본다.

이 글의 구성은 다음과 같다. 2절에서는 말레이시아 사회구조, 산업체계 및 금융체계에 대한 전반적인 구조를 소개한다. 3절에서는 2절에서 설명한 금융 시스템 중 이슬람 금융에 대해 더 자세히 살펴보고, 4절에서는 소비 영역에서의 이슬람화를 살펴보기 위해 말레이시아 할랄 산업, 할랄 관련 기관 및 할랄 인증에 대해 설명한다. 5절에서는 이 글을 요약하며 결론을 제시한다.

2. 말레이시아 사회구조, 산업체계 및 금융체계

1) 말레이시아 사회구조 및 산업체계

말레이시아는 1786년부터 영국의 지배를 받았으며, 1957년 말레이반도의 11개 주가 통합하여 말라야 연방으로 독립하였다. 이후 1963년 싱가포르, 사바, 사라와크를 합쳐 말레이시아가 되었다가 1965년 싱가포르가 독립하여 현재 13개 주와 1개 연방주주, 3개 시(쿠알라룸푸르, 라부안, 푸트라

표 1	말레이시아 인구 추이			
	1980년	1991년	2000년	2010년
인구(100만 명)	13.7	18.4	23.3	28.3
연평균 인구 증가율(%)	−	2.86	2.66	1.95
도시 인구 집중률(%)	34.2	50.7	62.0	71.0

출처 | 말레이시아 통계청 (www.statistics.gov.my)

자야)로 구성되어 있다.

말레이시아의 인구 추이는 [표 1]과 같으며, 2010년 인구조사 통계 결과 말레이시아 인구는 약 2830만 명으로 이 중 약 71퍼센트가 도시에 집중되어 있다. 한편, 2010년 말레이시아 인구 중 말레이시아 주민Malaysia Citizen은 약 91.8퍼센트에 달하며, 이 중 부미푸트라Bumiputera가 67.4퍼센트, 중국인이 24.6퍼센트, 인도인이 7.3퍼센트, 기타가 0.7퍼센트로 구성되어 있다. 또한 말레이시아의 종교 신자 비율은 이슬람교가 61.3퍼센트, 불교가 19.8퍼센트, 기독교가 9.2퍼센트, 힌두교가 6.3퍼센트, 기타가 3.4퍼센트를 차지하며, 비록 국교는 이슬람교이지만 불교, 기독교, 힌두교 등이 혼재하는 다종교 국가의 특징을 가지고 있다.

말레이시아는 1957년 영국으로부터 독립한 이후 경제 발전을 위한 산업화에 집중하였으며, 그 결과 급격한 경제성장을 이루었다. 특히 1970년대와 1980년대 말레이시아는 제조업 부문을 중심으로 수출주도형 산업화 전략을 꾀했다. 그 결과 제조업 부문이 급격히 성장했고, 이에 따라 말레이시아는 농업과 광업 위주의 1차 생산물 수출국에서 고부가가치 생산물 수출국으로 변모했다. 한편, 이 시기에 말레이시아 정부는 국제시장과의 경쟁력만큼이나 국내시장의 경쟁력을 확충하기 위한 다양한 개혁정책을 실시했다. 이러한 정부 정책의 영향으로 초기 경제성장을 주도한 제조업의 성장과 더불어 최근까지 점차 서비스업의 비중이 지속적으로 증가하고 있다. 구체적으로 1965년 연방산업개발청^{FIDA: Federal Industrial Development Authority}의 설립과 더불어 1968년 투자인센티브법^{Investment Incentives Act}을 제정하여 수출기업 지원을 통한 수출주도형 산업화 전략의 토대를 구축하였다. 또한 1970년대 투자환경 개선을 위한 노동법 개정 및 자유무역지대 등을 조성하는 한편, 신경제정책^{NEP: New Economic Policy}을 통해 장기적인 경제개발을 위한 제도적 틀을 마련하였다.

이후 1980년 중공업협회의 설립과 더불어 고부가가치산업 육성정책을 시행하였으며, 제1차 산업화종합계획을 통해 제조업 부문의 기반 확충 및 시장경제 제도의 확립을 추구하였다. 또한 제2차 산업화종합계획과 제3차 산업화종합계획을 통해 고부가가치의 창출과 생산성 증대를 추구하였으며, 전략산업 선정 및 육성을 통한 지속적인 경제 발전을 도모하였다. 이후 지속적인 산업화종합계획이 시행되었고, 2010년 고소득·고성장 국가로의 발전을 위한 중기 발전계획인 제10차 말레이시아계획^{Malaysian Plan}을 발표함으로써 인프라 건설 및 고부가가치 산업의 발전을 도모하고 있다(김태윤 외 4인 2010).

말레이시아의 경제활동별 실질 GDP를 살펴보면 [그림 1]과 같다. 2012년 경제활동별 실질 GDP에서 제조업이 482억 800만 링깃^{RM}으로 여전히 가장 큰 비중을 차지하고 있으며, 도소매 및 음식숙박업이 331억 8400만 링깃, 금융보험 및 부동산이 291억 5500만 링깃으로 이들이 경제

그림 1 경제활동별 실질 GDP

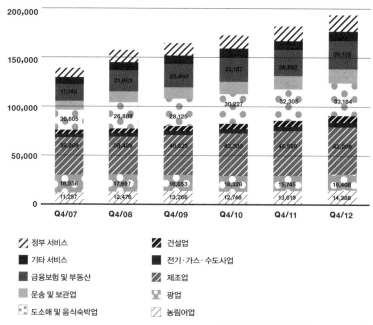

(단위: 100만 RM)

범례:
- 정부 서비스
- 기타 서비스
- 금융보험 및 부동산
- 운송 및 보관업
- 도소매 및 음식숙박업
- 건설업
- 전기·가스·수도사업
- 제조업
- 광업
- 농림어업

출처 | 말레이시아 중앙은행 (www.bnm.go.my)

활동별 실질 GDP에서 높은 비중을 차지하는 것으로 나타났다. 이 중 제조업은 2007년에 비해 2012년 약 27.8퍼센트 증가한 반면, 도소매 및 음식숙박업은 61.0퍼센트, 금융보험 및 부동산은 69.6퍼센트 증가한 것으로 나타나 금융보험 및 부동산이 말레이시아 경제에서 차지하는 비중이 점차 증가하고 있음을 확인할 수 있다.

이처럼 말레이시아의 산업은 제조업을 중심으로 점차 금융 및 서비스업과 같은 고부가가치 산업이 발전하고 있는 양상을 보이고 있다. 이는 말레이시아 정부가 지속적인 경제성장을 위한 전략산업의 육성 및 발전 정책을 시행하고 이슬람 경제의 활성화를 위한 적극적인 정부지원 정책에 기인한 결과로 판단할 수 있다.

2) 말레이시아 금융체계

말레이시아의 금융체계는 크게 금융기관과 금융시장 두 가지로 구성되어 있으며, 금융기관은 다시 은행기관과 비은행 금융기관으로, 금융시장은 화폐시장, 외환시장, 자본시장, 파생시장 등으로 구성되어 있다(정계룡 외 3인 2010).

먼저 말레이시아 금융기관의 구성요소 중 하나인 은행기관은 말레이시아 중앙은행Bank Negara Malaysia, 은행(상업은행, 투자은행, 이슬람 은행), 기타 기관의 세 가지로 구성되어 있다. 은행기관은 말레이시아 전체 금융 시스템 중 가장 큰 비중을 차지하고 있다.

이 중 1959년 1월 26일 설립된 말레이시아 중앙은행은 경제성장 촉진이라는 거시적 목적하에 통화 안정과 금융구조의 건전성 도모, 은행으로서의 역할 수행 및 정부의 금융자문 역할 수행, 통화 발행과 통화가치 안정을 위한 준비금 유지, 효율적이고 신뢰성 있는 지급결제제도 형성 및 보장, 물가 안정 및 경제성장 견인 등의 주요 업무를 수행하고 있다. 이처럼 중앙은행은 일국의 통화기관으로서 말레이시아 통화 안정을 위한 통화정책 운용의 책임과 더불어 1989년 10월 1일 개정된 "은행 및 금융기관법 BAFIA: Banking and Financial Institution Act 1989 "하에 모든 금융기관에 대한 규제 및 감독을 책임지고 있다.

한편 말레이시아 은행은 상업은행과 투자은행, 이슬람 은행으로 구성되어 있다. 이 중 상업은행은 초기에 은행법^{Banking Act 1973}에 따라 관리되었으나, 1989년 단일 제정법에 따라 은행법과 금융회사법^{Finance Companies Act 1969}의 통합에 의해 제정된 BAFIA의 관리하에 운영되고 있다. 이러한 상업은행들은 은행 시스템 내에서 규모가 크고 가장 중요한 자금 공급자로서 소액거래 서비스와 국채거래 서비스, 자산관리 서비스, 외환거래 등의 기능을 제공하고 있다. 이와 같은 말레이시아 상업은행은 2012년 말 기준으로 이슬람 은행을 제외한 총 27개의 상업은행이 운영되고 있으며, 이 중 8개만이 국내자본 은행[1]이고 나머지 19개는 해외자본 은행[2]이다.

투자은행은 1970년대 말레이시아 은행계에서 상인은행^{Merchant bank}, 할인상사^{Discount House}, 증권 중계회사가 변형된 형태로 나타났다. 이러한 투자은행의 출현은 금융 부문 간소화와 동적이고 회복력 있는 금융환경 조성을 의도한 말레이시아 중앙은행에 의해 가속화되었다. 이들은 다른 경제활동들에 비해 상대적으로 새로운 구조를 가지고 있는데, 특히 상업은

---

1 말레이시아 상업은행 중 국내자본 은행은 다음과 같다. ① Affin Bank Berhad ② Alliance Bank Malaysia Berhad ③ AmBank (M) Berhad ④ CIMB Bank Berhad ⑤ Hong Leong Bank Berhad ⑥ Malayan Banking Berhad ⑦ Public Bank Berhad ⑧ RHB Bank Berhad

2 말레이시아 상업은행 중 해외자본 은행은 다음과 같다. ① BNP Paribas Malaysia Berhad ② Bangkok Bank Berhad ③ Bank of America Malaysia Berhad ④ Bank of China (Malaysia) Berhad ⑤ Bank of Tokyo–Mitsubishi UFJ (Malaysia) Berhad ⑥ Citibank Berhad ⑦ Deutsche Bank (Malaysia) Berhad ⑧ HSBC Bank Malaysia Berhad ⑨ India International Bank (Malaysia) Berhad ⑩ Industrial and Commercial Bank of China (Malaysia) Berhad ⑪ J.P. Morgan Chase Bank Berhad ⑫ Mizuho Corporate Bank (Malaysia) Berhad ⑬ National Bank of Abu Dhabi Malaysia Berhad ⑭ OCBC Bank (Malaysia) Berhad ⑮ Standard Chartered Bank Malaysia Berhad ⑯ Sumitomo Mitsui Banking Corporation Malaysia Berhad ⑰ The Bank of Nova Scotia Berhad ⑱ The Royal Bank of Scotland Berhad ⑲ United Overseas Bank (Malaysia) Berhad

행들과 비교하면 단기 화폐시장에서 투자인수, 기업금융, 기술 및 부동산과 같은 전문화된 산업의 고객들에게 자문 서비스를 제공하는 등의 차별화된 역할을 수행하고 있다. 말레이시아 투자은행은 2012년 말 기준으로 15개의 투자은행[3]이 존재하고 있으며, 이들 모두 국내자본 은행이다.

한편 이슬람 은행은 이슬람 원칙과 법전의 구조하에서 운영되는 금융기관으로 은행 분야에서 이슬람 금융원칙과 경제원칙을 시행하는 것을 목적으로 하고 있다. 이슬람 은행법[IBA: Islamic Banking Act 1983]에서는 이슬람 은행을 이슬람의 종교적 요소와 관련된 목적과 운영을 하는 금융 산업으로 정의한다. 즉, 이슬람 은행은 샤리아 원칙을 기반으로 하며, 이에 따라 이자 금지, 위험 및 투기 금지, 종교적으로 허용된 활동, 정의와 종교적 목적을 위한 요구들을 이행해야 하는 원칙을 따른다. 이러한 말레이시아 이슬람 은행은 2012년 말 16개의 이슬람 은행이 존재하고 있으며, 이 중 10개 은행만이 국내자본 은행[4]이고 나머지 6개는 해외자본 은행[5]이다.

이 밖의 기타 경제활동으로 할인상사[Discount Houses]와 말레이시아 내 해외은행 사무소 등을 들 수 있다. 할인상사는 1963년 이후 말레이시아에

---

3 말레이시아 투자은행은 다음과 같다. ① Affin Investment Bank Berhad ② Alliance Investment Bank Berhad ③ AmInvestment Bank Berhad ④ CIMB Investment Bank Berhad ⑤ ECM Libra Investment Bank Berhad ⑥ Hong Leong Investment Bank Berhad ⑦ HwangDBS Investment Bank Berhad ⑧ KAF Investment Bank Berhad ⑨ Kenanga Investment Bank Berhad ⑩ MIDF Amanah Investment Bank Berhad ⑪ MIMB Investment Bank Berhad ⑫ Maybank Investment Bank Berhad ⑬ OSK Investment Bank Berhad ⑭ Public Investment Bank Berhad ⑮ RHB Investment Bank Berhad

4 말레이시아 이슬람 은행 중 국내자본 은행은 다음과 같다. ① Affin Islamic Bank Berhad ② Alliance Islamic Bank Berhad ③ AmIslamic Bank Berhad ④ Bank Islam Malaysia Berhad ⑤ Bank Muamalat Malaysia Berhad ⑥ CIMB Islamic Bank Berhad ⑦ Hong Leong Islamic Bank Berhad ⑧ Maybank Islamic Berhad ⑨ Public Islamic Bank Berhad ⑩ RHB Islamic Bank Berhad

서 영업을 시작하였으며, 이는 단기 화폐시장 운영과 금융기관 및 기업체로부터 콜머니 형태의 차입에 특화되어 있다. 이러한 할인상사의 자금 운용은 말레이시아 국공채, 은행인수 어음, 양도성 예금증서 등을 통해 자금을 운용하고 있다. 한편 말레이시아 내 해외은행 사무소는 2012년 말 기준으로 약 30여 개 해외은행 사무소가 설치되어 있으며, 대부분이 쿠알라룸푸르에 집중되어 있다.

이상에서 설명한 경제활동들의 자산은 다음 [표 2]와 같다. 2012년 말을 기준으로 중앙은행은 4763억 링깃, 상업은행은 1조 4742억 링깃, 투자은행은 623억 링깃, 이슬람 은행은 3733억 링깃의 자산을 소유하고 있는 것으로 나타났으며, 전체 은행시스템 자산 중 상업은행이 61.8퍼센트로 가장 높은 비중을 차지하고 있다. 그러나 상업은행과 투자은행은 은행시스템에서 차지하는 비중이 점차 감소하는 추세를 보이는 반면, 이슬람 은행의 경우 2008년 1859억 링깃에서 2012년 3733억 링깃으로 연평균 약 19퍼센트씩 자산이 증가하는 것으로 나타났다. 또한 전체 은행시스템에서 차지하는 비중도 2008년 11퍼센트에서 2012년 15.6퍼센트로 증가한 것을 확인할 수 있다.

한편 말레이시아 금융체계의 구성요소 중 비은행 금융기관은 연기금 펀드provident and pension funds, 보험회사, 개발금융기관Development Financial Intermediaries 등으로 구성되어 있다. 연기금 펀드는 은퇴, 의료, 사망, 장애 급여의 형

---

5 말레이시아 이슬람 은행 중 해외자본 은행은 다음과 같다. ① Al Rajhi Banking & Investment Corporation (Malaysia) Berhad ② Asian Finance Bank Berhad ③ HSBC Amanah Malaysia Berhad ④ Kuwait Finance House (Malaysia) Berhad ⑤ OCBC Al-Amin Bank Berhad ⑥ Standard Chartered Saadiq Berhad

표 2   경제활동 자산

		자산(10억 RM)				
		2008년	2009년	2010년	2011년	2012년
중앙은행	금액	344.5	363.0	390.2	473.0	476.3
	비중(%)	20.5	20.3	20.1	21.0	20.0
상업은행	금액	1093.4	1139.7	1227.6	1387	1474.2
	비중(%)	65.0	63.7	63.3	61.5	61.8
투자은행	금액	58.7	61.5	63.4	68.0	62.3
	비중(%)	3.5	3.4	3.3	3.0	2.6
이슬람 은행	금액	185.9	224.9	258.7	326.8	373.3
	비중(%)	11.0	12.6	13.3	14.5	15.6
합계	금액	1682.5	1789.2	1940.0	2254.8	2386.2
	비중(%)	100	100	100	100	100

출처ㅣ말레이시아 중앙은행 (Monthly Statistical Bulletin Mar. 2013)

태로 가입자 및 그들의 가족들에게 제공되며, 주로 종업원 연금기금EPF: Employees Provident Fund과 기타 사립 펀드, 연금기금pension fund 으로 구성된다. 이러한 연기금 펀드는 민간 및 공공 부문 장기저축을 장기 금융투자로 이어주는 경로를 형성하는 데 기여하고 있다. 또한 보험회사는 일반보험 사업과 생명보험 사업의 두 가지로 구성되어 있으며, 이들은 이슬람 보험과 전통적인 보험 사업이 함께 운용되도록 설정되어 있다.

개발금융기관은 농업, 산업, 국제무역 등과 같은 경제 부문의 발전계획을 촉진시키려는 목적으로 대출 형태와 같은 금융 서비스, 텀 론^{term loan} 형태의 장·단기 대출 상품, 보증, 리볼빙 크레딧^{revolving credit} 등의 서비스를 제공하며, 고객을 위한 기술적 자문 및 네트워킹 플랫폼 등을 제공한다. 이에 전반적인 개발금융기관의 정책적 발전을 도모하기 위해 개발금융기관의 종합적인 규제 및 관리법으로 2002년 2월 제정된 개발금융기관법 DFIA: Development Financial Institutions Act 2002에 의해 관리되며, 이를 통해 개발금융기관 운영상의 건전성 및 금융 강화에 기여하고 있다. 또한 이 법률이 제정됨에 따라 개발금융기관은 말레이시아 중앙은행의 규제와 관리 구조 하에서 운영되고 있으며, DFIA의 규제를 받는 개발금융기관[6]은 2012년 말 기준으로 6개 기관이 존재하고 있다. 한편 DFIA의 규제를 받지 않는 개발금융기관은 2012년 말 현재 7개 기관이 존재하고 있다.[7]

이 밖에 기타 비은행 금융기관으로 국영 투자신탁회사(ASNB: Amanah Saham Nasional Berhad; ASMB: Amanah Saham Mara Berhad)에 의해 운영되는 뮤추얼 펀드와 리스 회사, 팩토링 회사, 주택신용기관 등이 있다.

이상에서 설명한 비은행 금융기관의 자산은 [표 3]과 같다. 2012년 말 연기금 펀드 및 보험은 7595억 링깃으로 비은행 금융기관 총 자산 중 약

---

6 DFIA의 규제를 받는 개발금융기관은 다음과 같다. ① Bank Pembangunan Malaysia Berhad ② Bank Perusahaan Kecil & Sederhana Malaysia Berhad(SMEBank) ③ Export—Import Bank of Malaysia Berhad(EXIMBank) ④ Bank Kerjasama Rakyat Malaysia Berhad ⑤ Bank Simpanan Nasional ⑥ Bank Pertanian Malaysia Berhad(Agrobank)

7 DFIA의 규제를 받지 않는 개발금융기관은 다음과 같다. ① Malaysian Industrial Development Finance Berhad ② Credit Guarantee Corporation Berhad ③ Lembaga Tabung Haji ④ Sabah Development Bank Berhad ⑤ Sabah Credit Corporation ⑥ Borneo Development Corp. (Sabah) Sdn Bhd. ⑦ Borneo Development Corp. (Sarawak) Sdn Bhd.

표 3 비은행 금융기관 자산

		자산(10억 RM)				
		2008년	2009년	2010년	2011년	2012년
연기금 펀드 및 보험	금액	509.3	548.3	641.9	682.4	759.5
	비중(%)	77.9	76.8	77.6	76.8	77.5
종업원 연기금 펀드	금액	349.7	375.7	404.7	442.7	479.1
	비중(%)	68.7	68.5	63.0	64.9	63.1
기타 연기금 펀드	금액	17.3	11.5	56.3	44.4	65.9
	비중(%)	3.4	2.1	8.8	6.5	8.7
생명보험	금액	118.3	136.4	153.9	166.3	183.6
	비중(%)	23.2	24.9	24.0	24.4	24.2
일반보험	금액	24	24.7	27	29	30.9
	비중(%)	4.7	4.5	4.2	4.2	4.1
개발금융기관	금액	144.4	165.9	184.9	206.1	221
	비중(%)	22.1	23.2	22.4	23.2	22.5
합계	금액	653.7	714.2	826.8	888.5	980.5
	비중(%)	100	100	100	100	100

출처 | 말레이시아 중앙은행 (Monthly Statistical Bulletin Mar. 2013)

77.5퍼센트를 차지하고 있으며, 이 중 종업원 연기금 펀드가 4791억 링깃으로 가장 높은 비중을 차지하고 있다. 한편 보험의 경우, 생명보험이 연기금 펀드 및 보험에서 24.2퍼센트를 차지하며, 4.1퍼센트를 차지한 일반

보험보다 높은 비중을 차지하는 것으로 나타났다. 개발금융기관은 2210억 링깃으로 비은행 금융기관 총 자산 중 22.5퍼센트를 차지하는 것으로 나타났다.

한편 앞서 설명한 바와 같은 다양한 금융기관들은 말레이시아 금융체계를 구성하는 한 부문으로 말레이시아 금융시장 내에서 상호연관성을 가진다. 이러한 말레이시아의 금융시장은 ① 화폐시장Money Market ② 외환시장Foreign Exchange Market ③ 자본시장Capital Market ④ 파생시장Derivatives Market 으로 구분할 수 있다.

먼저 화폐시장은 익일 상환 및 12개월을 초과하지 않는 단기자금의 거래가 이루어지는 시장이다. 일시적 자금 부족에 직면한 시장 참가자들에게 자금을 제공하는 한편, 일시적 자금 잉여자에게는 단기 투자 기회를 제공한다. 또한 효율적인 화폐시장은 금융기관과 기업을 중재하고 비은행 투자자들에게 자금을 투자할 수 있도록 중개하는 역할을 수행한다. 이러한 화폐시장의 운영은 단기자금의 운영과 단기 화폐시장 상품의 구입 및 판매로 구성되어 있다.

외환시장은 말레이시아 화폐인 링깃 및 기타 국가 외환에 대한 외환 거래가 이루어지는 시장으로 현물시장에서 행해진다. 이는 환율 변동에 따른 외환 거래의 위험과 투기적 요소에 의한 위험을 줄일 수 있기 때문이다. 일반적으로 말레이시아의 거래 행위는 거래 관련 위험을 줄이기 위해 링깃 대비 미달러, 유로, 엔화로 이루어지며, 외환관리법Exchange Control Act 1953하에서 모든 외환 거래는 이슬람 은행을 포함한 상업은행과 투자은행으로 이루어진 정부 공인 딜러를 통해 이루어져야 한다. 이러한 정부 공인 딜러들과 지정된 투자은행들은 은행 간 외환시장의 참여자로서 활동하고 있다.

말레이시아의 자본시장은 일반적으로 주식시장과 채권시장으로 구성되어 있다. 주식시장은 장기자금을 위한 시장이며, 이러한 주식시장의 발전은 중·장기 금융을 위한 자금 조달의 다양한 방안을 제공한다는 점에서 사회 전반에 이득이 된다. 또한 주식시장에서 말레이시아 거래소Bursa Malaysia Berhad에 상장한 기업은 발행시장에서 주식 발행을 통해 기업의 신규 자금을 조달하는 반면, 유통시장은 투자자의 유동성 필요 요구를 충족시킨다. 이처럼 말레이시아의 자본시장은 전통적 자본시장과 이슬람 자본시장으로 구성되어 있으며, 이 둘이 함께 공존한다는 점이 특징이라고 할 수 있다.

마지막으로 파생시장은 기초자산에 대한 파생상품을 거래하는 시장으로, 파생상품의 가치는 기초자산이나 증권의 가격에 의해 결정된다. 말레이시아 상품거래소MDEX: Malaysia Derivatives Exchange는 2001년 6월 11일 쿠알라룸푸르 옵션 금융선물거래소KLOFFE: Kuala Lumpur Options & Financial Futures Exchange of Malaysia와 상품화폐거래소COMMEX Malaysia: Commodity and Monetary Exchange of Malaysia의 합병으로 시작되었으며, 이후 2004년 4월 말레이시아 파생상품거래소BMD: Bursa Malaysia Derivatives로 명칭이 변경되었다. 이러한 파생상품은 기초자산 가격의 변동에 대한 헤지Hedge 및 거래를 위해 주로 사용되지만, 자본 취득을 위한 투기적 목적에 의해서 사용될 가능성도 있다.

3. 말레이시아 이슬람 금융[8]

1) 말레이시아 이슬람 금융의 연혁

초기 말레이시아 이슬람 금융의 형성에는 대내외적 요인이 작용하였다. 대외적 요인으로는 1963년 이집트 미트 가므르 저축은행Mit Ghamr Local Saving Bank의 설립을 들 수 있다. 이는 아랍에미리트 두바이에 최초의 이슬람 은행이 설립된 후 현대 이슬람 은행시스템 발전의 시초가 되었으며, 이후 사우디아라비아에 이슬람 개발은행IDB: Islamic Development Bank이 설립되면서 말레이시아 이슬람 금융 형성에 영향을 미쳤다.

한편, 대내적 요인으로는 공식적, 비공식적 교육기관을 통해 무슬림들 사이에 종교적 지식이 강화되고 통합된 것이 이슬람 은행시스템 도입에서 중요한 역할을 수행하였다. 뿐만 아니라 금융기관으로서 타붕하지Tabung Haji의 성공적인 영향력이 무슬림들 사이에 의식으로 자리 잡았다(Zin ·Kadir ·Ishak ·Latif 2011).

말레이시아의 이슬람 금융은 약 50년 전 렘바가 타붕하지Lembaga Tabung Haji(말레이시아 총리실 직속의 기금 운영기관)로 알려져 있는 순례자자금위원회The National Pilgrims Fund Board의 설립과 함께 시작되었다. 순례자자금위원회는 무슬림들이 성지순례 수행 시 필요한 충분한 저축예금을 축적하고 유통시키는 것을 목적으로 설립되었다. 이 밖에도 무슬림의 경제적 부흥과 국제 및 지역 투자 전략을 위한 활발한 조사, 경쟁력 있는 수익 제공을 목적으로 한다. 이후 순례자자금위원회는 오직 샤리아에 적법한 분야에 대

---

8 아흐마드(Ahmad 1997)와 하산과 루이스(Hassan and Lewis 2007) 참조.

한 투자 권한을 부여받음으로써 말레이시아 최대 기관투자자 중 하나로 성장했다. 이 과정에서 순례자자금위원회는 말레이시아에서 무슬림들의 저축을 동원하는 데 매우 성공적이었다는 평가를 받고 있다. 이는 순례자자금위원회의 투자가 말레이시아 업계에 이슬람 금융의 특성을 각인시켰고, 샤리아를 따르는 금융에 대한 관심을 급증시켰기 때문이다.

이처럼 무슬림을 중심으로 한 종교적 관념의 강화 및 통합의 결과로 순례자자금위원회는 성공적으로 운영되었고, 대외적인 요인 또한 말레이시아의 이슬람 금융 형성에 기여하였다. 즉 아랍에미리트 두바이에서 최초의 이슬람 은행이 설립된 후, 1963년 이집트 미트가므르저축은행과 1975년 사우디아라비아에 IDB가 설립되었다. 이와 같은 이슬람 은행의 설립은 무슬림들 사이에서 이슬람 금융에 대한 관심을 고조시키는 데 기여하였으며, 1983년 마하티르 집권 시기에 들어 말레이시아 최초의 이슬람 은행 설립 및 이슬람 고등교육기관 설립 등 말레이시아 이슬람 금융을 본격적으로 도입하는 데 중요한 역할을 수행하였다.

이처럼 순례자자금위원회로부터 시작된 말레이시아 이슬람 금융의 발전 과정은 크게 3기로 나눌 수 있으며, 이는 [표 4]와 같다.

먼저, 1기를 살펴보면, 1981년 말레이시아 정부는 이슬람 거래 및 이슬람 금융서비스 활동에 대한 정책적 발전을 위해 국가조정위원회National Steering Commitee를 설립하였다. 국가조정위원회는 말레이시아에서 샤리아에 적법한 금융서비스의 확대를 목적으로 이슬람 은행 설립의 법적, 종교적 운영 측면에 초점을 맞추었다. 이후 샤리아에 적법한 금융서비스를 확대한 결과, 1983년 말레이시아 최초의 이슬람 은행인 이슬람말레이시아

표 4	말레이시아 이슬람 금융 발전과정	
연도		내용
1기	1981년	국가조정위원회 설립
	1983년	이슬람 은행법(IBA) 제정 이슬람말레이시아은행(BIMB) 설립
	1989년	은행 및 금융기관법(BAFIA) 제정
2기	1993년	무이자 은행 시스템 도입 일반 은행의 이슬람 은행사업 진출
	1994년	이슬람 은행의 은행 간 시장 창설
	1996년	증권위원회 내 샤리아 자문위원회 설립
	1997년	말레이시아 중앙은행 내 샤리아 자문위원회 설립
	1999년	복수 은행의 이슬람 은행 부문을 합병 (무아말랏은행 설립) 중앙은행의 금융부문 마스터플랜 발표
3기	2001년	재무성과 증권위원회가 자본시장 마스터플랜 발표
	2002년	외국자본 이슬람 은행 3개 영업면허 공포에 대한 중앙은행 발표
	2004년	쿠웨이트, 사우디아라비아, 카타르 이슬람 은행 영업면허 획득
	2005년	외국은행의 국내은행 이슬람 금융 자회사로의 출자비율 상한 49퍼센트로 확대
	2006년	말레이시아 중앙은행 국제이슬람금융센터(MIFC) 구상 발표 이슬람 은행 및 이슬람 보험업자에 대한 외화 거래 승인 국내외 기업에 국내시장에서 외화 단위의 채권 발행 인가

출처 | 김종원 · 미야자키 데츠야. 2008. 송창규 옮김. 「이슬람 금융이 다가온다」. 물푸레; 홍성민 · 김종원 · 홍순재 · 이선호.
    2010. 「이슬람금융의 이해와 실무」. 한국금융연수원.

은행BIMB: Bank Islam Malaysia Berhad이 설립되었으며, 이슬람 고등교육기관 및 조사연구기관과 관련하여 이슬람경제개발재단Yayasan Pembarigunan Ekonomi Islam Malaysia, 국제이슬람대학Internatioal Islam University Malaysia 등이 설립되었다. 또한 국회에서는 IBA가 제정되었다. 이후 1984년 최초의 이슬람 보험Syarikat Takaful Malaysia이 운영되기 시작하였으며, 이슬람 보험법Takaful Act 1984이 제정되는 등 말레이시아 이슬람 금융의 활성화를 위한 법적·구조적인 바탕을 형성하였다.

2기는 일반은행이 이슬람 은행사업에 진출하고 이슬람 은행의 은행 간 시장이 창설되는 등 이슬람 금융이 본격적으로 발전하는 단계이다. 1993년 말레이시아 중앙은행은 이슬람 창구 형태로서 무이자 은행 시스템을 도입했고 일반은행에서도 영업면허 취득을 통해 이슬람 은행사업에 진출할 수 있도록 하였다.

한편, 이러한 과정에서 샤리아에 적법한 자본시장의 운영수단instrument 들은 유동성 관리 및 투자 창출을 위한 이슬람 금융기관의 필요성에 의해 꾸준히 증가하였다. 즉 전통적 수단들에서 투자자들에게 신뢰를 제공하던 투명성, 공개성, 규제 및 정책과 같은 필수 요소들이 샤리아에 적법한 수단들에서도 투자자에게 요구되었다. 이러한 필수 요소들은 무슬림 투자자들에게 자본시장 수단들에 대한 확신과 더불어 무슬림 투자자들의 자산이 샤리아에 적법하게 운영되고 있다는 확신을 제공하게 된다. 이에 1996년과 1997년 중앙은행과 증권위원회에 샤리아 자문위원회를 설치하여 샤리아 적격성을 평가하는 체제를 확립하였다.

3기는 말레이시아 이슬람 금융 산업의 국제화를 목표로 정책적 지원을 지속하고 있는 시기이다. 금융부문 종합계획과 자본시장 종합계획을 중심으로 이슬람 금융 산업의 국제화를 도모하고 있으며, 2004년에는 쿠웨이트, 사우디아라비아, 카타르가 말레이시아 이슬람 은행 영업면허를 획득하였다. 또한 선도적인 국제 이슬람 금융의 중심지로서 위상을 높이기 위해 2006년에 말레이시아 국제이슬람금융센터를 설립하고 이슬람 은행 및 이슬람 보험업자에 대한 외화 거래를 승인하는 등 이슬람 금융의 국제화에 노력을 기하였다.

한편 말레이시아는 이슬람 금융 산업의 건전성과 안정성 촉진을 위한 이슬람 국제 감독기관인 이슬람금융서비스위원회^{IFSB: Islamic Financial Services Board}의 의장국이며, 국제 이슬람 금융의 확산과 건전성 유지를 위해 지속적인 노력을 기울이고 있다. 또한 최근 말레이시아는 IFSB와 IDB에 의해 수립된 유동성 관리 임시조직, 국제 금융 및 이슬람 금융 안정을 위한 임시조직에 참여하였으며, 그 결과 국제이슬람유동성관리협의회^{IILM: International Islamic Liquidity Management Corporation}가 창설되었다.

2) 말레이시아 이슬람 금융의 구조

말레이시아 이슬람 금융의 구조는 크게 이슬람 은행, 이슬람 보험, 이슬람 자본시장으로 나누어 살펴볼 수 있다. 이때 이슬람 자본시장은 이슬람 채권을 중심으로 살펴본다.

(1) 말레이시아 이슬람 은행

말레이시아 IBA에 따르면, 이슬람 은행의 영업 목적은 종교에 위배되거나 저해되는 요소를 지녀서는 안 되며, 영업 수행에 있어 샤리아위원회의 자문을 받아야 한다. 또한 전통은행이 이슬람 은행의 영업을 수행하기 위해서는 유효한 영업면허를 보유하고 있어야 하며, 샤리아에 근거하여 영업을 수행해야 한다. 이에 말레이시아는 이슬람 전업은행과 전통은행의 이슬람 창구를 통한 이슬람 금융서비스가 제공되고 있다(Nakagawa 2009).

말레이시아 이슬람 은행은 1983년 IBA가 제정되고 최초의 이슬람 은행인 이슬람말레이시아은행이 설립되면서부터 시작되었다. 이후 말레이시아 중앙은행은 이슬람 은행 방식인 무이자 은행 계획IBS: Interest-free Banking Scheme 도입을 통해 이슬람 창구은행들이 운영되기 시작하였고, 1994년 이슬람 은행의 은행 간 시장도 창설되었다.

이후 금융센터 종합계획과 자본시장 종합계획이 발표되는 등 이슬람 금융 발전을 위한 정부의 적극적인 지원이 전개되었고, 이를 통해 이슬람 은행 또한 활발히 성장하고 있다.

말레이시아 이슬람 은행의 현황은 [표 5]와 같다. 이에 따르면 2012년 말 기준으로 말레이시아는 16개의 이슬람 전업은행이 금융서비스를 제공하고 있으며, 이 밖에 6개의 개발금융기관,[9] 7개의 투자은행,[10] 2개의 상

---

9 이슬람 창구를 통해 금융서비스를 제공하는 개발금융기관은 다음과 같다. ① Bank Kerjasama Rakyat Malaysia Berhad ② Bank Perusahaan Kecil & Sederhana Malaysia Berhad ③ Bank Pembangunan Malaysia Berhad ④ Export-Import Bank of Malaysia Berhad ⑤ Bank Pertanian Malaysia Berhad ⑥ Bank Simpanan Nasional Berhad

10 이슬람 창구를 통해 금융서비스를 제공하는 투자은행은 다음과 같다. ① AmInvestment Bank Berhad ② Alliance Investment Bank Berhad ③ Maybank Investment Bank Berhad ④ CIMB Investment Bank Berhad ⑤ KAF Investment Bank Berhad ⑥ MIDF Amanah Investment Bank Berhad ⑦ OSK Investment Bank Berhad

표 5   말레이시아 이슬람 은행 현황

		2008년	2009년	2010년	2011년	2012년
은행 수	전업은행	17	17	17	16	16
	창구은행	13	16	16	15	15
은행자산	금액(10억 RM)	251	303	351	435	495
	비중(%)	17.4	19.6	20.7	22.4	23.8
네트워크 수		2,039	2,087	2,102	2,147	2,171
고용자 수(명)		6,702	7,829	8,511	9,214	9,602

출처 | 말레이시아 중앙은행 (Financial Stability and Payment System Report 2012), 말레이시아 국제이슬람금융센터(MIFC)

주   이슬람 은행 자산은 이슬람 전업은행과 이슬람 창구은행의 자산을 포함하여 산출하였으며, 비중은 전체 은행시스템에서 차지하는 이슬람 은행 자산의 비중을 나타냄.

표 6   이슬람 은행의 금융상품별 제공 방법

금융상품	이슬람 금융 방법
예금	Wadiah Yad Dhamanah, Mudharabah, Qard, Murabahah, Tawarruq, Wakalah
투자	Mudharabah, Qard
금융	Tawarruq, Murabahah, Musharakah, Ijarah, Qard, Bai' Dayn, Istisna, Bai' Bithaman Ajil, Bai' Inah, Hiwalah, Wakalah, Kafalah
무역금융	Murabahah, Bai' Dayn, Kafalah, Wakalah, Ijarah, Bai' Bithaman Ajil, Wakalah
카드서비스	Qard, Bai' Bithaman Ajil, Bai' Inah, Ujr

출처 | 말레이시아 국제이슬람금융센터(MIFC)

업은행[11]이 이슬람 창구를 통해 금융서비스를 제공하고 있다. 이들의 자산은 약 4950억 링깃으로 말레이시아 전체 은행시스템에서 이슬람 은행이 차지하는 비중이 약 23.8퍼센트에 달하고 있다. 또한 말레이시아 이슬람 은행의 네트워크는 약 2171개로 2008년에 비해 약 6.5퍼센트 증가하였으며, 2012년 말 말레이시아 내 전체 은행 네트워크가 2481개인 점을 고려하면 약 88퍼센트의 비중을 차지하고 있다.

말레이시아 이슬람 은행이 제공하고 있는 금융상품은 크게 ① 예금, ② 투자, ③ 금융, ④ 무역금융, ⑤ 카드서비스로 구분되며, 이들을 제공함에 있어 무다라바Mudharabah, 이자라Ijarah, 무라바하Murabahah 등 다양한 이슬람 금융 방식을 적용하고 있다. 이러한 이슬람 은행의 금융상품별 제공방법은 [표6]과 같다.

(2) 말레이시아 이슬람 보험

타카풀은 이슬람 은행거래 방식에 기반한 이슬람 보험이다. 전통적 보험이 샤리아에 반하는 투기, 불확실성, 이자의 요소를 내포하고 있는 반면, 타카풀은 이슬람법의 규제와 방식을 준수하고 있다는 점에서 차이가 있다. 이는 이슬람교에서 무슬림의 의무로 제시하고 있는 상부상조의 관념에서 성립된 것으로, 이를 통해 무슬림들도 다양한 위험으로부터 보호를 받을 수 있게 되었다.

말레이시아는 1984년 타카풀법Takaful Act을 제정하여 시행하고 있다. 이

---

11 이슬람 창구를 통해 금융서비스를 제공하는 상업은행은 다음과 같다. ① Citibank Berhad ② Deutsche Bank (Malaysia) Berhad

법에 따르면 이슬람 보험업은 협동조합의 형태로서 운영되며, 주요 상품은 생명보험에 해당하는 가족 타카풀과 손해보험에 해당하는 일반 타카풀로 제한하고 있다. 또한 타카풀 가입자를 무슬림으로 제한하지 않으며, 운영에 있어 이슬람 율법을 준수하고 샤리아위원회의 설치를 명시하고 있다. 이에 따라 1985년 최초의 말레이시아 타카풀 회사인 STMB^{Syarikat} Takaful Malaysia Sendirian Berhad가 설립되었으며, 말레이시아 정부의 집중적인 타카풀 육성정책으로 지속적인 성장을 보이고 있다.

한편 타카풀은 전통적 보험에서 보험료에 해당하는 금액을 타카풀 운영사에게 예탁하면 보험금 수취자에게 기부금 형태로 지불되는 시스템으로 운영된다. 이러한 타카풀 운영모델은 무다라바 모델, 와칼라 모델 및 무다라바와 와칼라 방식을 결합한 혼합모델이 있다. 먼저 무다라바 모델은 이윤 추구를 목적으로 하지 않으며, 한쪽은 업무를 제공하고 다른 한쪽은 자본을 제공하는 계약 형태로 양자가 공동사업을 통해 얻어지는 이익을 미리 정한 비율로 배분하는 이익배분계약 방식이다(이충열 외 2인 재인용). 이러한 무다라바 모델의 운영방식은 [그림 2]와 같다.

와칼라 모델은 보험가입자가 보험료인 각출금을 출자한 후 타카풀 회사가 대리인 수수료를 제한 나머지 자금을 계약자 리스크 펀드와 계약자 투자 펀드로 나누어 사업을 운용한다. 이때 계약자 리스크 펀드는 보험금, 재보험, 준비금 형식으로 나뉘고, 여기에서 발생된 언더라이딩 이익의 전부는 계약자에게 귀속되게 된다(이충열 외 2인 재인용). 이러한 와칼라 모델의 운영방식은 [그림 3]과 같다.

한편 이러한 말레이시아 타카풀 시장구조는 [표 7]과 같다. [표 7]에 따

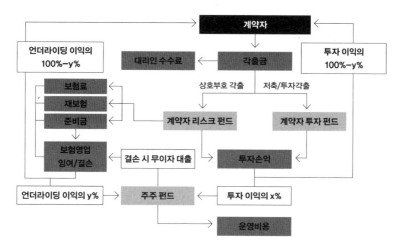

그림 2 무다라바 모델

출처 | 이충열 · 이영수 · 제상영 (2011) 재인용

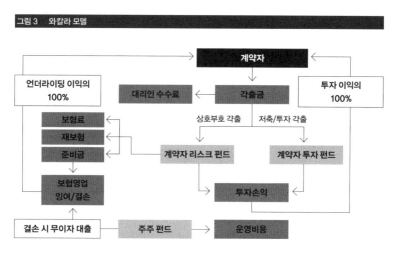

그림 3 와칼라 모델

출처 | 이충열 · 이영수 · 제상영 (2011) 재인용

3. 말레이시아 이슬람 금융   2 1 1

표 7	말레이시아 타카풀 시장구조					
		2008년	2009년	2010년	2011년	2012년
등록 사업자 수(명)		8	8	9	11	12
대리점수	가족 타카풀	44,222	55,989	42,698	66,338	68,009
	일반 타카풀	15,975	32,997	31,391	33,970	37,543
	총합	60,197	88,895	74,089	100,308	105,552
종사자 수(명)		2,411	2,499	2,713	2,846	3,575

출처 | 말레이시아 중앙은행 (Annual Takaful Statistics 2012)

표 8	말레이시아 타카풀 시장 현황					
	2008년	2009년	2010년	2011년	2012년
가족 타카풀(10억 RM)	8.9	10.5	12.4	14.4	16.3
비중 (%)	84.0	84.7	84.9	84.7	85.3
일반 타카풀(10억 RM)	1.7	1.9	2.2	2.6	2.8
비중 (%)	16.0	15.3	15.1	15.3	14.7
합계(10억 RM)	10.6	12.4	14.6	17	19.1
GNI 중 타카풀 비중(%)	1.5	1.9	2.0	2.0	2.1
전체 보험자산 중 타카풀 비중(%)	7.5	7.6	8.1	8.1	8.2

출처 | 말레이시아 중앙은행 (Annual Takaful Statistics 2012)

르면 2012년 말 말레이시아 타카풀 회사는 12개였으며, 전국 타카풀 대리점 수는 10만 5552개로 2008년에 비해 약 75퍼센트 증가하였다. 이 중 가족 타카풀 대리점 수가 전체의 약 64퍼센트를 차지하고 있으며, 일반 타카풀의 경우 36퍼센트를 차지하고 있다. 또한 타카풀 시장의 종사자 수는 2012년 말 3575명으로 2008년과 비교하여 약 48퍼센트 증가하였다. 한편 말레이시아 타카풀 시장 현황은 [표 8]과 같다.

[표 8]에 따르면 2012년 말 말레이시아 타카풀 시장의 자산 규모는 약 191억 링깃으로 이 중 가족 타카풀이 85.3퍼센트, 일반 타카풀이 2.8퍼센트를 차지하고 있다. 또한 말레이시아 타카풀 시장 규모는 국민소득GNI의 약 2.1퍼센트를 차지하고 있으며, 말레이시아 전체 보험자산 중 약 8.2퍼센트로 2008년에 비해 약 9.3퍼센트 증가하였다.

(3) 말레이시아 이슬람 자본시장

말레이시아는 오늘날 가장 포괄적인 형태의 자본시장의 형태를 띠고 있다. 이는 샤리아 기반의 서비스 및 상품을 제공하는 말레이시아의 이슬람 자본시장Islamic Capital Market이 폭넓은 규제 구조regulatory framework를 가지고, 전통적인 자본시장Conventional Capital Maket과 공존하고 있기 때문이다.

이러한 말레이시아 이슬람 자본시장은 이슬람 은행, 이슬람 보험과 더불어 이슬람 금융시스템의 필수적인 부분으로, 이슬람 금융시스템의 유동성을 공급하는 장기자금과 투자를 제공하는 역할을 수행한다. 또한 이슬람 자본시장은 금융 중계의 대안적 모형으로서 관심이 고조되고 있기 때문에 글로벌 금융시장을 대체하는 역할을 수행하고 있다. 한편 말레이시아 증권위원회$^{\text{Securities Commission}}$는 말레이시아 자본시장 발전의 한 축으로서 이슬람 자본시장의 발전이 필요함을 인정하고 있으며, 이 일환으로 국제이슬람금융센터와 2001년 2월 22일 말레이시아 자본시장 종합계획$^{\text{Malaysian Capital Market Master plan}}$을 시작하였다.

한편 말레이시아는 정부의 규제정책이 어떻게 상업 및 사회를 보완할 수 있으며, 높은 성장 및 시장 활성화의 창출을 위해 민간 부문을 보완할 수 있는지에 대한 유용한 사례를 제공한다. 즉, 말레이시아 이슬람 자본시장은 이슬람 교리에 순응하는 투자의 필요성과 더불어 이슬람 수단$^{\text{Islamic instruments}}$들이 번영할 수 있는 환경 조성을 위해 정책적 개입과 규제의 필요성에 대한 사회적 신념을 기초로 하고 있다. 이는 이슬람 자본시장을 위한 말레이시아 기반구조^{Infrastructure}가 정책 주도로 시작되었다는 사실과 증권위원회의 목적 중 하나가 시장 발전을 도모하고자 한다는 사실로부터 알 수 있다.

말레이시아의 수많은 법률들은 직간접적으로 이슬람 자본시장을 규제하고 있다. 이슬람 자본시장을 이해하기 위해서는 이를 규제하는 자본시장 및 서비스법$^{\text{CMSA: Capital Markets and Services Act 2007}}$, 증권위원회법$^{\text{SCA: Securities Commission Act 1993}}$, 은행 및 금융기관법$^{\text{BAFIA: Banking and Financial Institutions Act 1989}}$, 이슬람 은행법$^{\text{IBA: Islamic Banking Act 1983}}$에 대한 고찰이 필요하다.

먼저, CMSA는 증권산업법$^{\text{Securities Industry Act 1983}}$과 선물산업법$^{\text{Futures Industry Act 1993}}$을 통합한 법안으로서, 자본시장 내 시장 및 중개자들의 활동에 관련된 사안과 이에 따른 부수적인 사안을 제시 및 규제하고자 하는 목적을 가진다. CMSA가 제정되기 전 말레이시아 증권 법안은 1983년 제정된 증권산업법과 1991년 개정된 증권산업법^{Securities Industry Act}, 증권위원회법 Securities Commission Act, 선물산업법^{Futures Industry Act}의 네 가지 법안을 따르고 있 었다. 이 법안들이 2007년 CMSA에 통합되면서 말레이시아 자본시장 규제를 위한 종합적 법안을 제공할 수 있게 되었다. 이에 말레이시아 이슬람 증권 및 이슬람 채권 발행 같은 이슬람 자본시장 관련 부수사항들은 모두 CMSA를 통해 제시되며, CMSA에는 말레이시아 자본시장에서 투자자 보호 및 시장 안정성 유지 등을 위한 규제 사항을 제시하고 있다.

또한 CMSA는 증권위원회에 정부 승인하에 증권 및 거래와 관련된 분쟁 해결을 위해 필요한 규제를 생성할 수 있는 권한을 부여하고 있다. 이는 말레이시아의 자본시장 구조가 상이한 전통적 시장과 이슬람 시장이 공존해 있다는 점을 고려할 때 CMSA의 모든 수반 조항이 말레이시아 자본시장의 규제 구조와 관련되어 있다는 점에서 중요하다.

SCA는 CMSA와 상호보완적인 관계를 가지며, CMSA 조항 중 저축 관련 조항에 의해 더욱 강화되었다. SCA는 ① 예비 규정, ② 증권위원회, ③ 금융, ④ 인수, 합병 및 증권 발행, ⑤ 집행 및 조사, ⑥ 일반 규정, ⑦ 경과 및 폐지 규정에 대한 7개 부분으로 이루어져 있다. 이 중 일부는 말레이시아 자본시장에 대한 주요 규제방안으로서 증권위원회의 기능을 강화시키고 있다. 즉, 증권위원회는 말레이시아 자본시장 내 증권 및 계약과 관련된 모든 문제를 규제하는 권한을 가지는데, 이러한 권한은 SCA로부터 주어진다. 또한 증권위원회의 권한은 SCA뿐만 아니라 앞서 설명한 CMSA의 379조에 제시되어 있으며, 이를 통해 말레이시아 자본시장 내 주요 참여자들 간의 분쟁을 규제할 수 있다.

마지막으로 BAFIA는 중앙은행이 기타 은행 및 금융회사로부터 파생된 기관에 대한 규제 및 허가 등을 위한 새로운 법령을 제공한다. 한편, IBA는 이슬람 은행들의 영업을 인가하고 감독하는 역할을 수행한다. 이는 은행법^{Banking Act 1973}에 이슬람 은행에 대한 규정들을 추가하여 제정된 법안으로서 이에 따라 일반은행이 이슬람 은행의 업무를 취급하고자 하는 경우, IBA에 근거하여 재무부 장관의 허가를 받아야 한다. 또한 이들의 영업은 샤리아 원칙에 근거해야 하며, 반드시 샤리아위원회를 설립하고 자문을 받아야 한다고 명시하고 있다(Askari · Iqbal · Mirakhor 2009).

말레이시아 자본시장의 대표적인 상품은 이슬람 채권(수쿡)이다. 수쿡은 이슬람 율법을 준수하여 발행된 이슬람 채권을 의미하며, 1983년 IBA가 제정되면서 말레이시아 정부는 정부투자법^{Government Investment Act 1983}을 제정하여 수쿡 발행을 허가하였다. 이에 따라 이슬람 은행을 통한 무이자 국채가 발행될 수 있게 되었으며, 2005년 정부투자법 개정을 통해 다양한 수쿡이 발행될 수 있도록 하였다.

한편 말레이시아는 2001년 자본시장 마스터플랜을 발표하면서 말레이시아를 이슬람 금융의 허브로 발전시킨다는 목표하에 말레이시아 수쿡의 국제화를 도모하였다. 이에 따라 2003년 수쿡 발행비용에 대해 5년간 세제우대 조치가 내려졌고, 2004년에는 수쿡 발행에 대한 규제상의 요인을 완화하여 다양한 수쿡의 발행이 가능하도록 하였다. 또한 수쿡 시장 확대를 위해 외국 환율관리 규제를 자유화하여 국제기관에서도 링깃 기준의 수쿡이 발행되도록 하였다.

이에 말레이시아는 2001년 말레이시아 쿰풀란 구드리^{Kumpulan Guthrie}사

표 9   2011년 세계 수쿡 발행 현황

	금액(10억 달러)	비중(%)
말레이시아	112.3	62.7
오프쇼어 센터	24.5	13.7
카타르	11	6.1
사우디아라비아	10.3	5.8
인도네시아	10.7	6.0
기타	6.6	3.7
아랍에미리트	3.7	2.1
총합	179.1	100

출처 | 말레이시아 국제이슬람금융센터(MIFC)

가 세계 최초로 1억 5000만 달러의 글로벌 수쿡을 발행한 것을 시작으로 2002년 6억 달러의 5년 만기 글로벌 수쿡을 발행함으로써 글로벌 수쿡 시장 개발의 선도자 역할을 담당했다. 이로써 말레이시아의 수쿡은 전 세계 수쿡 발행의 가장 큰 비중을 차지하고 있으며, 말레이시아 국제이슬람금융센터에서 제공하는 2011년도 세계 수쿡의 발행 현황은 [표 9]와 같다.

[표 9]에 따르면 말레이시아가 62.7퍼센트 점유율을 보여 세계 최대 수쿡 발행시장인 것으로 나타났으며, 오프쇼어 센터가 13.7퍼센트로 두번째 수쿡 발행시장인 것으로 나타났다. 또한 그 뒤를 이어 카타르 6.1퍼센트, 인도네시아 6퍼센트, 사우디아라비아 5.8퍼센트 순으로 나타났다.

4. 말레이시아의 할랄 경제

이슬람 경제의 특징 중 하나는 할랄과 하람의 구분이다. 할랄이란 이슬람 율법에 따라 허용된 것을 의미하며, 하람은 이슬람 율법에 의해 금지된 것을 의미한다. 할랄 제품으로는 채소, 과일 및 모든 종류의 해산물이 포함되며, 가공식품의 경우 알코올 성분 및 돼지고기가 포함되지 않은 제품이 이에 해당된다. 반면, 하람 제품은 돼지고기, 파충류, 곤충, 육식동물의 고기 등이 포함되며, 가공식품의 경우 알코올 성분이 포함된 제품이다. 특히, 육류의 경우 이슬람 율법에 따라 도축된 육류만이 할랄에 속하며, 이에 따르지 않고 도축된 육류는 하람에 속한다(강대창 외 5인 2011).

이러한 할랄 제품에 대해 말레이시아는 할랄 산업을 선도하는 역할을 일임하고 있을 뿐만 아니라 엄격한 심사를 거쳐 할랄 제품에 할랄 인증을 부여하고 있다. 이러한 말레이시아의 할랄 인증은 전 세계적으로 많은 국가들에게 인정받고 있는 실정이다.

1) 말레이시아 할랄 산업

전 세계적으로 할랄 산업은 과거 식품 분야에만 한정되었지만 최근 들어 의약품, 화장품, 물류 및 관광 등으로 그 영역이 확대되고 있는 추세이다. 특히 할랄 산업의 선도적 역할을 일임하고 있는 말레이시아는 가공식품, 화장품, 퍼스널 케어, 축산업의 네 분야가 집중적으로 발전했으며, 이 밖에 교육, 연구, R&D 등의 분야로도 그 영역을 확대하고 있다(KOTRA 2011).

말레이시아는 할랄 제품의 주요 수출국으로 향후 10년간 할랄 산업 영역을 적극적으로 개발할 계획을 가지고 있다. 할랄산업개발공사HDC: Halal Development Corporation의 2006년 제3차 산업화종합계획에 따르면, 2020년까지 할랄 제품 및 서비스 무역과 생산을 위한 글로벌 할랄 허브를 목표로 말레이시아 할랄 산업이 GDP의 5.8퍼센트를 차지하도록 계획하고 있다. 이러한 목표는 다음과 같은 말레이시아의 잠재력에 기인한 것이다.

첫째, 무슬림 인구의 증가에 따른 할랄 제품의 수요 증가를 들 수 있다. 현재 약 16억 무슬림 인구가 전 세계에 널리 분포되어 있으며, 2010년 추산에 따르면 향후 세계 무슬림 인구가 약 30억 명에 육박할 것으로 예측되어 할랄 제품의 수요가 크게 증가할 것으로 보이기 때문이다.

둘째, 비무슬림 인구 사이에서의 할랄 제품 및 서비스 수요 증가를 들 수 있다. 말레이시아는 높은 산업화 역량을 바탕으로 이슬람 국가 및 비이슬람 국가 모두와 협력관계를 구축하고 있으며, 다국적 기업들이 말레이시아에 진출하기 용이하기 때문이다(Husain and Ghani 2012).

한편, HDC에 따르면 말레이시아는 할랄 산업 발전을 위한 기반 구축의 일환으로 현재 13개의 할랄 파크[12]를 운영 및 개발하고 있다. 할랄 파크는 할랄 식품 및 제품의 재배부터 생산까지 모든 절차가 한 번에 이루어지는 농장을 의미하는데, 할랄 파크 참여 기업의 경제적 성과 향상과 기업 환경 영향environmental impacts의 최소화를 도모한다. 이를 위해 말레이시아는 할랄 파크 운영자에 대해 10년간 법정소득의 세금 면제 또는 5년간 지출액에 대한 투자세 공제 등의 인센티브를 제공하고 있으며, 할랄 산업

---

12 현재 말레이시아에서 운영 및 개발하고 있는 할랄 파크는 다음과 같다. ① Port Klang Free Zone(PKFZ) ② Selangor Halal Hub ③ Melaka Halal Park ④ Techpark@Enstek ⑤ POIC Lahad Datu ⑥ Tanjung Manis Halal Hub ⑦ Penang International Halal Park ⑧ ECER Pasir Mas Halal Park ⑨ ECER Gambang Halal Park ⑩ Pedas halal Park ⑪ POIC Tanjung Langsat ⑫ PERDA Halal Park ⑬ Sedenak Industrual Park

참여자 및 할랄 물류업체에 대해 할랄 산업용 원자재의 수입관세를 면제
하는 등의 인센티브도 제공하고 있다. 이러한 인센티브 지원을 통해 말레
이시아는 할랄 산업에 대한 투자 유치와 할랄 산업 발전을 도모하고 있으
며, 13개 할랄 파크의 투자 및 고용 현황은 다음 [표 10]과 같다.

　　[표 10]에 따르면 13개 할랄 파크 중 현재 8개 할랄 파크가 운영 중이며,

표 10	할랄 파크 투자 및 고용 현황		
	할랄 파크	투자액(RM)	고용자 수(명)
1	Selangor Halal Hub	2,453,000,000	1,265
2	PKFZ Halal Flagship Zone	561,770,000	228
3	Melaka Halal Park	114,850,000	301
4	Techpark@Enstek	2,413,160,000	1,751
5	POIC Lahad Datu	−	−
6	Tanjung Manis Halal Food Park	1,802,500,000	245
7	Penang International Halal Park	345,000,000	960
8	ECER Pasir Mas Halal Park	−	−
9	ECER Gambang Halal Park	−	−
10	Pedas Halal Park	20,000,000	120
11	POIC Tanjung Langsat	974,000,000	330
12	PERDA Halal Park	−	−
13	Sedenak Industrial Park	−	−
	합계	8,864,280,000	5,200

출처 | 할랄산업개발공사 (www.hdcglobal.com)

5개 할랄 파크는 개발 중에 있음을 알 수 있다. 또한 현재 운영 중인 8개 할랄 파크의 투자액은 약 89억 링깃이며, 고용자 수는 약 5000명에 달하고 있다.

한편, 말레이시아 국제 무역 및 산업부에 따르면 2011년 말레이시아 할랄 상품의 수출액이 약 354억 링깃에 달하며, 이는 연말 기준 말레이시아 총수출의 약 5.1퍼센트의 비중을 차지하고 있다. 이 중 높은 비중을 차지하는 수출대상국으로 중국, 미국, 싱가포르 등을 들 수 있으며, 이러한 2011년 할랄 상품 수출액 현황은 [표 11]과 같다.

[표 11]에 따르면 2011년 말레이시아 할랄 상품 수출액 중 중국으로의 수출액이 약 41억 링깃으로 가장 높은 비중을 차지하였다. 이는 중국의 13억 인구 중 약 3퍼센트가 무슬림이며, 중국이슬람협회Islamic Association of China에 따르면 중국의 할랄 시장이 급격히 성장하고 있기 때문이다. 또한 인도의 경우도 총 인구 11억 중 약 13.4퍼센트가 무슬림으로 점차 할랄 상품에 대한 수요가 증가하고 있다. 이에 잠재적으로 말레이시아의 할랄 상품 수출은 더욱 증가할 것으로 예상된다.

한편, 2011년 말레이시아 할랄 상품별 수출 비중은 [그림 4]와 같다. 이에 따르면 2011년 할랄 상품별 수출 비중 중 가장 큰 비중을 차지하는 것은 유지, 향신료, 소금과 같은 식품재료 및 유화제, 착색제와 같은 비식품 재료로 전체 수출 비중에서 약 34.8퍼센트를 차지하였다. 또한 식료품의 경우 33.7퍼센트, 팜오일 파생품이 19.8퍼센트, 화학물질이 5.8퍼센트, 화장품 및 미용제품이 5.1퍼센트를 차지하였다.

표 11	2011년 할랄 상품 수출액 현황(상위 20위)					(단위: 100만 RM)
순위	국가	수출액	순위	국가	수출액	
1	중국	4128.07	11	필리핀	1092.45	
2	미국	3303.04	12	타이완	677.07	
3	싱가포르	2939.42	13	베트남	662.90	
4	네덜란드	2277.87	14	이집트	625.54	
5	일본	2190.97	15	아랍에미리트	542.36	
6	인도네시아	1810.52	16	홍콩	529.73	
7	태국	1707.32	17	터키	522.64	
8	인도	1427.74	18	남아프리카	442.07	
9	한국	1247.65	19	러시아	434.59	
10	호주	1187.04	20	이란	407.15	

출처 | 할랄산업개발공사 (www.hdcglobal.com)

그림 4	2011년 할랄 상품별 수출 비중(%)

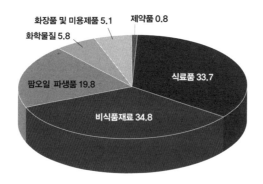

화장품 및 미용제품 5.1
제약품 0.8
화학물질 5.8
팜오일 파생품 19.8
식료품 33.7
비식품재료 34.8

출처 | 할랄산업개발공사 (www.hdcglobal.com)

5장 말레이시아 이슬람 경제의 대두 | 이선호

2) 말레이시아 할랄 관련 기관

말레이시아에는 HDC, 말레이시아 이슬람개발국JAKIM: Department of Islamic Development Malaysia, 말레이시아 표준국Department of Standard Malaysia 등 다양한 할랄 관련 기관이 존재하고 있다.

HDC는 2006년 9월에 설립되었으며, 말레이시아의 글로벌 할랄 허브를 목표로 글로벌 할랄 산업의 참여를 도모함과 동시에 말레이시아 경제 발전을 위한 가치 창조의 역할을 수행한다. 구체적으로 HDC는 할랄의 가치 보호를 위해 할랄 표준 및 할랄 인증의 발전을 선도하고, 말레이시아 할랄 산업의 발전을 감독 및 조직화하는 역할을 수행한다. 또한 할랄 생산자 및 서비스 제공자의 생산능력 향상을 제고하고, 말레이시아 할랄 산업에 대한 투자를 지원한다. 이에 HDC는 할랄 제품 및 서비스의 지위 향상을 위한 할랄의 표준, 인증서, 검사 등에 초점을 맞추고 세계 할랄 시장 내 말레이시아 기업들의 질적 성장과 참여를 도모하고 있다.

JAKIM은 말레이시아 정부 기관으로, 이슬람부Islamic Affair Division의 역할을 인수받아 1997년 1월 설립되었다. JAKIM은 이슬람 관련 업무의 효과적이고 효율적인 운영을 목표로 하고 있으며, 이슬람법의 법률 제정 및 표준화 기능과 이슬람 행정 및 관리 기능, 이슬람 교육의 발전과 조정 기능의 세 가지 기능을 수행하고 있다. 이러한 기능 중 이슬람 행정 및 관리 기능의 일환으로 말레이시아 할랄 로고의 설정 및 할랄 인증시스템 시행과 더불어 지역시장 및 수출시장에 할랄 인증서를 발부하고 할랄 지침의 강화와 감시 역할을 수행하고 있다. 국가 이슬람 종교부JAIN: Jabatan Agama Islam Negeri와 국가 이슬람 종교 협의회MAIN: Majlis Agama Islam Negeri는 오직 국내시장의 할랄 인증서를 발급하고 이에 대한 감시를 돕고 있다.

말레이시아 과학부Ministry of Science 산하의 말레이시아 표준국은 말레이시아 할랄 산업의 발전을 위해 할랄 식품에 대한 말레이시아 할랄 표준 개발의 적극적인 역할을 수행하고 있다. 말레이시아 표준국은 말레이시아 표준·조사 기관의 법인 형태로, 1996년 8월부터 공식적으로 업무를 시작하였다. 이후 말레이시아 표준·조사 기관에서 독립해 국민 생활의 질적 향상과 말레이시아 제품 및 서비스의 글로벌 경쟁력 달성이라는 두 가지 목표하에 표준화에 대한 법적인 역할을 담당하게 되었으며, 말레이시아 표준법Standards of Malaysia Act 1996에 의해 관리되고 있다.

이 밖에도 말레이시아 관세국Royal Malaysian Customs, 통상산업부Ministry of Trade and Industry, 내수경제부Ministry of Domestic Trade, 말레이시아 중소기업개발공사SME Corporation Malaysia 등 다양한 기관들이 존재하며, 이들 모두 말레이시아 할랄 산업에 대한 역량 강화와 개발, 보호 및 감시의 역할 수행을 통해 할랄 산업 발전에 기여하고 있다.

3) 말레이시아의 할랄 인증제도

말레이시아가 글로벌 할랄 허브로서의 위상을 높이고 있는 주요 요인은 할랄과 관련된 표준 및 인증 개발에 선도적인 역할을 수행하고 있기 때문이다. 말레이시아의 할랄 인증기관은 JAKIM이며, [그림 5]처럼 말레이시아 할랄 인증은 인도네시아 할랄 인증과 더불어 전 세계적으로 많은 국가들에서 통용되고 있다.

이러한 할랄 인증은 1972년 제정된 상품표시법Trade Description Act 및 1975

그림 5 말레이시아 할랄 인증 로고

년 할랄 표현의 사용과 음식의 표지에 대한 시행령으로부터 시작하여 1994년에 도입되었다. 이에 따라 할랄 식품에 대한 할랄 표지가 의무화되었으며, 허위 표지 시 처벌을 받게 되었다(오명석 2012).

이러한 할랄 인증은 ① 상품 및 소비재, ② 식품, ③ 도축 및 도살의 세 가지 범주에서 발급된다. 이때 제품의 생산, 취급, 보관 기준에 대한 조사가 이루어지며, 이 과정들이 이슬람 율법에 어긋나지 않을 경우 할랄 인증서와 할랄 로고가 발급된다.

JAKIM에서 이루어지고 있는 말레이시아 할랄 인증은 ① 등록 신청 및 서류 심사, ② 실사조사 및 보고, ③ 승인 및 인증서 발급의 3단계를 거쳐 진행된다. 또한 JAKIM에 따르면 이러한 할랄 인증서 및 할랄 로고의 사용은 소비자, 생산자, 감독자뿐만 아니라 제품의 질적 측면에서 여러 가지 장점을 제공한다. 즉, 할랄 인증으로 인해 소비자는 그들이 선택한 상품에 대한 확신을 가질 수 있으며, 생산자는 할랄 인증을 사용함으로서 경쟁적 이점을 취할 수 있다. 또한 질적 측면에서는 할랄의 요구 조건을 충족시킴으로서 질적 향상을 도모할 수 있고, 감독자에게는 할랄 상품에 대한 검사 및 관리의 구조적 틀을 제공한다(Noordin · Noor · Hashim · Samicho 2009).

한편, 말레이시아의 할랄 표준은 [표 12]와 같이 이슬람 관점에서 질적 관리 시스템에 대한 표준을 제시하는 MS 1900, 이슬람 소비재에 대한 표준을 제시하는 MS 2200 −1, 할랄 식품의 생산 · 취급 · 보관 기준에 대한 표준을 제시하는 MS 1500, 할랄 의약품에 대한 표준을 제시하는 MS 2424 등 여러 가지 형태가 존재한다.

먼저, MS 1900은 ISO 9001과 매우 깊은 관련성이 있다. 즉 ISO 9001과 MS 1900은 질적 관리 시스템에 대한 표준이라는 점에서 동일성을 가진

표 12　말레이시아 할랄 표준

할랄 표준	내용
MS 1900	질적 관리 시스템
MS 2200−1	이슬람 소비재
MS 1500	할랄 식품
MS 2424	할랄 의약품
MS 14000	환경 관리
MS 27000	IT 보완 관리
MS 31000	위험 관리
MS 50001	에너지 관리

출처 | 저자 작성

다. 그러나 ISO 9001은 국제적으로 통용되는 국제 표준인 반면, MS 1900은 이슬람 율법에 입각한 질적 관리 시스템으로, ISO 9001에 무슬림 소비자들을 고려한 샤리아 준수사항이 추가되었다는 점에서 차이가 있다. MS 1900에 따르면 이러한 할랄 표준의 설정은 가치 기반의 관리 과정에 이슬람 율법을 인식시킴으로써 재화의 보편적 가치 향상을 도모할 수 있다는 장점과 더불어 재화 생산의 질적 수준을 향상시켜 효율성을 증대시키는 장점이 있다고 밝히고 있다.

MS 2200 −1는 이슬람 소비재 중에서도 말레이시아의 화장품 및 건강관리 산업을 위한 기본 준수사항을 제시하고 있다. 화장품 및 건강관리 상품이란 피부, 손톱, 입술 등 신체 외부와 접촉하는 물질을 의미한다. 이러한 상품의 생산 및 취급에 있어 샤리아를 준수해야 하며, 샤리아에서 금기시되는 돼지나 알코올, 피 등의 성분이 포함되어서는 안 된다.

MS 1500은 할랄 식품의 생산 및 무역 등에 대한 기본 준수사항을 제시하고 있으며, 할랄 식품의 범위와 취급 및 보관에 대한 자세한 규정을 포함하고 있다. 특히 샤리아에 적합한 육류의 분류와 도살 및 도축에 대한 내용도 포함하고 있으며, 할랄 식품의 포장, 라벨링labeling에 대한 부분도 제시하고 있다.

한편, MS 2424는 말레이시아 할랄 의약품에 대한 기본 준수사항을 제시하고 있다. 할랄 의약품이란 샤리아를 준수하는 재료를 포함하는 생산물로서 샤리아에 적합하지 않은 성분 및 물질이 포함되어서는 안 된다. 또한 취급 및 포장, 보관 등의 과정에서 샤리아에 적법하지 않은 물질과 분리해야 한다. 앞서 설명한 다른 표준과 마찬가지로 MS 2424도 관리, 취급, 보관 등 다양한 과정에 대한 자세한 규정을 포함하고 있다.

이 밖에도 말레이시아는 환경 관리의 표준을 제시하는 MS 14000, IT 보완 관리의 표준을 제시하는 MS 27000, 위험 관리의 표준을 제시하는 MS 31000, 에너지 관리의 표준을 제시하는 MS 50001 등 다양한 말레이시아 표준을 설정 및 개발하고 있다. 이러한 할랄 표준에 적합한 상품들에 한해서 할랄 인증이 발급된다.

5. 맺으며

2000년대 이후 세계 각국에서는 이슬람 금융을 도입하기 위해 노력하고 있다. 이 중 동남아시아 이슬람의 중심국가인 말레이시아는 이슬람 금융의 허브로서 보다 적극적으로 이슬람 경제 활성화에 노력을 기울이고 있다. 특히 말레이시아는 전통적인 금융과 이슬람 금융이 함께 공존하는 모습을 보이고 있으며, 소비 영역에서도 이슬람 방식이 확산됨에 따라 경제 전반에 걸쳐 이슬람화 양상이 더욱 가속화되고 있다.

이에 이 글에서는 말레이시아의 이슬람화 양상에 대해 금융 영역과 소비 영역의 두 가지 차원에서 접근하여 살펴보았다. 이때 금융 영역과 소비 영역에서의 이슬람화는 법령 설정 및 정부의 제도적 지원을 중심으로 살펴보고자 하였다.

구체적으로 금융 영역에서의 이슬람화는 전반적인 말레이시아 금융시스템에서 이슬람 금융의 지위 및 역할을 중심으로 분석하였는데, 이때 말레이시아 이슬람 금융을 이슬람 은행, 이슬람 보험, 이슬람 자본시장으로 구분하여 이들의 발전 양상 및 정부의 지원 노력 등에 대해 살펴보았다.

분석 결과, 말레이시아 전체 금융시스템 중 이슬람 금융이 차지하는 비중은 지속적으로 증가해왔으며, 이에 따라 사회 전반에 미치는 영향력 또한 증대된 것으로 나타났다. 이러한 이슬람 금융의 발전은 정부의 지속적이고 적극적인 지원하에 이루어졌으며, 현재 말레이시아는 이슬람 금융의 허브를 목표로 더욱 다양하고 적극적인 정부 지원에 힘입어 국제화 노력을 기울이고 있다.

한편, 소비 영역에서의 이슬람화는 할랄 산업을 중심으로 살펴보았으며, 말레이시아 할랄 산업의 특징과 제도적 지원 및 말레이시아 할랄 인증 등에 대해 분석하였다. 그 결과 초기의 할랄 산업은 식품 영역에서 가장 활발하게 발전하였지만, 최근에 이르러 의약품, R&D, 교육 등 다양한 분야에 걸쳐 광범위하게 발전하고 있는 것으로 나타났다. 이와 더불어 말레이시아는 할랄 산업의 발전과 국제화를 위해 다양한 혜택을 제공하고 여러 가지 지원정책을 통해 지속적인 투자를 유치하고 있다. 또한 말레이시아는 할랄 산업 내 다양한 분야의 표준 및 인증 개발 활동을 수행하고 있으며, 이를 통해 국제적으로 말레이시아 할랄 인증에 대한 위상을 높이고 있다.

앞서 본 바와 같이 금융 영역과 소비 영역에서의 말레이시아 이슬람화는 초기에 비해 더욱 체계적이고 광범위하게 이루어지고 있다. 이는 이슬람 금융 및 이슬람 방식에 대한 전 세계적인 관심이 증가하고, 이슬람 경제의 활성화 및 국제화를 위한 말레이시아 정부의 적극적인 제도적 지원이 큰 역할을 했기 때문이다. 이처럼 말레이시아 정부의 적극적인 지원과 다양한 상품 및 표준 개발 등이 지속적으로 이루어질 경우, 말레이시아 이슬람 경제의 발전은 더욱 가속화될 것으로 예상된다. 이를 통해 말레이시아는 전 세계에서 이슬람 경제의 선도자 역할을 수행하고 그 위상을 더욱 드높일 수 있을 것으로 기대된다.

참고 문헌

강대창·박나리·김형준·홍석준·원순구·손승효. 2011. 『동남아시아 이슬람 경제의 이해: 말레
이시아와 인도네시아를 중심으로』. 대외경제정책연구원.

공일주. 2011. 『이슬람의 수피즘과 수쿠크』. 기독교문서선교회(CLC).

김종원·미야자키 데츠야. 2008. 송창규 옮김. 『이슬람 금융이 다가온다』. 물푸레.

김태윤·손기태·정재완·이재호·백유진. 2010. 『동남아 산업구조 변화와 시사점: 전략산업을 중
심으로』. 대외경제정책연구원.

오명석. 2012. "이슬람적 소비의 현대적 변용과 말레이시아의 할랄 인증제: 음식·이슬람법·과학·
시장의 관계". 『한국문화인류학』. 45(3). 3~62쪽.

이충열·이영수·제상영. 2011. 『이슬람 금융: 이론과 현실 및 활용방안』. 대외경제정책연구원.

정계룡·손승호·이진경·이세린. 2010. 『동남아 전략산업 분석: 금융』. 대외경제정책연구원.

최두열·오규택·박동규. 2008. "이슬람 채권의 이해". 『한국이슬람학회논총』. 18(1). 301~331쪽.

홍성민·김종원·홍순재·이선호. 2010. 『이슬람금융의 이해와 실무』. 한국금융연수원.

KOTRA. 2010. "16억 Halal 시장을 잡아라". 『Global Business Report』.

KOTRA. 2011. 『KOTRA의 창을 통해 미리보는 2012년 세계경제』.

Ahmad. A. 1997. *Towards an Islamic Financial Market*. Islamic Research and Training
Institute.

Askari. H., Z. Iqbal and A. Mirakhor. 2009. *New Issues in Islamic Finance & Economics: Progress
& Challenges*. Wiley Finance.

Bank Negara Malaysia. 2012. *Financial Stability and Payment Systems Report 2012*.

Department of Standards Malaysia. 2005. *Quality Management Systems-Requirements from
Islamic Perspectives*.

Department of Standards Malaysia. 2008. *Islamic Consumer Goods-Part 1: Cosmetic and
Personal Care- General Guidelines*.

Department of Standards Malaysia. 2009. *Halal Food-Production. Preparation. Handling and
Storage-General Guidelines*.

Department of Standards Malaysia. 2012. *Halal Pharmaceuticals-General Guidelines*.

Fealy. G. 2008. "Consuming Islam: Commodified Religion and Aspirational pietism in
Contemporary Indonesia." In Greg Fealy and Sally White (ed.) *Expressing Islam: Religious
Life and Politics in Indonesia*. pp. 15~40.

Hassan. M. K. and M. K. Lewis. 2007. *Handbook of Islamic Banking*. Lightning Source Inc.

Mahlknecht, M. 2011. *Mahlknecht. Islamic Capital Markets: Products and Strategies*. Wiley Finance.

Husain. R. and I. A. Ghani. 2012. "Current Practices among Halal Cosmetics Manufacturers in Malaysia." *Journal of Statistical Modeling and Analytic* 3(1). pp. 46~51.

Jones. C. 2010. "Materializing Piety: Gendered Anxieties about Faithful Consumption in Contemporary Urban Indonesia." *American Ethnologist* 37(4). pp. 617~637.

Nakagawa R. 2009. "The Evolution of Islamic Finance in Southeast Asia: The Case of Malaysia." *The Journal of Applied Business Research* 25(1). pp. 111~126.

Noordin. N. N. L. M. Noor. M. Hashim and Z. Samicho. 2009. "Value Chain of Halal Certification System: A Case of the Malaysia Halal Industry." *European and Mediterranean Conference on Information Systems*.

Zin. M. Z. M., A. R. A. Kadir, S. Ishak and M. S. A. Latif. 2011. "Growth and Prospect of Islamic Finance in Malaysia." *International Conference on Social Science and Humanity*. IPEDR Vol. 5. pp. 180~184.

통계 및 인터넷 자료

Bank Negara Malaysia. www.bnm.goc.my. (검색일: 2013. 06.)

Department of Statistics Malaysia. www.statistics.gov.my. (검색일: 2013. 06.)

Halal Industry Development Corporation. www.hdcglobal.com. (검색일: 2013. 12.)

Malaysia International Islamic Financial Centre. www.micf.com (검색일: 2013. 06.)

Standard Malaysia. www.standardsmalaysia.gov.my (검색일: 2013. 06.)

6

필리핀 방사모로 이슬람 자치지역의
개발정책 수립을 위한 제언

이충열 · 방인성

이 글을 읽고 좋은 논평을 해주신 분들께 감사를 표합니다. 이 글은 2012년 정부(교육부)의 재원으로 한국연구재단의 지원을 받아 수행된 연구임(NRF-2012S1A5A2A03034378). 이 글은 「동남아시아연구」 24권 1호(2014), 133~190쪽에 게재된 논문을 수정, 보완한 것임.

1. 들어가며

2012년 10월 말레이시아의 쿠알라룸푸르에서 필리핀 중앙정부와 모로 이슬람해방전선[MILF: Moro Islamic Liberation Front]은 지난 20여 년간 끌어오던 전쟁과 갈등 사태를 종식시키기 위해 필리핀 남부 민다나오 섬 지역에 방사모로 이슬람 자치지역(이하 방사모로 자치지역)[1]을 설정하는 데 동의하는 협정을 체결하였다.[2] 이에 따라 기존 민다나오 무슬림자치구[ARMM: Autonomous Region in Muslim Mindanao]와 ARMM 주변 일부를 포함한 지역[3]이 필리핀 중앙정

---

1 방사모로는 민다나오의 이슬람들이 필리핀 정부에 항거하면서 주장한 독립국가의 이름이다. 말레이어로 국가를 의미하는 "방사[bansa]"와 스페인어의 무어 족에 어원을 둔 필리핀 남부의 이슬람 교인들을 의미하는 "모로[Moro]"의 합성어로, "모로들의 국가"라는 뜻이다. 이때 "모로[Moro]"란 민다나오 지역과 술루 군도를 중심으로 필리핀 남부 지역에 거주하는 이슬람교도를 일컫는 말이다. "모로"의 어원은 고대 마우리[Mauri] 족이나 마우레타니아[Mauretania] 족에서 연유된 것이라고 하나, 일반적으로 16세기 스페인 통치자들이 자신들에게 보다 잘 알려진 무어[Moors] 족을 혼돈하여 부르기 시작한 것으로부터 유래되었다(양승윤 외 1998). 한편 무어 족은 8세기부터 15세기까지 유럽 동부의 이베리아 반도를 점령하고 다스린 이슬람 계통의 아랍인들을 의미한다. 이들은 북아프리카에서 이베리아 반도에 건너와서 이슬람왕국을 건설하고 현지를 통치하였다. 스페인은 1592년 이베리아 반도에서 무어 족의 이슬람국가를 완전히 몰아내고, 이베리아 반도를 통일하였다.

2 이 협상은 1993년 10월부터 필리핀 정부와 MILF 간 협의해온 결과이다. 이 협상문에는 마르빅 레오넨 Marvic M. V. F Leonen 필리핀 정부 협상단 대표와 모하게르 이크발[Mohagher Iqbal] MILF 협상단 대표가 서명하였고, 증인으로 압 가파르 빈 뎅키 모하메드[Tengku Dato' Ab Ghafar Bin Tengki Mohamed] 말레이시아 중재자 대표가 서명하였다. 이 장소에는 베니그노 아키노[Benigno Simeon Aquino III] 필리핀 대통령과 나집 툰 라작[Dato' Srj Hj. Mohd Najob Bin Tun Hj. Abdul Razak] 말레이시아 수상 및 무라드 에브라힘[Al Haj Murad Ebrahim] MILF의 의장과 에크멜레딘 이사노글루[Ekmeleddin Ihsanoglu] 이슬람회의기구[OIC: Organization of Islamic Cooperation] 사무총장이 동석하였다. 말레이시아 정부는 협정 체결에 매우 중요한 중재 역할을 하였는데, 이는 역사적으로 민다나오 지역이 동말레이시아 보르네오 섬의 사바 주와 인접하여 많은 관계를 맺어왔고, 또한 MILF와 말레이시아가 종교적으로 이슬람교를 숭배하여 같은 문화적인 뿌리를 공유하고 있기 때문이다. 보다 현실적인 이유로는 최근 들어 이 지역인들이 사바 주를 통해 말레이시아로 불법 이주하는 사례가 늘고, 말레이시아도 사바 주 발전을 추진하는 과정에서 주변 필리핀 지역의 정치적, 사회적 안정이 필요하기 때문이다. 특히 사바 주는 말레이시아에서 1인당 소득이 가장 낮은 주로 경제 개발이 시급하다. 이를 위해서는 현지의 우수한 자연경관을 바탕으로 관광산업의 육성이 필수적인데, 이러한 주변국 정치 불안이 이를 저해하고 있는 실정이다 (Avila, Ava Patricia C. 2012; Mastura 2013; Sakili 2012).

3 2013년 말 현재 필리핀의 지방행정 조직은 17개 지역[Region], 81개 주[Province], 144개의 시[City], 1490개 지방도시[Municipality], 4만 2028개 바랑가이[Barangay]로 구성되어 있었다. ARMM은 17개 지역 중 하나이다.

부로부터 광범위한 자치권을 확보[4]하게 되었다.

이후 필리핀 중앙정부와 MILF 대표부는 관련 세부사항을 확정하기 위해 지속적으로 협의를 계속하였고, 2014년 1월 현재 기본 협의문의 부록 형식으로 세부사항을 결정하여 ① 이전 방법 및 과정에 대한 부록문, ② 자산분배 및 수익분배 기준에 대한 부록문, ③ 권한분리 부록문 등을 도출하였다.

방사모로 자치지역 정부BJE: Bangsamoro Juridical Entity의 탄생은, 향후 각종 필리핀 개발사업의 창출을 통하여 필리핀 경제 발전에 매우 긍정적인 영향을 끼칠 중요한 사건이다. 또한 동남아에서 수십 년 동안 이어져 온 주요 분쟁을 종식시키는 매우 중요한 사건임에도 불구하고 아직까지 국내외에서 방사모로 자치지역에 대한 연구는 매우 제한적으로 이루어졌으며, 특히 방사모로 자치지역의 경제발전 정책이나 전략에 관한 연구는 아직까지 제시된 바가 거의 없다.[5] 이러한 시점에서 이 글은 방사모로 자치지역의 현황과 이 지역이 저개발된 원인으로 지목되는 경제적인 요소들을 살펴보고, 향후 경제 발전을 위한 주요 과제 및 정책 방향을 제시한다. 이를 요약하면 다음과 같다.

---

4 방사모로 자치정부는 예산편성권 외에 천연자원 소유개발, 토지 관리 · 불하, 산하 공기업 · 금융기관 신설 등에 관한 권한을 소유하게 된다. 아울러 아세안(동남아국가연합) 회원국들과의 독자 교역이 허용되는 등 상당한 수준의 자치 권한을 갖는다. 다만 국방안보, 외교정책, 통화정책, 체신, 지적재산권 분야의 권한은 중앙정부가 갖는다. 한편 사회보장과 연금, 교정, 법무 행정, 재해 대응, 공공질서 · 안전 유지 등과 관련해서는 중앙정부와 지방정부가 상호 권한을 공유한다.

5 방사모로의 독립에 관련된 연구는 김성철(2000), 양승윤 외(1998), 양승윤 외(2003) 등에서 다루었다. 이들은 주로 역내 이슬람인들의 독립운동과 투쟁의 역사를 2000년대 초반까지 설명하였다. 한편 가장 최신 연구로는 이동윤 · 김영일(2010)이 태국, 인도네시아, 필리핀의 분리독립 운동을 비교하는 과정에서 다루었다. 이후에는 관련 연구가 미진하여 2012년 협정 체결 이후 이와 관련된 연구는 거의 이루어지지 않았다.

첫째, 인구 및 GRDP 등 기초 경제 및 사회 지표를 추정한다. 이들 지표는 이 지역의 향후 발전 계획이나 전략을 수립하기 위한 가장 중요한 자료임에도 아직까지 집계되지 않고 있는 실정이다. 이를 위하여 방사모로 자치지역으로 예정된 지역인 ARMM 및 주변 지역의 기존 인구 및 GRDP 등을 조사하고 이를 종합한다.

둘째, 방사모로 자치지역의 각종 경제·사회 지표를 기반으로 방사모로 자치지역의 저개발과 저성장의 경제적 요인을 조사하여 분석한다.

셋째, 마지막으로 이러한 분석지표에 근거하여 향후 방사모로의 발전 방향 및 정책 방향을 제시한다. 방사모로 자치지역이 필리핀 내에서 가장 빈곤하고 발전되지 않은 지역이라는 점과 각종 사회기반 시설이 미비한 문제 등에 대해 해결 방안을 제시한다.

이 글은 5절로 되어 있다. 1절은 들어가며, 2절은 방사모로 자치지역의 탄생 과정을 기술하였고, 3절은 방사모로 자치지역의 경제·사회 현황을 제시하였다. 4절은 방사모로 자치지역이 저소득, 저개발 지역이 된 이유와 이를 해소할 정책 및 시사점을 제시하고, 마지막으로 5절은 맺으며로 마무리한다.

2. 방사모로 자치지역의 탄생과 경제운영 방식

1) 방사모로 자치지역의 탄생

2012년 10월 필리핀 중앙정부와 MILF는 20년 이상 계속되어 온 전투를 마치고, "방사모로 이슬람 자치지역에 대한 기본협정Framework of Agreement on the Bangsamoro"(이하 기본협정)을 말레이시아의 쿠알라룸푸르에서 타결하였다.[6] 이것은 이보다 앞선 4월 24일 양 대표진이 체결한 "기본원칙"을 보다 확장하고 구체화한 것으로, MILF이 필리핀 민다나오 섬 일원에서 완전한 독립국가 설립 요구를 포기하고 무장해제를 하는 대신, 필리핀 정부가 해당 지역에 광범위한 자치권을 부여하기로 약속하면서 양쪽 진영 간에 기본협상이 타결된 것이다.[7] 이 기본협정은 ① 방사모로 자치지역의 설정, ② 기본법Basic law, ③ 권한 분리, ④ 재정수지 및 자산 공유, ⑤ 영토, ⑥ 방사모로 자치지역 주민의 기본권, ⑦ 방사모로 자치지역 설립 준비 관련 제도적 정비, ⑧ 정상회귀 관련 사항, ⑨ 기타 사항 등 9개 항으로 구성되어 있으며, 2016년까지 BJE의 탄생을 예정하고 있다.

기본협정에 따르면 민다나오 섬 남서부 지역에 무슬림 자치지역인 "방사모로 자치지역"이 신설된다. 이때 방사모로 자치지역의 영토는 [그림 1]과 같이 현재 민다나오 섬의 ARMM과 2001년 주민투표에서 방사모로 자치지역 편입에 동의한 일부 도시와 바랑가이[8]를 추가로 포함시킨다.[9] 따라서 코타바또Cotabato와 이사벨라Isabela 시와 라나오델노르테Lanao del Norte 주

---

6   필리핀 정부와 MILF는 2012년 10월 7일 말레이시아 쿠알라룸푸르에서 열린 협상에서 기본협정문을 결정하였고, 10월 15일 필리핀 마닐라에서 필리핀 대통령과 MILF 수장이 협정문에 조인하였다.

7   기본협상안을 도출하기 위한 기본원칙은 10개 항으로 구성되어 필리핀 정부와 MILF 간 협정의 기본 방향을 제시한 것이다(The Philippine Government and the Moro Islamic Liberation Front, *GPH-MILF Decision Points on Principles as of April, 2012*, April, 24 2012).

8   바랑가이는 필리핀의 가장 소규모 행정단위로 마을에 해당된다. 2012년 9월 3일 현재 필리핀에는 4만 2028개의 바랑가이가 있다.

9   방사모로 자치지역은 기존 ARMM에 포함되었던 바실란Basilan 주, 라나오델수르Lanao del Sur 주, 마긴다나오Maguindanao 주, 술루Sulu 주, 타위타위Tawi-Tawi 주 등 5개 주([그림 1] 참조)와 마라위Marawi와 라미탄Lamitan 등 2개 시에서 2001년 국민투표에서 ARMM에 포함되는 안이 통과되었던 라나오델노르테 지역의 6개의 지방도시와 북코타바또North Cotabato의 6개 지방도시 중 39개 바랑가이, 코타바또와 이사벨라 등 2개의 시city 및 방사모로 자치지역이 신설되기 전에 이 지역에 가입되기를 희망하는 인접 지역 등이 포함된다.

그림 1 민다나오 방사모로 자치지역 현황

라나오텔노르테

카가얀대오로

파라위

라나오델수르

코타바또

다바오

마긴다나오

이사벨라 라미탄

북코타바또

바실란

제너럴산토스

술루

타위타위

출처 | 《Minda New》

의 발로이Baloi, 무나이Munai, 누눙간 Nunungan, 판타르 Pantar, 타골로안Tagoloan, 탕칼Tangcal 등의 지방도시와 주변 북코타바또North Cotabato 주의 208개 바랑가이 중 39개의 바랑가이가 이에 추가로 포함된다.

또한 법률적인 체계로는 필리핀 헌법을 준수하면서 지역 내에 통용될 기본법을 만들 수 있게 되어 있다. 이때 기본법은 이슬람교 율법인 샤리아에 부합하도록 하였다.[10] 한편 중앙정부는 ① 국방, ② 외교, ③ 무역, ④ 통화 발행, ⑤ 국민, ⑥ 우편사업 등에 대한 독점적인 권한을 갖도록 하였다.

그리고 ① 중앙정부와 방사모로 자치지역 간 권한분리Power Sharing, ②

---

10 이슬람 율법을 아랍어로 샤리아라고 한다. 샤리아에는 알라가 아랍인 예언자 무함마드를 통하여 무으민(마음에 자리 잡은 것이 행동으로 나타나는 사람)들에게 내려준 율법과 무함마드의 입을 통하여 와히(알라의 말, 메시지, 책)가 가져다준 율법이 포함된다(공일주, 『이슬람 율법』, 살림, 2010).

중앙정부와 방사모로 자치지역 간 자산분배 및 수익분배Revenue Generation and Wealth Sharing, ③ 방사모로 자치지역으로 이전 방법 및 과정Transitional Arrangements and Modalities, 정상화Normalization 등 추후 세부적으로 결정하여야 하는 사항은 기본협정에 대한 부록문Annexes 등의 형태로 만들어 추가하여 2016년까지 최종 평화협정을 공식 체결하기로 결정하였다.[11]

따라서 방사모로 자치지역에 대한 기본협정이 타결된 것은, 그동안 필리핀으로부터 독립한 독자적인 국가 설립을 주장했던 민다나오의 이슬람 분리주의자들이 일부 양보하고, 필리핀 정부 역시 모로인들이 보다 많은 권한을 보유한 자치구 형태로서 보다 넓은 지역에서 사는 것을 인정해준 결과라고 할 수 있다.

2014년 1월 현재 양쪽 대표자들 간의 협의는 계속되고 있으며, 협의문에서 추가로 결정하도록 제시한 4개의 합의사항 중 3개 사항에 대한 합의문이 도출되었고, 이는 기본협정문의 부록에 추가되었다. 예를 들어, 2013년 2월 27일에 "이전 방법 및 과정에 대한 부록문Annex on Transitional Arrangements and Modalities"이 도출되었고, 2013년 7월 13일에 "수입 확보 및 자산분배에 대한 부록문Annex on Revenue Generation and Wealth Sharing"이 합의되었다. 2013년 12월 8일에는 "권한분리 부록문Annex on Power Sharing"이 도출되었다.

2) 방사모로 자치지역의 경제 운영

방사모로 자치지역의 수입과 지출, 경제 관련 인허가권 관련 사항은 협정

11　2016년은 협정을 추진한 필리핀 아키노 대통령의 임기가 끝나는 해이다. 아키노 대통령은 자신의 임기 이전에 이를 마치도록 한 것이다.

문의 "재정수지 및 자산분배에 대한 부록문"에 제시되었다. 이는 BJE의 조세권과 각종 정부 수입에 관한 규정, 해외원조 관련 의사 결정이나 배분, 천연자원의 소유 및 이용권, 감사제도, 개발계획 수립 등의 내용을 포함한 12개 항목으로 구성되어 있다.[12]

이렇게 방사모로 자치지역의 재정수지 및 자산분배에 대한 항목이 따로 분리된 이유는 이슬람 분리운동이 발생한 원인이 정치적인 분리 욕구뿐만 아니라 민다나오의 이슬람인들이 경제적으로 낙후되고 빈곤하다는 데서 기인한다는 사실에서 비롯된 것이다.[13] 즉 필리핀 중앙정부나 MILF 측 모두 이들의 빈곤 타파와 경제 발전이 이 지역의 문제를 해결하기 위해 가장 우선적으로 해결해야 할 중요한 사안이라고 인정하기 때문에 이에 대한 포괄적인 협정을 추진하여야 한다고 생각하였다.[14]

이 협정의 부록 부문에서 가장 먼저 고려한 사항은 방사모로 자치지역의 세입 관련 내용이다. 이는 방사모로 자치지역이 자치정부를 운영하기 위한 자금 조달에 관한 내용으로 조세권, 기타 수수료 부과권, 기존 정부 소유 기업의 소유권 이전 등에 관한 항목이다. 이에 따르면 BJE는 기존 ARMM 정부가 보유하던 모든 조세권을 부여받고 추가로 이에 대한 여러

---

12 이 부록문의 마지막 항목은 남녀성별 차이의 극복 및 여성 개발에 관한 항목이다. 방사모로 자치지역에서 개발원조 금액의 최소 5퍼센트를 여성 개발에 사용하도록 규정하고 있는데, 이는 이슬람 문화의 특징상 여성에 대한 차별이 심하기 때문에 이를 제거하기 위한 방편으로 해석된다.

13 이동윤·김영일(2010)은 분리주의 운동의 주요 원인으로 첫째, 과거 스페인 식민지배와 미국의 식민지배 시기부터 지속되어 온 종교 갈등, 둘째, 필리핀 남부지역과 타지역 간의 경제적 격차와 불평등, 셋째, 필리핀 남부지역의 분리주의 운동과 지역갈등에 대한 중앙정부의 무차별한 진압정책 등으로 해석하였다.

14 한편 필리핀 정부 역시 민다나오 섬의 종합적인 발전을 위해서는 반드시 이 지역의 평화 정착과 사회 안정이 필수적이라는 점을 인식하고 있다(Deles 2013).

가지 권한을 부여받는다. 현재 ARMM은 소득세와 관세를 제외하고는 모든 세금을 부과할 수 있기 때문에 BJE 역시 이러한 권한을 모두 위임받게 된다. 또한 부과대상의 조세관할권이 방사모로 자치지역 내부와 방사모로 자치지역 외부 모두에 해당될 경우 양 정부가 협의하여 해결한다. 또한 자본이득세, 인지세, 부동산세 등 기존 국세청BIR: Bureau of internal Revenue이 부과하던 세금도 BJE가 부과하게 된다.

또한 기존 중앙정부가 부과하는 세금과 수수료 및 각종 요금 등으로 발생하는 수입은 중앙정부가 25퍼센트, BJE가 75퍼센트를 각각 배분받는다. 또한 BJE가 정상화될 때까지 한정 기간 내에 중앙정부가 받는 25퍼센트의 수입도 BJE가 소유한다. 그리고 BJE는 독자적인 세무 관련 부서를 설치하고, 이 지역의 발전과 투자활성화를 위해 필요하다고 인정되는 경우 해당 기업에 관련 세금을 면제해줄 권리를 갖는다.

마지막으로 BJE가 소유한 기업, 금융기관, 경제무역 지대, 항구 운영 등으로부터 발생하는 수익은 BJE가 보유하고, 현재 방사모로 자치지역 내에서만 운영되는 정부기관이나 정부 소유 금융기관은 모두 BJE의 소유가 된다. 이에 따라 기존 중앙정부 소유의 알아마나이슬람투자은행Al-Amanah Islamic Investment Bank of the Philippines과 남부필리핀개발청SPDA: Southern Philippines Development Authority은 BJE가 참여하도록 추후 논의한다. 그리고 전국적인 네트워크를 갖는 정부 소유 혹은 정부 관장 기관에 대하여서는 방사모로 자치지역의 대표자가 이사회나 의사결정 직위에 참여한다.

둘째, 이 협정문에 따라 BJE는 독자적인 해외원조Oversea Development Assistance 사업을 추진할 수 있게 되었다. 즉 BJE는 금융기관이나 정부와 독자적으로 계약을 체결하고, 관련 자금을 대출받아 사업을 추진할 수 있게 된 것이다. 다만 중앙정부의 보증이 필요할 경우에는 중앙정부의 허락을 받아야만 한다. 또한 BJE는 중앙정부가 인정한 개발계획을 수행하기 위해 독자적으로 채권을 발행하고 어음을 발행하며 담보를 제공할 수 있다. 이에 따라 BJE는 BOT^{Build-Operate-Transfer} 방식의 개발계획 즉 정부-민간 협력사업^{Public private participation}을 독자적으로 수립하고 추진할 수 있게 되었다.

셋째, 천연자원에 대한 수입 분배가 결정되었다. 방사모로 자치지역 내 ① 모래, 자갈, 진흙 등 비금속 천연자원^{Non metallic minerals}은 BJE가 소유하고, ② 금속자원은 BJE가 75퍼센트, 중앙정부가 25퍼센트를 소유하며, ③ 석유, 천연가스, 석탄 등 화석연료와 우라늄 및 관련 자원들은 BJE가 50퍼센트를 소유하고, 나머지 50퍼센트를 중앙정부가 소유하도록 결정하였다.

넷째, BJE와 중앙정부 간 재정정책위원회^{Fiscal Policy Board}를 개설하여 향후 협정 사항의 준수 및 기타 재정수지 관련 사항을 상호 협의하에 해결하도록 하였다. 특히 재정수지에 불균형이 발생하는 것을 방지하기 위해 정기회의를 개최하고 문제 발생 시 해결책을 논의하도록 하였다.

다섯째, BJE는 필리핀 국가 개발계획과 부합하는 지역 내 개발계획을 수립하고 추진할 권한을 부여받게 되었다. 이에 따라 BJE는 지역 특색을 반영하는 독자적인 정책을 개발하고 추진할 수 있게 되었다.

3. 방사모로 자치지역의 경제 및 사회 현황

1) 면적 및 인구

방사모로 자치지역은 기존의 ARMM을 비롯해 ARMM 주변의 2개의 도시와 6개의 지방도시 및 39개의 바랑가이를 추가로 포함하는 것이다. 이때 기존의 ARMM은 필리핀 17개 지역 중 하나로 [그림 1]과 같이 필리핀 남부 민다나오 섬 및 주변의 라나오델수르 주, 마긴다나오 주, 술루 주, 타위타위 주 등 4개 주와 바실란 주(이사벨라 시를 제외), 마라위 시를 포함한다.[15] ARMM의 면적은 2010년 기준으로 3만 3511.29제곱킬로미터이고, 이는 필리핀 전체 면적인 30만 제곱킬로미터의 11.2퍼센트에 해당하며, 필리핀 17개 지역 중 가장 넓은 면적을 차지한다.

한편 이번에 새롭게 방사모로 자치지역에 편입되는 지역은 2001년 주민투표에서 새롭게 ARMM에 가입하는 것에 찬성하는 비율이 높았던 코타바또 시와 이사벨라 시 및 라나오델노르테 주의 발로이, 무나이, 누능간, 판타르, 타골로안, 탕칼 등의 지방도시와 주변 북코타바또 주의 208개 바랑가이 중 39개가 해당된다. 이렇게 새롭게 추가되는 지역은 2547제곱킬로미터로, 이를 모두 합할 경우 전체 방사모로 자치지역의 면적은 3만 5475제곱킬로미터가 되고, 기존 ARMM의 면적에 비하여 약 5.9퍼센트가 증가하게 된다. 이는 필리핀 전체 면적의 약 11.8퍼센트에 해당되며,

---

15 필리핀의 17개 지역은 마닐라 수도권NCR: National Capital Region, 코르딜레라 자치행정구CAR: Cordillera Administrative Region, 지역 1: 일로코스Ilocos, 지역 2: 카가얀밸리Cagayan Valley, 지역 3: 중부 루손Central Luzon, 지역 4A: 칼라바르손CALABARZON, 지역 4B: 미마로파MIMAROPA, 지역 5: 비콜Bicol, 지역 6: 서부 비사야스Western Visayas, 지역 7: 중부 비사야스Central Visayas, 지역 8: 이스턴 비사야스Eastern Visayas, 지역 9: 잠보앙가 반도Zamboanga Peninsula, 지역 10: 북부 민다나오Northern Mindanao, 지역 11: 다바오Davao, 지역 12: 소크사르젠SOCCSKSARGEN, 지역 13: 카라가Caraga, ARMM 등으로 구성된다. 이때 ARMM은 필리핀 80개 주 중 라나오델수르 주, 마긴다나오 주, 술루 주, 타위타위 주 등 4개 주와 바실란 주(이사벨라 시 제외)와 마라위 시를 포함한다. 이는 1989년에는 자치 기본법이 성립된 이후 민다나오의 13개 주 9개 시에서 주민투표가 실시된 결과 이슬람교도가 다수를 차지하는 4개 주(라나오델수르 주, 마긴다나오 주, 술루 주, 타위타위 주)가 이러한 자시스템을 받아들여, 1990년 ARMM이 정식으로 발족했다. 한편 2001년의 주민투표의 결과, 지금까지의 4개 주에 추가하여 바실란 주(이사벨라 시를 제외)와 마라위 시가 ARMM에 편입되었다.

기존 필리핀 17개 지역 중 가장 넓은 면적에 해당된다.

인구 면에서는 기존 ARMM의 인구가 325만 6140명인데 새롭게 69만 2264명이 추가되어 방사모로 자치지역의 총인구는 21.3퍼센트가 증가한 394만 8404명이 된다. 따라서 방사모로 자치지역에 포함되는 인구비는 필리핀 전체 인구인 9233만 7852명의 약 4.3퍼센트로, 기존 ARMM의 3.5 퍼센트에 비해 약 0.8퍼센트가 증가하는 셈이다. 그러나 인구 측면에서 볼 때 방사모로 자치지역은 필리핀의 기존 17개 지역 중 11위가 된다.

이렇게 면적이 증가하는 것에 비해 인구 증가비가 훨씬 높은 것은 새롭게 추가되는 지역이 2개의 도시 및 6개 지방도시로 인구밀도가 비교적 높은 지역들이기 때문이다. 특히 이번에 포함되는 코타바또와 이사벨라 시는 모두 기존 ARMM에 포함되는 주의 가장 큰 도시 중의 하나이다. 이렇게 도시 위주로 이번 방사모로 자치지역에 포함되는 지역이 커짐에 따라 방사모로 자치지역의 인구밀도는 기존 ARMM의 인구밀도인 제곱킬로미터당 120명에서 133명으로 증가한다.

2) 경제 규모 및 1인당 소득

방사모로 자치지역의 경제 규모 및 1인당 소득을 살펴보기 위해 ARMM 의 경제 규모 및 1인당 소득을 먼저 살펴보았다. ARMM이 방사모로 자치지역의 면적에서 약 92.4퍼센트를 차지하고, 인구도 78.7퍼센트에 해당하므로 이를 중심으로 살펴본 것이다. 실제로 1인당 소득은 소규모 지역별 통계가 나오지만, 이보다 작은 규모인 도시나 지방도시 혹은 바랑가이 규모로는 나오지 않기 때문에 이를 통하여 살펴보는 것은 한계가 있다.

표 1   필리핀 지역별 인구 및 GRDP

	인구		GRDP							
	2012년		2009년		2010년		2011년		2012년	
	명(천)	구성비	금액	구성비	금액	구성비	금액	구성비	금액	구성비
필리핀 전체	95,771	100.0	8,026.1	100.0	9,003.5	100.0	9,706.2	100.0	10,564.9	100.0
NCR	12,273	12.8	2,871.5	35.8	3,236.4	35.9	3,460.5	35.7	3,830.8	36.3
CAR	1,671	1.7	180.2	2.2	198.0	2.2	209.4	2.2	212.0	2.0
지역 1	4,867	5.1	250.0	3.1	274.1	3.0	299.3	3.1	326.2	3.1
지역 2	3,319	3.5	147.6	1.8	150.0	1.7	166.1	1.7	187.9	1.8
지역 3	10,557	11.0	701.8	8.7	788.9	8.8	885.8	9.1	958.8	9.1
지역 4A	13,323	13.9	1,352.0	16.8	1,557.1	17.3	1,640.0	16.9	1,770.6	16.8
지역 4B	2,841	3.0	154.5	1.9	162.0	1.8	173.5	1.8	180.2	1.7
지역 5	5,579	5.8	171.0	2.1	191.5	2.1	199.2	2.1	216.9	2.1
지역 6	7,296	7.6	329.4	4.1	359.7	4.0	387.7	4.0	421.7	4.0
지역 7	7,037	7.3	464.4	5.8	538.6	6.0	590.8	6.1	666.2	6.3
지역 8	4,208	4.4	218.5	2.7	228.8	2.5	240.7	2.5	228.2	2.2
지역 9	3,532	3.7	170.4	2.1	187.3	2.1	197.6	2.0	216.6	2.1
지역 10	4,469	4.7	302.2	3.8	340.5	3.8	379.5	3.9	409.6	3.9
지역 11	4,640	4.8	336.5	4.2	372.1	4.1	406.7	4.2	423.7	4.0
지역 12	4,302	4.5	218.6	2.7	237.8	2.6	272.9	2.8	299.7	2.8
지역 13	2,502	2.6	87.2	1.1	99.0	1.1	108.4	1.1	122.5	1.2
ARMM	3,354	3.5	70.3	0.9	81.7	0.9	88.1	0.9	93.3	0.9

출처 | The Philippines Statistics Authority, Gross Regional Domestic Product 2010-2012, The Philippines Statistics Authority, National Account of the Philippines (http://www.nscb.gov.ph/sna/default.asp)

주 ① 각 지역의 이름은 다음과 같다. NCR^{National Capital Region}: 마닐라 수도권, CAR^{Cordillera Administrative} Region: 코르딜레라 자치행정구, 지역 1: 일로코스^{Ilocos}, 지역 2: 카가얀밸리^{Cagayan Valley}, 지역 3: 중부 루손^{Central Luzon}, 지역 4A: 칼라바르손^{CALABARZON}, 지역 4B: 미마로파^{MIMAROPA}, 지역 5: 비콜^{Bicol}, 지역 6: 서부 비사야스^{Western Visayas}, 지역 7: 중부 비사야스^{Central Visayas}, 지역 8: 이스턴 비사야스^{Eastern Visayas}, 지역 9: 잠보앙가 반도^{Zamboanga Peninsula}, 지역 10: 북부 민다나오^{Northern Mindanao}, 지역 11: 다바오^{Davao}, 지역 12: 소크사르젠^{SOCCSKSARGEN}, 지역 13: 카라가^{Caraga} ② 금액 단위는 10억 페소

ARMM의 GRDP는 [표 1]과 같이 2012년 기준 933억 1350만 페소로, 전체 필리핀 GRDP인 10조 5649억 페소의 0.9퍼센트에 해당되며 이는 필리핀 내에서 가장 경제 규모가 작은 지역이 된다.

한편, 앞서 살펴본 바와 같이 ARMM은 필리핀 지역 중에서 면적이 가장 넓고, 인구 역시 상당히 많은 반면 GRDP가 매우 낮기 때문에 ARMM의 1인당 GRDP는 필리핀에서 가장 낮은 수준을 보이고 있다. 즉, 이후 제시될 [표 4]와 같이 ARMM의 1인당 GRDP는 2012년 2만 8657페소를 기록하여 필리핀 전체 평균 1인당 GRDP 11만 314페소의 26퍼센트 수준에 불과했다. 이는 지역별로 볼 때 가장 낮은 수준이다.[16]

한편 방사모로 자치지역에 해당되는 나머지 지역의 지역소득 및 1인당 소득은 필리핀 통계청이 발표하지 않기 때문에 이를 추정하기 위하여 간단한 방식을 활용하였다. 즉, 이번 방사모로 자치지역에 새롭게 포함되는 각 도시와 지방도시의 평균소득에 인구수를 곱하여 각 도시와 지방도시

---

16 [표 2]의 ARMM의 1인당 소득이 [표 4]의 ARMM 1인당 소득과 차이가 나는 것은, 저자가 사용한 ARMM의 인구와, 필리핀 정부가 1인당 지역소득을 추정할 때 사용한 인구가 차이가 나기 때문이다. 필리핀 정부는 2012년 지역별 인구추정치를 사용하였고, 저자는 2010년 필리핀 인구센서스 결과를 사용하였다. 저자가 이렇게 2010년 센서스 인구를 사용한 것은 방사모로 자치지역의 인구 추정에 필요한 소규모 행정구역의 인구 통계는 2010년 센서스 통계만이 유일하기 때문이다.

표 2 　필리핀의 1인당 GRDP

	2009년		2010년		2011년		2012년	
	금액	전국 평균 대비	금액	전국 평균 대비	금액	전국 평균 대비	금액	전국 평균 대비
필리핀 전체	88,180	100.0	97,227	100.0	103,056	100.0	110,314	100.0
NCR	245,500	278.4	271,255	279.0	286,458	278.0	312,137	283.0
CAR	112,897	128.0	122,449	125.9	127,227	123.5	126,843	115.0
지역 1	53,166	60.3	58,808	60.5	62,186	60.3	67,030	60.8
지역 2	46,215	52.4	46,216	47.5	50,678	49.2	56,592	51.3
지역 3	70,335	79.8	78,218	80.4	85,473	82.9	90,822	82.3
지역 4A	109,592	124.3	123,292	126.8	126,217	122.5	132,899	120.5
지역 4B	57,053	64.7	57,805	59.5	62,055	60.2	63,415	57.5
지역 5	31,897	36.2	34,210	35.2	36,185	35.1	38,870	35.2
지역 6	46,863	53.1	49,196	50.6	53,802	52.2	57,801	52.4
지역 7	69,218	78.5	78,983	81.2	85,284	82.8	94,671	85.8
지역 8	53,819	61.0	55,082	56.7	57,873	56.2	54,236	49.2
지역 9	50,731	57.5	53,822	55.4	56,863	55.2	61,324	55.6
지역 10	71,424	81.0	79,901	82.2	86,447	83.9	91,654	83.1
지역 11	76,435	86.7	83,721	86.1	89,156	86.5	91,312	82.8
지역 12	54,155	61.4	60,204	61.9	64,782	62.9	69,663	63.1
지역 13	36,318	41.2	40,345	41.5	43,935	42.6	48,954	44.4
ARMM	21,843	24.8	25,642	26.4	26,617	25.8	27,819	25.2

출처 | The Philippines Statistics Authority, Gross Regional Domestic Product 2010–2012, The Philippines Statistics Authority, National Account of the Philippines (http://www.nscb.gov.ph/sna/default.asp)

주 　① [표 1]의 주 ① 참조 ② 금액 단위는 페소

등급	연평균 소득(페소)	평균
1등급	55,000 이상	60,000
2등급	45,000~55,000	50,000
3등급	35,000~45,000	40,000
4등급	25,000~35,000	30,000
5등급	15,000~25,000	20,000
6등급	15,000 이하	10,000

표 3 필리핀의 평균소득별 도시 및 지방도시 구별표

출처 | National Statistical Coordination Board, Income Classification (http://www.nscb.gov.ph/activestats/psgc/articles/con_income.asp)

의 지역소득을 구하고, 이를 기존 ARMM의 지역소득에 더하는 방식을 채택한 것이다.[17] 이때, 개별 지방도시의 소득 규모를 구하기 위하여 지방도시 평균소득 규모에 관한 자료를 찾아서 사용하였다. 즉, 필리핀이 각 도시와 지방도시를 소득등급별로 구분할 때 사용하는 6개 구분에서 각 등급의 중위값을 각 도시와 지방도시의 소득으로 고려하여 사용하기로 한 것이다. 이때 각 도시의 등급은 이전 3년간의 소득 평균을 사용하였다. 예를 들어, [표 3]과 같이 3등급이라 함은 2012년 기준 이전 3년간의 평균소득이 3만 5000~4만 5000페소인 경우에 해당되는데, 이 경우에는 이 지역 거주민의 소득을 4만 페소로 간주하였다. 이러한 방식으로 방사모로 자치지역에 새롭게 편입되는 2개 도시와 6개 지방도시의 1인당 소득과

---

17 이때 각 지방도시 인구는 2010년 통계만 얻을 수 있기 때문에 1인당 소득 추정에 필요한 인구수는 모두 2010년 자료를 이용하였다.

전체 소득을 추정한 결과, 1인당 소득은 2개 도시의 경우 5만 2058페소로 추정되고, 6개 지방도시는 3만 1751.1페소로 추정되었다. 또한 이에 각 도시와 지방도시의 인구수를 곱하여 구한 전체 소득은 각각 192억 4290만 페소와 43억 4970만 페소로 추정되어 방사모로 자치지역의 15.7퍼센트와 3.6퍼센트를 각각 차지하는 것으로 나타났다.

한편, 북코타바또 주 중에서 방사모로 자치지역에 포함되는 바랑가이의 소득 역시 이 마을이 포함된 지방도시의 평균소득과 인구수를 곱한 값을 사용하였다. 그러나 방사모로 자치지역에 포함되는 바랑가이 역시 각 지방도시에 속한 일부 지역이기 때문에 각 바랑가이가 속해 있는 지방도시의 평균소득에 방사모로 자치지역에 포함되는 바랑가이의 비율을 사용하였다. 예를 들어, 북코타바또 주의 카바칸Kabacan 지방도시에는 24개의 바랑가이가 존재하는데, 이 중 3개의 바랑가이(난가안Nangaan, 심부하이 Simbuhay, 상가동Sanggadong)가 방사모로 자치지역에 포함되므로 카바칸 지방도시의 전체 소득 중 3/24비율이 방사모로 자치지역에 포함된다고 가정하였다. 이때 카바칸 지방도시의 평균소득은 위와 같이 소득별 분류 기준에 의거하여 추정하였다. 이렇게 추정한 결과, 이번 방사모로 자치지역에 포함되는 바랑가이의 1인당 평균소득은 5만 8766.8페소로 추정되며, 전체 소득은 53억 7920억 페소로 추정되어 방사모로 자치지역 소득의 4.4퍼센트를 차지하는 것으로 나타났다.

이상에서 제시한 방식으로 방사모로 자치지역의 면적과 인구, 1인당 소득과 전체 소득을 추정한 결과를 [표 4]에 제시하였다. 먼저, 2012년 당시 방사모로 자치지역의 면적은 3만 5475제곱킬로미터로 필리핀 전체 면적

표4   방사모로 자치지역의 면적, 인구 및 소득

		면적 (㎢)	인구 (명)	1인당 소득 (페소)	전체 소득 (100만 페소)	
					금액	구성비
ARMM		33,511	3,256,140	28,657.7	93,313.5	76.3
도시 (2개)	코타바또	176	271,786	60,000.0	16,307.2	13.3
	이사벨라	224	97,857	30,000.0	2,935.7	2.4
	소계	400	369,643	52,058.0	19,242.9	15.7
라나오델노르테 의 지방도시 (6개)	발로이	91	50,387	40,000.0	2,015.5	1.6
	무나이	198	27,600	30,000.0	828.0	0.7
	누눙간	473	16,304	40,000.0	652.2	0.5
	판타르	70	18,440	20,000.0	368.8	0.3
	타골로안	70	11,674	20,000.0	233.5	0.2
	탕칼	179	12,588	20,000.0	251.8	0.2
	소계	1,080	136,993	31,751.1	4,349.7	3.6
바랑가이 (북코타바또 주 208개 중 39개)		483	91,535	58,766.8	5,379.2	4.4
방사모로 자치지역		35,475	3,854,311	31,726.9	122,285.3	100.0

출처 | The Philippines Statistics Authority, National Account of the Philippines (http://www.nscb.gov.ph/
sna/default.asp)

주   전체 소득은 2012년 자료를 사용하였지만, 인구는 2010년 자료를 사용하였다. 이는 2012년 시와 지방도시,
바랑가이의 인구가 2010년도 자료만 얻을 수 있기 때문이다.

30만 제곱킬로미터의 약 11.8퍼센트에 해당된다. 또한 인구는 385만 4311명으로 필리핀 전체 인구수인 9233만 7900명의 4.17퍼센트에 해당된다. 2012년 기준으로 방사모로 자치지역의 전체 소득은 1222억 9000만 페소이고 이는 필리핀 전체 소득 10조 5648억 9000만 페소의 11.6퍼센트에 해당된다. 이때 기존 ARMM 지역의 소득이 76.3퍼센트를 차지하고, 새롭게 방사모로 자치지역에 편입되는 지역이 23.7퍼센트를 차지하였다. 특히 방사모로 자치지역 내에서 유일하게 소득분위가 1등급인 도시 코타바또가 전체 소득의 13.3퍼센트를 차지하여 방사모로 자치지역의 경제 규모 확대에 기여하는 것으로 나타났다.

한편 방사모로 자치지역의 1인당 소득은 3만 1726.9페소로 [표 2]의 필리핀의 17개 지역의 각 지역별 1인당 GRDP와 비교한 결과, 방사모로 자치지역의 GRDP는 가장 규모가 작은 것으로 나타났다. 비록 방사모로 자치지역의 1인당 소득이 지역 중에서 가장 낮은 수준이긴 하지만 그마저도 기존 ARMM의 1인당 소득인 2만 8657.7페소에 소득분위 1등급 도시인 코타바또가 편입되고, 또한 3~4등급 소도시들이 포함되면서 증가한 결과이다.

3) 산업구조

방사모로 자치지역의 산업구조를 살펴보기에 앞서 ARMM 및 주변 민다나오 지역의 산업구조를 살펴보았다.

먼저 ARMM은 산업구조 측면에서도 필리핀의 다른 지역과 달리 낙후된 모습을 보이고 있다. [표 5]와 같이 필리핀의 산업구조에서 가장 높은 비율을 차지하고 있는 산업은 서비스업으로, 필리핀의 서비스업은 2012년 기준 6조 298억 페소를 기록하여 전체 산업의 57.1퍼센트를 기록하였다. 그리고 광고업, 건설, 전기·가스·수도업을 포괄하는 공업은 3조 2845억 페소로 전체 GRDP의 31.1퍼센트를 기록한 반면, 농업은 1조 2506억 페소로 11.8퍼센트를 기록하였다.

ARMM은 농업 분야에서 609억 페소를 생산하여 전체 GRDP의 65.3퍼센트를 기록한 반면, 공업은 44억 페소로 4.7퍼센트를, 서비스업은 280억 페소로 30퍼센트를 차지하는 데 그쳤다.

이를 더 자세히 알아보기 위해 ARMM의 주변 지역인 지역 10과 지역 12의 산업구조를 동시에 살펴보았다. [표 5]와 같이 이 두 지역에서 농업 생산이 전체 GRDP에서 차지하는 비율은 각각 27.1퍼센트와 37.9퍼센트였고, 공업 생산이 차지하는 비중은 31.1퍼센트와 27.4퍼센트, 마지막으로 서비스업은 41.8퍼센트와 34.7퍼센트를 각각 차지하여 이들 세 산업의

표 5 민다나오 자치구의 산업구조 (2012년) (단위: 10억 페소, %)

	ARMM		지역 10		지역 12		필리핀 전체	
	금액	구성비	금액	구성비	금액	구성비	금액	구성비
농업	60.9	65.3	110.9	27.1	113.5	37.9	1,250.6	11.8
공업	4.4	4.7	127.5	31.1	82.2	27.4	3,284.5	31.1
서비스업	28.0	30.0	171.3	41.8	104.0	34.7	6,029.8	57.1
총 액	93.3	100.0	409.7	100	299.7	100	10564.9	100.0

출처 | The Philippines Statistics Authority, Gross Regional Domestic Product 2010–2012.

생산 비중은 대체로 비슷하게 나타나고 있다.

결론적으로 ARMM과 지역 10, 지역 12는 필리핀 전체의 산업구조와는 뚜렷한 차이를 보이고 있다. 먼저 기후나 지형이 비슷한 민다나오의 ARMM과 지역 10, 지역 12를 비교하면 ARMM은 지나치게 농업의 비중이 높고 공업의 비중이 낮다는 것을 알 수 있다. 또한 서비스 비중 역시 상당한 차이를 보인다. 이는 대체로 ARMM의 개별적인 문제로 이러한 차이가 나타나는 것으로 해석된다.

한편 지역 10 및 지역 12의 산업구조와 필리핀 전체의 산업구조 비중을 비교할 때, 지역 10과 지역 12의 농업 비중이 필리핀 전체의 비중에 비해 매우 높은 반면, 서비스업 비중은 낮은 것으로 나타났다. 다만 공업 비중은 거의 비슷했다. 이는 지역 10 및 지역 12에 대도시가 포함되어 있지 않아서 서비스업 발전이 늦어진 것으로 해석된다.

[표 6]과 [표 7]에는 ARMM의 주요 농축수산물 재배면적 및 생산물을 제시하였다. 농산물은 기후에 영향을 크게 받아 생산량이 크게 변화하기 때문에 2년간의 생산량 혹은 금액을 살펴보았다. 이 지역 농축수산물 중 농산물이 70퍼센트 이상을 차지하고, 수산물이 약 20퍼센트 내외를 차지하는 것으로 나타났다. 그리고 가축과 가금류는 10퍼센트 미만으로 그 비중이 크지 않다. 2012년 기준으로 농산물 중 가장 큰 비중을 차지하는 것은 카사바이고 이어서 옥수수, 쌀, 코코넛 순이었다.

또한 주요 농산물 재배면적은 코코넛이 가장 많고, 이어서 옥수수와 쌀, 카사바 등인 것으로 나타났다. 자세하게 살펴보면 코코넛 재배면적이 31.9퍼센트, 옥수수 재배면적이 30.1퍼센트로 높은 비중을 차지하고 있으며 쌀이 그 뒤를 이어 20.5퍼센트를 차지한다. 이들 3가지 농산물 재배 면적이 전체 면적의 82.5퍼센트를 차지하는 것을 확인할 수 있다.

반면 필리핀 전체를 보면 쌀 재배면적 비중이 39.7퍼센트로 가장 높고 이어서 코코넛, 옥수수 순으로 나타났다. 이들 3개 농산물의 비중이 91.8

표 6	ARMM의 주요 농축산물				
상품	2011년			2012년	
	금액	구성비		금액	구성비
농산물	48,632	70.9		51,945	73.4
쌀	7,660	11.2		8,157	11.5
옥수수	10,683	15.6		9,636	13.6
코코넛	10,344	15.1		7,539	10.6
설탕	111	0.2		149	0.2
바나나	2,267	3.3		5,000	7.1
커피	568	0.8		605	0.9
카사바	11,918	17.4		12,716	18.0
고무	2,820	4.1		2,170	3.1
기타	1,690	2.5		5,354	7.6
가축	4,108	6.0		3,525	5.0
가금류	1,245	1.8		1,279	1.8
수산물	14,579	21.3		14,065	19.9
총계	68,565	100.0		70,815	100.0

출처 | Bureau of Agricultural Statistics (http://countrystat.bas.gov.ph)

| 표 7 | 주요 농산물 재배면적 (2012년) | | | (단위: ha, %) | |

	필리핀		ARMM	
	면적	구성비	면적	구성비
옥수수	2,593,825	21.9	298,812	30.1
쌀	4,689,960	39.7	202,801	20.5
코코넛	3,573,805	30.2	315,939	31.9
커피	119,999	1.0	13,746	1.4
고무	176,244	1.5	32,079	3.2
바나나	454,178	3.8	32,488	3.3
카사바	217,977	1.8	95,777	9.7
총계	11,825,988	100.0	991,642	100.0

출처 | Cabanbang, J. A. Agricultural Base and Physical Environment of the ARMM, Working Paper No. 10, Bureau of Agricultural Statistics (http://countrystat.bas.gov.ph)

퍼센트로 재배면적의 대부분을 차지하고 있다. 다만 카사바의 비중이 필리핀 전체에서는 1.8퍼센트에 불과하나 ARMM에서는 9.7퍼센트의 높은 비중을 차지하고 있어 다소 큰 차이를 보였다.

이렇게 쌀 재배면적이 필리핀 전체보다 적고, 카사바 등의 재배면적이 넓은 것은 ARMM의 농수로 개발이 적기 때문이다. 2012년 말 기준으로 ARMM의 농수로 보급률은 25.8퍼센트에 불과하여 대부분의 지역이 천수답인 것으로 나타났다. 이는 필리핀 전체 평균 농수로 보급률인 52퍼센트에 비하면 크게 낮은 수준이지만, 최근 들어 보급이 급격히 증가하여 이끌어낸 결과이기도 하다.[18]

표 8   ARMM의 주요 사회지표 (2010년 센서스기준)

		ARMM	지역 10	지역 12	필리핀 전체
가구당 인구(명)		6.0	4.7	4.5	4.6
인구밀도(명/km²)		97	210	183	308
평균 기대수명	남(세)	61.9	66.9	67.4	72.2
	여(세)	62.9	72.1	72.3	75.3

출처 | National Statistics Office, QuickStat on ARMM; National Statistics Office, QuickStat on Region 10;
National Statistics Office, QuickStat on Region 12.

4) 방사모로 자치지역의 사회지표

방사모로 자치지역의 사회 현황을 살펴보기 위하여 가구당 인구, 인구밀
도 및 평균 생존연령, 빈곤지표 등의 각종 사회지표를 살펴보았다.

먼저 [표 8]과 같이 ARMM 지역의 가구당 평균 인원은 6명으로 나타난
반면, 지역 10과 지역 12는 각각 4.7명과 4.5명으로 이보다 낮은 수치를 보
여주었다. 한편 필리핀 전체 가구당 인구 역시 4.6명으로 ARMM보다 낮
은 수준으로 지역 10이나 지역 12와 비슷한 양상을 보여주었다.

한편 인구밀도는 ARMM이 제곱킬로미터당 97명인 반면, 지역 10과 지
역 12는 각각 210명과 183명으로 2배나 높았고, 필리핀 전체의 인구밀도

---

18   ARMM의 농수로 보급률은 지난 2008년 13.7퍼센트에 불과하였으나 이후 꾸준히 상승하여 2012년에
는 25.8퍼센트까지 상승했다. 필리핀 정부의 발표에 따르면 지난 5년간 농수로 보급이 가장 크게 늘어
난 지역이 ARMM이라고 한다(Valencia, Czeriza, "Irrigated lands expand 1.2% in 5 yrs," The Philippine
Star, August 5, 2013, "What Ails ARMM?" Lag Policy Brief, June 2011, The Institute for Autonomy and
Governance [IAG]).

역시 308명으로 이보다 훨씬 높았다. 지역민의 평균 기대수명은 ARMM의 경우 남자가 61.9세, 여자가 62.9세로 지역 10과 지역 12에 비해 남자의 경우 약 5년, 여자의 경우 10년 내외로 기대수명이 낮은 것으로 나타났다. 한편 필리핀 전체 기대수명에 비해서는 남자의 경우 10년, 여자의 경우 13년이나 평균 수명이 낮은 것으로 나타났다.

한편 방사모로 자치지역의 빈곤 비율 살펴보기 위하여 방사모로 자치지역의 가장 많은 부문을 차지하는 ARMM의 빈곤 비율을 조사하여 [표 9]에 제시하였다.

2012년 현재 ARMM의 가구별 빈곤 비율은 48.7퍼센트로, 필리핀 전체 평균인 19.7퍼센트의 2.5배에 육박하고, 필리핀 17개 지역 중 가장 높은 비율을 보여주었다. 또한 ARMM의 개인별 빈곤 비율은 55.8퍼센트로, 필리핀 전체 평균인 25.2퍼센트의 2배 이상으로 필리핀 17개 지역 중 가장 높은 수치를 보이고 있다.

한편 ARMM의 높은 빈곤 비율은 최근 들어 더욱 악화되는 것으로 나타났다. [표 9]와 같이 1991년 가구 기준으로 ARMM의 빈곤 비율은 26.9퍼센트에 불과하였다. 당시 필리핀 전체의 평균 빈곤율이 29.7퍼센트인 것을 고려할 때 ARMM은 마닐라 및 일부 지역을 제외하고는 빈곤율이 낮은 지역 중의 하나였다. 그러나 이후 필리핀의 많은 지역들이 경제성장을 통해 빈곤율을 하락시킨 반면, ARMM은 크게 높아져 결국 2012년에는 빈곤율이 가장 높은 지역이 되었다.

결론적으로 2012년 현재 방사모로 자치지역은 필리핀에서 가장 경제규모가 작은 지역으로, 소득 수준이 낮고 빈곤 비율이 높은 지역이다. 그

표 9 　필리핀 지역별 빈곤 비율

	가구 기준				인구 기준			
	1991년	2006년	2009년	2012년	1991년	2006년	2009년	2012년
필리핀 전체	29.7	21	20.5	19.7	34.4	26.6	26.3	25.2
NCR	5.3	2.9	2.4	2.6	7.1	4.7	3.6	3.9
CAR	36.7	21.1	19.2	17.5	42.7	26	25.1	22.8
지역 1	30.6	19.9	16.8	14.0	36.6	25.9	22.0	18.5
지역 2	37.3	21.7	20.2	17.0	42.8	26.8	25.5	22.1
지역 3	18.1	10.3	10.7	10.1	21.1	13.1	13.7	12.9
지역 4A	19.1	7.8	8.8	8.3	22.7	10.3	11.9	10.9
지역 4B	36.6	32.4	27.2	23.6	44.4	40.6	34.5	31.0
지역 5	48.0	35.4	35.3	32.3	54.5	44.2	44.2	41.1
지역 6	32.3	22.7	23.6	22.8	39.6	29.1	30.8	29.1
지역 7	38.2	30.7	26	25.7	43.6	35.9	31	30.2
지역 8	42.3	33.7	34.5	37.4	50.0	41.5	42.6	45.2
지역 9	36.4	40.0	39.5	33.7	40.3	45.0	45.8	40.1
지역 10	42.6	32.1	33.3	32.8	46.6	39.0	40.1	39.5
지역 11	34.1	25.4	25.5	25.0	39.6	30.6	31.4	30.7
지역 12	47.4	31.2	30.8	37.1	53.3	37.9	38.3	44.7
지역 13	48.5	41.7	46	31.9	54.3	49.2	54.4	40.3
ARMM	26.9	40.5	39.9	48.7	30.5	47.1	47.4	55.8

출처 | National Statistical Coordination Board, 2013, *2013 Official Provincial Poverty Statistics of the Philippines.*

리고 이러한 격차는 1990년대 이후 더 커진 것으로 해석할 수 있다.

4. 방사모로 자치지역의 저개발 원인

1) 저개발 원인 분석 방법론

미시경제이론에 따르면 생산은 노동과 자본 및 기술이 결합하여 이루어진다. 따라서 생산 증가 역시 노동 증가, 자본 증가 및 기술 개발의 성과에 따라 결정된다고 할 수 있다.

따라서 경제성장이 어떠한 요인에 따라 이루어졌는가를 확인하려면 수학적 방정식 형태의 생산함수를 설정하고 기존 통계자료를 대입하여 각 구성요소의 기여도를 측정하는 방법을 사용하게 된다. 즉 생산요소인 노동의 기여도, 자본의 기여도 및 기술 개발의 기여도 혹은 총요소생산성 등을 추정하여 그 성과를 살펴보게 된다.[19]

방사모로 자치지역이 생산증가율이 낮고, 저개발 상태로 남아 있는 원인을 살펴보기 위해서는 이러한 방법론을 사용할 수 있다. 그러나 현실적으로 방법론을 사용하기에는 다소 무리가 있다. 방사모로 자치지역은 이들 각 요소에 대한 시계열적인 자료가 제시되어 있지 않기 때문이다. 기본적으로 방사모로 자치지역이 필리핀에서도 가장 저개발 지역이기 때문에 관련 지방 통계가 제대로 작성되어 있지 않다. 또한 일부 지방 통계가 작성되어 있어도 방사모로 자치지역은 아직까지 정식 행정구역으로

---

19 생산함수 및 기여도에 대한 설명은 David Romer, *Advanced Macroeconomic Theory* 4th Edition, 2012, McGraw-Hill 등을 참조. 장인성, 「총요소생산성의 추이와 성장률 변화요인 분석」, 국회예산정책처, 2013. 8.

설정되어 있는 지역이 아니기 때문에 방사모로 자치지역에 국한된 통계가 만들어져 있지 않다.

이 글에서는 이러한 문제점으로 인하여 위에서 제시한 계량적인 방법론보다는 기초 통계를 사용하는 기술적인 방법론을 사용하기로 한다. 즉 방사모로 자치지역에 대한 광범위한 통계조사를 통하여 위의 각 요인들의 현황이나 변화사항을 제시하고, 필리핀의 다른 지역과 비교하여 그 의미를 찾도록 하였다.

2) 민간투자의 부진

현재 방사모로 자치지역의 투자 통계는 직접적으로 집필되어 공개된 것이 없기 때문에 여기에서는 간접적인 방법으로 방사모로 자치지역의 기업 현황을 살펴보았다. 실제 투자 업무를 수행하는 것은 기업이고, 기업의 규모는 투자의 결과로 나타나기 때문에 이 지역에 기업 수가 적거나 기업들의 규모가 상대적으로 작다면 그동안 투자가 별로 이루어지지 않았다는 것을 의미하기 때문이다. 또한 방사모로 자치지역의 가장 큰 규모를 차지하는 지역이 ARMM이므로 이 지역을 중심으로 살펴보았다.

먼저 ARMM 내에 종업원이 20인 이상인 기업 및 공공기관의 수를 살펴본 결과 [표 10]과 같이 59개로 나타났다. 그 반면 지역 10과 지역 12에서 종업원을 20인 이상 고용한 기업의 수를 살펴본 결과 각각 568개, 359개의 기업이 존재하는 것으로 나타났고, 필리핀 전체에는 2만 3630개인 것으로 나타났다.

한편 민간기업당 인구수(전체 인구/민간기업 수)를 살펴본 결과, ARMM

| 표 10 | ARMM 및 주변 주의 20인 이상 고용기업 수 | | | |

	ARMM	지역 10	지역 12	필리핀 전체
20인 이상 고용기관 수(A)	59	568	359	23,630
공공기관(B)	41	157	143	4,199
B/A(%)	69.5	27.6	39.8	17.8
민간기업(C)	18	411	216	19,431
C/A(%)	30.5	72.4	60.2	82.2
전체 인구(D, 명)	2,429,224	4,297,323	4,109,571	92,337,852
기관당 인구(D/A, 명)	41,173	7,566	11,447	3,908
민간기업당 인구(D/C, 명)	134,957	10,456	19,026	4,752

출처 | National Statistics Office, QuickStat on ARMM (http://www.census.gov.ph/statistics/quickstat)

은 13만 4957명인 반면, 지역 10은 1만 456명, 지역 12는 1만 9026명으로 나타났고, 필리핀 전체는 4752명으로 나타나 매우 큰 차이를 보이는 것으로 나타났다. 즉 ARMM 내에 종업원이 20인 이상인 민간기업 수가 상대적으로 매우 적고, 주변 지역인 지역 10과 지역 12도 필리핀 평균에 비하여 매우 적은 것으로 나타났다.

이를 보다 자세하게 살펴보기 위해 공공기관의 성격을 띠는 부문과 순수 민간부문을 구분하여 살펴보았다. 즉 ARMM 내에서 교육이나 전기·가스, 의료 복지 등의 업종을 공공기관의 성격이 강한 부문으로 정의하고 나머지를 순수 민간부문으로 구분하여 이들 업종 간의 종업원 20인 이상의 기업 수를 살펴보았다.

먼저 ARMM 내에 교육기관 28개, 전기·가스·수도 관련 기관 9개, 의료 및 사회 복지가 4개 기관 등 공공기관의 성격이 강한 기관 등이 전체의 69.5퍼센트인 41개로 나타났고, 순수 민간기업 수는 30.5퍼센트 내외로 불과 18개만 존재하였다. 한편 지역 10과 지역 12에서 공공기관의 비중이 각각 27.6퍼센트와 39.8퍼센트를 차지하고, 민간기업의 비중이 각각 72.4퍼센트와 60.2퍼센트를 차지하여 ARMM과 지역 10, 지역 12 간에 종업원 20인 이상 고용 기업 수에서 공공기관과 민간기업 간의 비중 차이가 크게 나는 것으로 나타났다. 한편 필리핀 전체의 민간기업과 공공기관의 비중을 살펴본 결과, 공공기관의 비중은 17.8퍼센트로 나타났고 민간기업은 82.2퍼센트로 제시되었다. 따라서 지역 10과 지역 12는 종업원 20인 이상 보유한 기업 중 민간기업이 차지하는 비중이 필리핀 전체에 비하여 크게 낮고, ARMM은 지역 10과 지역 12에 비해서도 크게 낮은 것을 알 수 있다.

결론적으로 ARMM에는 종업원이 20인 이상인 기업 수가 인구 대비로 볼 때 주변 지역이나 필리핀 전체에 비해 절대적으로 적고, 민간기업의 비중도 이보다 낮다고 해석할 수 있다. 이는 다른 지역에 비해 ARMM 지역에 민간투자가 매우 부진하게 이루어지고 있다는 것을 보여준다.

방사모로 자치지역에 이렇게 투자가 저조한 것은 불확실성을 회피하려는 기업투자의 속성 때문에 발생한 현상으로 해석된다. 이 지역이 정치적인 분쟁지에 속하여 사업의 불확실성이 크고 기업인들의 안전이 위협받기 때문에 이 지역에 자본가들의 투자가 매우 어려워진다.

3) 교육 및 인적자원

방사모로 자치지역의 노동생산성을 살펴보기 위해 이에 영향을 주는 각종 교육 관련 지표를 살펴보았다. 아직까지 이 지역에는 노동생산성 지표가 작성되지 않았기 때문에 간접적인 방법을 택했다.

먼저 ARMM의 문맹률은 약 30퍼센트로 필리핀 전체 평균인 5.7퍼센트에 비하여 상당히 높은 수치를 보이고 있다. 또한 ARMM의 학교 진학률과 타지역의 학교 진학률을 조사한 결과, [표 11]과 같이 필리핀의 다른 지역에 비해 현저하게 떨어지는 것으로 나타났다. 즉 필리핀 17개 지역의 초등학교 및 고등학교 진학률에서 ARMM의 초등학교 진학률은 65.8퍼센트로 필리핀 평균인 91.2퍼센트에 비하여 크게 뒤처져 있으며, 고등학교 진학률도 33.1퍼센트로 필리핀 전체 평균인 62퍼센트에 비해 절반 수준에 그치고 있는 실정이다.

또한 시계열적으로 볼 때 ARMM의 이들 지표는 전혀 개선이 되지 않고 오히려 악화되는 것으로 나타났다. 예를 들어, 2002년 ARMM의 초등학교 진학률은 약 92.7퍼센트였으나 2011년에는 65.8퍼센트로 크게 떨어졌고, 고등학교 진학률로 2002년 23.7퍼센트에서 2005년 35.6퍼센트로 상승하였으나 이어 2011년에는 33.1퍼센트로 다시 하락하는 양상을 보이고 있다.

이러한 사실은 필리핀 정부가 수행하는 학력평가점수National Achievement Test에서도 확인할 수 있다. ARMM 지역은 2003년 이후 계속하여 17개 필리핀 지역 중 가장 낮은 점수를 기록하고 있다.

한편 이러한 성과를 종합한 인간개발지수Human Development Index를 살펴본

표 11   지역별 취학률   (단위: %)

	초등학교			고등학교		
	2002년	2005년	2011년	2002년	2005년	2011년
필리핀 전체	90.3	84.4	91.2	59.0	58.5	62.0
NCR	97.4	92.6	90.7	75.3	75.0	78.0
CAR	91.5	82.6	103.4	59.6	57.8	68.4
지역 1	89.6	84.9	95.0	68.3	65.8	72.2
지역 2	86.7	79.9	99.2	59.5	59.0	68.6
지역 3	93.6	90.8	91.3	67.7	68.9	71.3
지역 4A	96.0	92.9	89.1	68.2	69.1	68.7
지역 4B	91.5	84.4	91.1	57.6	56.1	57.4
지역 5	91.0	85.4	95.5	54.9	53.2	68.2
지역 6	86.0	77.1	89.4	57.3	54.9	56.3
지역 7	88.1	80.1	96.0	57.3	54.8	58.2
지역 8	85.9	80.0	92.8	49.0	50.1	55.5
지역 9	89.7	79.1	97.7	49.2	47.2	47.5
지역 10	89.0	80.2	97.1	53.4	51.3	54.1
지역 11	85.0	79.0	103.6	52.3	49.0	56.2
지역 12	82.0	77.4	85.8	53.4	51.3	50.3
지역 13	80.7	74.8	96.6	49.8	48.5	54.7
ARMM	92.7	87.3	65.8	23.7	35.6	33.1

출처 | National Statistical Coordination Board (http://www.nscb.gov.ph/poverty/default.asp)

주   [표 1]의 주 ① 참조

표 12   지역별 인간개발지수

		1997년	2000년	2003년	2006년	2009년
필리핀 전체		0.62	0.62	0.62	0.60	0.61
ARMM	바실란	0.54	0.38	0.39	0.43	0.46
	라나오델수르	0.43	0.43	0.50	0.41	0.42
	마긴다나오	0.41	0.37	0.34	0.30	0.30
	술루	0.32	0.27	0.31	0.27	0.27
	타위타위	0.50	0.38	0.39	0.20	0.31
지역 10	다바오델노르테	0.44	0.43	0.53	0.48	0.51
	다바오델수르	0.38	0.39	0.36	0.36	0.37
	다바오오리엔탈	0.51	0.59	0.58	0.54	0.61
	콤포스텔라 밸리	0.48	0.42	0.40	0.39	0.45
지역 12	북코타바또	0.42	0.44	0.47	0.46	0.50
	사랑가니	0.38	0.39	0.36	0.36	0.37
	남코타바또	0.51	0.59	0.58	0.54	0.61
	술탄쿠다라트	0.48	0.42	0.40	0.39	0.45

출처 | National Statistical Coordination Board, Human Development Index (http://www.nscb.gov.ph/hdi/ DataCharts.asp)

결과, 이 차이는 지속되는 것으로 나타났다.[20] 예를 들어, [표 12]와 같이 2009년 기준으로 ARMM 지역의 인간개발지수값은 0.27~0.46으로 큰 편

---

20 인간개발지수는 유엔개발계획[UNDP]이 매년 각 국가의 교육 수준, 1인당 소득, 평균수명 등을 기준으로 국가의 삶의 질을 점수로 계량화하여 인간 개발의 성취 정도를 나타내는 지수다. 인간개발지수는 인간다운 생활수준을 가늠하기 위해 개발된 복합적 지수로 지난 1990년부터 각국의 장수 및 보건 수준과 교육 수준, 생활수준을 토대로 작성되고 있다. 2009년 이전에는 장수 및 보건 수준은 기대수명을, 교육 수준은 성인문맹률과 총취학률을, 생활수준은 1인당 GDP를 지표로 작성되었으나 2010년부터 교육 수준은 평균교육연수와 기대교육연수를, 생활수준은 1인당 GNI를 지표로 하여 산출한다.

차를 보이는 가운데 필리핀 평균 인간개발지수값인 0.61에 비해 상당히 낮은 실정이다. 또한 주변 지역인 지역 10, 지역 12와 비교할 때에도 전반적으로 낮은 수치를 기록하고 있다. 예를 들어, ARMM의 마긴다나오, 술루, 타위타위 주는 지역 10과 지역 12에서 가장 낮은 수준을 나타내고 있으며, ARMM에서 가장 높은 수준을 보인 바실란 역시 지역 10과 지역 12와 비교하면 낮은 수준에 있는 실정이다.

한편 이러한 특징은 시간이 지나도 크게 개선되지 않는 것으로 나타났는데, 지난 2000년 이후 ARMM 지역에서 바실란을 제외하고는 인간개발지수가 모두 하락하는 양상을 보였다. 이는 지역 10과 지역 12에서 대체로 개선 혹은 현상 유지를 보였던 것에 비해 크게 차별화된다.

이렇게 ARMM 지역의 교육 수준이 크게 떨어지고 최근 수년 동안 오히려 낙후되는 모습을 보인 것은 크게 세 가지로 해석될 수 있다. 첫째, 교육의 중요성에 대한 이 지역 사람들의 인식 부재이다. 이 지역 주민들이 아직까지 교육의 중요성을 인식하지 못해 어린 학생들이 학교에 가지 못하고 있는 실정이다. 이는 교육을 통한 다음 세대의 발전을 심각하게 고려하지 못하고 있다는 의미가 된다.

둘째, 학교제도의 낙후성이다. 교육이 이루어지려면 이에 대한 투자가 이루어져야 한다. 이 지역 교육의 문제점 중 하나로 고등교육을 받은 교사들이 현저하게 부족한 가운데 각종 정치적인 불안으로 이들이 이 지역을 떠나 다른 지역으로 이주하기 때문이다. 따라서 적절한 교육을 공급할 주체들이 크게 부족한 실정이다.[21]

셋째, 이 지역 지방정부가 교육시설 개선에 투자를 하지 않았고, 또한 각종 개발기구의 지원이 이루어지지 않았다는 점이다. 정부의 역할이 미비하여 전반적으로 재정 집행이 미비한 가운데 교육시설의 개선을 중요한 정책목표로 삼지 않고 있는 것으로 나타났다.

4) 인프라 시설

방사모로 자치지역의 인프라 시설을 살펴보기 위하여 역내 도로, 항만 및 공항 시설과 이용객 수 및 전기발전량을 조사하였다. 이때 방사모로 자치지역이 ARMM 및 주변 지역을 포함하기 때문에 ARMM뿐 아니라 주변지역에 대한 사항을 제시하였다.

먼저 국도 및 다리 현황을 보면 [표 13]과 같이 ARMM 지역의 국도 길이는 992.6킬로미터로 나타났고, 도로 포장률은 2013년 6월 기준으로 81.9퍼센트를 기록하여 필리핀 국도 전체 평균포장률인 72퍼센트에 비해 높은 것으로 제시되었다. 이를 또한 본섬 지역과 주변 섬 지역으로 구분할 때, 본섬 지역의 포장률은 87.2퍼센트로 나타난 반면 주변 섬 지역의 포장률은 70.3퍼센트로 나타나 본섬의 포장률과 크게 차이를 보이는 것으로 나타났다.

또한 지역과 지역, 도시와 도시를 연결하는 국도의 포장 비율은 매우 높은 반면, 일반도로의 포장 비율은 상당히 낮은 수준을 나타내고 있다. 먼저 ARMM 내 주 지방도providence road의 포장률은 33.6퍼센트에 그쳤고, 국도, 지방도 등에 포함되지 않은 일반도로의 경우에는 [표 14]와 같이 포장

---

21 ARMM 정부는 2013년 12월, 2649명의 교사를 추가로 배치할 필요가 있다고 제시하였다(《Business Mirror》 2013년 12월 1일).

표 13 국도 및 다리 현황

지역		전체 국도				다리		전체 국도 및 다리 길이 (km)
		콘크리트 (km)	아스팔트 (km)	자갈 (km)	전체 (km)	수	길이 (km)	
주변 섬	바실란	125.2	0.7	28.0	153.9	35.0	1.0	154.9
	술루 1	68.3	0.2	21.3	89.9	24.0	0.2	90.1
	술루 2	38.7	—	6.2	44.9	5.0	0.0	44.9
	타위타위	52.6	—	62.5	115.1	10.0	0.4	115.5
민다나오 본섬	마긴다나오 1	137.3	—	7.3	144.6	22.0	1.1	145.7
	마긴다나오 2	117.8	9.4	10.4	137.7	36.0	1.6	139.2
	라나오델수르 1	116.3	—	29.6	145.9	43.0	1.4	147.4
	라나오델수르 2	146.3	—	14.3	160.6	35.0	1.0	161.6
ARMM 합계		802.6	10.4	179.6	992.6	210.0	6.7	999.3
포장률(%)		80.9	1.0	18.1	100.0	—	0.7	100.0
주변 섬(%)		70.3	0.2	29.1	99.6	—	0.4	100.0
민다나오 섬(%)		87.2	1.6	10.4	99.1	—	0.9	100.0

출처 | Tulawie, Apashra R., *Physical Infrastructure in the ARMM*, Working Paper 8, 2013.

률이 1.41퍼센트에 그치고 있다. 즉 ARMM 내 국도가 999.3킬로미터를 차지하는 반면, 주 지방도 및 일반도로가 각각 177.5킬로미터와 5626.78킬로미터를 차지하기 때문에, 이들 일반도로의 포장률이 매우 낮다는 것은 전반적인 도로의 포장 상태가 좋지 않다는 점을 의미한다. 따라서 일반도로의 비포장으로 인하여 이 지역의 주력 산업에 종사하는 농민들이 자신

표 14	일반도로 포장 현황		
주	도로(km)	포장도로(km)	포장률(%)
라나오	3,709.44	16.00	0.43
마긴다나오	1,050.00	35.00	3.33
바실란	212.34	10.44	4.92
술루	655.00	18.00	2.75
ARMM 합계	5,626.78	79.44	1.41

출처 | Tulawie, Apashra R., *Physical Infrastructure in the ARMM*, Working Paper 8, 2013.

의 생산물을 판매지로 이동하기 매우 어려운 환경이라고 할 수 있다.

이렇게 국도의 포장률이 높은 반면 지방도나 일반도로의 포장률이 낮은 것은 이 지역의 경제활동이 매우 부진하기 때문이기도 하다. 중앙정부가 관리하는 국도는 중앙정부 예산이 할당되기 때문에 포장이 잘 되어 관리도 원만하게 이루어지고 있지만, 지방정부가 관리하는 일반도로의 포장은 재원 부족이나 운영 미숙 등으로 관리가 매우 어렵기 때문이다.

ARMM 내에 항공기를 통한 교통 및 수송 현황을 살펴보기 위하여 공항 수 및 이용객을 조사하였다. 먼저 ARMM 내에는 국제공항이 존재하지 않고, 1개의 1급 국내공항과 2개의 2급 국내공항이 존재한다.[22] 이때

---

[22] 필리핀의 공항은 필리핀 항공국CAAP: Civil Aviation Authority of the Philippines의 규정에 따라 국제공항과 국내공항으로 구분되고 국내공항은 다시 1급 국내공항, 2급 국내공항 및 마을공항 등으로 구분된다. 이때 1급 국내공항은 100명 이상의 인원을 태운 항공기가 이착륙할 수 있는 공항을 의미하고, 2급 국내공항은 19석 이상을 보유한 항공기가 이착륙할 수 있는 공항을 의미한다. 마을공항은 19석 이상 좌석을 보유한 항공기의 이착륙이 허용되지 않는 공항이다.

1급 국내공항은 코타바또 시 근교의 아왕Awang, 말라방Malabang에 위치한 오딘 신수아트Datu Odin Sinsuat 공항이고, 2급 국내공항은 민다나오 본섬이 아닌 주변 섬 타위타위 섬의 봉가오Bongao와 술루 섬의 홀로Jolo에 위치한 다. 그리고 ARMM 내 이들 섬에 있는 공항 간 이동을 하려면 ARMM 내 직항이 없어서 마닐라나 다바오를 거쳐서 와야 하는 불편함이 있다.

2007년 이후 2012년까지 ARMM 지역의 항공기 탑승객 수를 보면 [표 15]와 같다. 항공기 탑승객 수는 2007년 15만 5932명에서 2012년 26만 3188명으로 약 68퍼센트 증가하였다. 그러나 같은 기간 동안 필리핀 전체 항공기 탑승자 수가 약 71퍼센트 증가하였기 때문에 ARMM 내 항공기

표 15	ARMM 공항의 항공기 탑승객 수					
공항	2007년	2008년	2009년	2010년	2011년	2012년
아왕(명)	127,198	104,535	199,133	219,104	192,017	246,209
홀로(명)	14,245	18,749	9,029	9,931	72,796	16,979
상아상아(명)	14,489	—	5,539	14,230	21,527	—
ARMM 전체(A)	155,932	123,284	213,701	243,265	286,340	263,188
전체 비율(A/B, %)	0.46	0.34	0.52	0.60	0.54	0.45
증가율(%)	—	−20.94	73.34	13.83	17.71	−8.09
국가 전체(1000명, B)	34,259.5	36,162.9	40,934.9	40,862.3	52,632.3	58,583.2
증가율(%)	—	5.56	13.20	−0.18	28.80	11.31

출처 | Civil Aviation Authority of the Philippines, Aircraft Movement, various year (http://www.caap.gov.ph/index.php/downloads)

이용객 수는 필리핀 전체 평균에 미치지 못하는 것이라 할 수 있다. 더욱이 전체 필리핀 공항 이용객 수 대비 이들 공항 이용객 수 비율은 0.45퍼센트에 그쳐 이 지역 공항의 이용객 수는 매우 작은 것으로 평가된다.

마지막으로 방사모로 자치지역의 기반 시설로 전기 수급을 살펴보았다. 이때 방사모로 자치지역이 ARMM뿐만 아니라 주변 지역을 포함하기 때문에 ARMM 및 민다나오 전체를 살펴보았다. 현재 ARMM 내의 전기 수급은 ARMM 내부만 고려하는 것이 아니라 전체 민다나오 섬을 모두 고려하여 수급 결정이 이루어진다. 이 지역의 전기는 수력과 풍력, 화력 등 다양한 발전소 건설을 통해 이루어지는데, 이는 지형적인 조건과 연결되어 있어서 ARMM 같이 좁은 지역만을 대상으로 하여 전기 수급을 고려할 경우 너무도 비효율적이기 때문이다. 민다나오 섬 내에서 생산되기만 한다면 큰 비용을 들이지 않고 송전선을 통해 전기를 자유롭게 이전할 수 있다.

현재 민다나오 섬 전체는 [표 16]과 같이 전기 수급면에서 공급이 총량적으로 부족한 것으로 해석된다. 필리핀 에너지부의 자료에 따르면 2012년 기준으로 민다나오 전체의 전기 수요는 피크 시점을 기준으로 약 1999메가와트인 반면, 생산능력은 약 1682메가와트이기 때문에 약 317메가와트의 추가 설비가 필요하게 된다.

이러한 총량적인 문제점 외에 계절적인 문제도 존재한다. 현재 민다나오 발전 전기의 상당 부분이 수력으로 이루어지고 있기 때문에 날씨와 기후의 영향을 받아 계절적으로 생산량의 변화가 크다. 민다나오의 발전용량은 2011년 기준으로 2022메가와트이고 이 중 수력발전이 1038메가

표 16 민다나오의 전기 수급(2010~2015년)						(단위: MW)
	2010년	2011년	2012년	2013년	2014년	2015년
피크 총수요	1,754	1,830	1,911	1,999	2,088	2,183
피크 수요	1,421	1,483	1,549	1,620	1,692	1,769
예비전력	333	347	362	379	396	414
총예상공급	1,724	1,732	1,732	1,732	1,782	1,782
기존공급	1,682	1,682	1,682	1,682	1,682	1,682
추가확보계획	42	50	50	50	100	100
추가발전요구	30	98	179	267	306	401

출처 | Department of Energy. 2013. Supply-Demand Outlook; Department of Energy. 2013. Philippines Power Statistics.

와트로 전체의 51.3퍼센트에 해당된다. 반면 화력발전은 854메가와트로 41.2퍼센트를 차지하며, 기타 발전방법이 130메가와트로 전체의 6.4퍼센트를 차지한다.[23] 따라서 필리핀의 강수량이나 기후 변화에 따라 수력발전 용량이 크게 떨어질 경우 민다나오의 전기발전량도 크게 줄어든다.

마지막으로 전력 분배의 문제이다. ARMM 내 대부분의 지역에 전기가 제공되고 있으나, 일부 산간 및 도서 지역에는 전기가 제공되지 않고 있는 것도 문제점 중 하나이다.[24]

결국 이러한 점을 종합할 때 ARMM 지역은 지역도로의 포장률이 매우

---

23 2012년 4월 말 기준(Department of Energy. Philippines Power Statistics. 2013. [http://www.doe.gov.ph/ electric-power-statistics/philippine-power-statistics]).

24 2011년 당시 마긴다나오 주의 12개 마을과 라나오델수르 주의 7개 마을에 전기가 들어오지 않고 있었다 (Apashra R. Tulawie 2013).

낮고 공항시설도 부족하여 이동인구 수가 적고, 전기 수급 역시 매우 부족한 것으로 평가된다. 이는 결국 지난 수십 년 동안 이 지역에 대한 공공부문의 투자가 제대로 이루어지지 않은 결과로 해석된다.

이는 이 지역의 정치적인 불안과 크게 관련되어 있다. 인프라 투자는 정부의 장기적이면서 효과적인 개발 전략을 통해 실행되는 특징을 갖는다. 지난 40년간 지역 내에서 반복적인 무장 분쟁이 발생했고, 정치 시스템이 불안할 경우 정부는 인프라 확대를 위한 장기계획을 수립하고 이를 추진할 수 없게 되기 때문이다.

한편 이는 국제기구의 인프라 투자 부진과 연관된다. 경제개발을 추진하기 위해서는 장기수익이 발생하는 인프라 시설에 대한 투자가 불가피한데, 이는 주로 국제기구를 통한 저리의 대출이나 무상 원조를 통하여 이루어진다. 특히 인프라 시설에 대한 투자는 장기적으로 원금과 이자를 갚아야 하는 유상 원조 형태로 이루어지며, 국제기구나 ARMM 정부 모두 원금 상환의 가능성을 고려하게 된다. 이러한 이유로 지난 20년간 국제기구가 ARMM 지역 내에 유상 원조를 통한 인프라 확대 사업을 추진하는 것은 매우 어려웠다. 각종 분쟁이 ARMM 지역에서 계속해서 발생해왔기 때문이다. 특히 이들은 선진국이나 정부 주도의 각종 개발 프로젝트의 수행을 방해하는 공격을 계속하였다. 무상 원조나 일부 일회성 유상 원조가 이루어졌다고는 하나 장기적인 개발 전략에 따른 사업은 수립하기 어려웠다.

민다나오 및 ARMM 지역의 정치 불안이 경제 발전에 미치는 부정적인 영향은 민다나오에서 사업을 실시하였던 개발기관 종사자들에 대한 연구조사에서도 잘 나와 있다. 구도와 미쓰히로(2008)의 연구에 따르면, 아시아개발은행ADB이나 세계은행WB 등의 국제금융기구나 일본, 미국, 캐나다 등 필리핀에 원조를 해주는 선진국 모두 민다나오 지역의 정치 불안을 이 지역 발전의 가장 큰 장애 요인으로 꼽았다.

5) 정부 재원의 효과적인 활용

방사모로 자치지역에 대한 재정 지출 및 조세 수입의 현황을 살펴보기 위하여 ARMM 및 민다나오 주변 지역의 1인당 정부예산 및 정부 재정수지 규모를 살펴보았다. 먼저 [그림 2]은 필리핀의 지역별 1인당 정부예산이다. 그림과 같이 ARMM의 1인당 정부예산 규모는 필리핀의 다른 지역에 비해 크게 뒤떨어지지 않은 것으로 나타난다. 2012년 기준으로 1인당 예

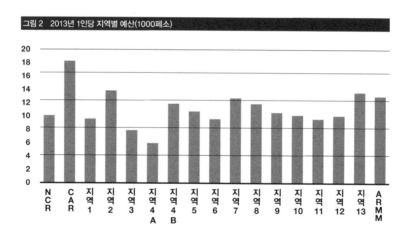

그림 2   2013년 1인당 지역별 예산(1000페소)

출처 | Department of Budget and Management, *Budget Expenditure and Source of Financing*, various issues; Legislative Budget Research and Monitoring Office, *Budget Facts and Figures*, Vol. 1 Issues 1, January-March, 2013.

산 규모는 전국 17개 지역 중 14위, 2013년 기준으로는 13위로 필리핀 전체에 비하여 낮은 수준이기는 하지만 ARMM의 경제 규모나 1인당 소득 규모가 전국 최저라는 것을 고려할 때 상대적으로 작다고는 할 수 없는 수준이다. 그리고 ARMM의 주변 주인 지역 10과 지역 12의 1인당 예산 역시 높은 수준을 유지하고 있어 ARMM과 주변 지역의 1인당 예산은 상대적으로 낮지 않은 것으로 해석된다.

표 17 ARMM 및 민다나오 섬의 정부 재정수지 (2008~2012년)							(단위: 100만 페소)
지방정부 구분		지역 9	지역 10	지역 11	지역 12	지역 13	ARMM
지역 정부	세입	3,173	5,763	4,520	3,884	3,345	4,464
	세출	2,650	4,482	2,834	3,448	3,058	3,692
	재정흑적자	523	1,281	1,687	436	287	772
	(%, 세입 대비)	16.5	22.2	37.3	11.2	8.6	17.3
지방 정부	세입	4,224	5,134	4,844	5,422	5,649	7,665
	세출	3,755	6,343	3,505	4,550	3,896	4,350
	재정흑적자	469	−1,208	1,339	872	1,752	3,315
	(%, 세입 대비)	11.1	−23.5	27.6	16.1	31	43.3
도시	세입	4,345	6,560	7,244	4,811	2,223	515
	세출	3,536	5,645	6,692	2,823	2,003	408
	재정흑적자	808	915	552	1,988	220	107
	(%, 세입 대비)	18.6	13.9	7.6	41.3	9.9	20.8

출처 | Department of Budget and Management, Budget Expenditure and Source of Financing, various issues.

[표 17]은 ARMM 및 민다나오 섬의 정부 재정수지 현황이다. 이에 따르면 현재 ARMM을 포함한 민다나오 섬 대부분의 지역 및 기초단체 정부는 최근 수년 동안 상당한 규모의 재정수지 흑자를 유지하는 것으로 나타난다. ARMM 지역정부의 재정흑자는 예산 대비 17.3퍼센트에 이르고, 이에 속하는 소규모 지방정부의 재정흑자는 예산 대비 43.3퍼센트에 이르고 있으며, 도시 역시 예산 대비 재정흑자가 20.8퍼센트로 나타났다. 일반적으로 정부가 재정수지를 균형이나 일부의 흑자를 유지하도록 운영하는 것에 비추어 볼 때 현 재정수지 흑자는 지나칠 만큼 큰 규모인 것이다.

결과적으로 이는 정부가 각종 사업 추진을 결정하고 예산을 편성하여 집행하려고 하나 실제 집행 실적이 매우 떨어지고 있는 것을 의미한다. 즉 현지 지역정부나 소규모 지방정부 모두 각종 사회인프라 건설 사업을 추진하려고 하지만 정치적 불안이나 소모적인 전투, 정부의 무능과 부패 등으로 이들 사업이 실행되지 못하고 있는 것을 보여준다.

6) 해외 원조의 비효율적인 활용

방사모로 자치지역의 외국으로부터 유·무상 원조 규모를 알아보기 위해 ARMM 및 주변 지역의 지역별 유·무상 원조 및 중앙정부 원조 규모를 살펴보았다. 여기서는 필리핀 ODA가 경제에 미치는 효과를 확인하려는 것이 아니라 ARMM이 유·무상 원조로부터 어느 정도의 성과를 얻었는지에 초점을 두기 때문에 전체 규모보다는 다른 지역에 대한 상대적인 크기를 분석하는 데 중점을 두었다.

[표 18]과 같이 2011년 무상 원조의 경우 ARMM은 지역 단위로는 가

표 18   지역별 유·무상 원조   (단위: 100만 달러, %)

지역	유상 원조						무상 원조					
	2011년			2012년			2011년			2012년		
	건수	금액	비중	건수	금액	비중	건수	금액	비중	건수	금액	비중
루손	20	1740.3	20.2	19	1616	18	86	113.1	5.4	52	221.5	7.8
비사야	2	80.4	0.9	3	286	3	9	17.0	0.8	4	13.3	0.5
민다나오	8	321.9	3.7	8	309	4	34	74.8	3.6	31	207.2	7.3
지역 10	2	105.5	1.2	2	103	1	9	7.7	0.4	13	19.7	0.7
지역 11	–	–	–	–	–	–	–	–	–	2	2.0	0.1
지역 12	–	–	–	–	–	–	4	0.7	0.0	1	0.3	0.0
지역 13	–	–	–	–	–	–	5	7.5	0.4	6	7.9	0.3
ARMM	2	62.0	0.7	3	93	1	16	58.9	2.8	9	177.3	6.2
민다나오 공유	4	154.4	1.8	3	113	1	–	–	–	–	–	–
여러 지역 공유	17	1325.6	15.4	18	1440	16	265	1278.2	61.2	229	1506.4	52.8
전국적 사업	33	5131.4	59.7	31	5170	58.6	90	606.0	29.0	84	903.1	31.7
합계	80	8599.6	100.0	80	8821	100	484	2089.0	100.0	400	2851.5	100.0

출처 | The National Economic and Development Authority, *2012 ODA Portfolio Review* (http://www. neda.gov.ph); Antonio, Ella, Financing Peace and Development: The Mindanao Budget, a paper presented in the 22nd Mindanao Business Conference, 8–9 August 2013, SMX Convention Center, Davao City.

장 많은 규모를 지원받고 있다. 2011~12년간 ARMM이 받은 무상 원조 규모는 각각 5890만 달러와 1억 7730만 달러로 필리핀 전체 무상 원조의 4.8퍼센트를 차지하여 지역별로 가장 큰 무상 원조 규모를 기록하였다.

더욱이 ARMM은 민다나오 주에서 많은 유상 원조를 받은 것으로 나타난다. 2011년에는 2건의 유상 원조로 6200만 달러를 받았고, 2012년에는 3건의 유상 원조로 9300만 달러를 받아 민다나오 개별 지역으로는 지역 10에 이어 두번째를 기록하였다.

결론적으로 ARMM 지역은 무상 및 유상 원조 측면에서 필리핀에서 가장 큰 규모의 지원을 받는 것으로 나타났다.

이렇게 ARMM이 원조를 가장 많은 받은 것을 ARMM 지역이 필리핀에서 소득이 가장 낮기 때문에 외부에서 원조를 제공받을 조건을 가장 잘 갖추고 있어 일어난 현상으로 보인다. 그러나 이러한 원조가 이 지역의 개발을 위한 자원보다는 현상 유지에 활용되는 것으로 평가된다.

7) 정책적 시사점

이 절에서는 간단한 경제이론과 방사모로 자치지역의 각종 기초통계를 사용하여 방사모로 자치지역이 낙후된 원인을 살펴보았다. 분석 결과, 방사모로 자치지역은 오랫동안 민간투자가 부족하여 기업 수가 부족하고 기업의 규모 또한 다른 지역에 비해 작은 것으로 나타났다. 또한 초등 및 중고등교육이 제대로 이루어지지 않아, 학업성취도도 낮고, 노동생산성이 필리핀의 다른 지역에 비하여 크게 낮은 것으로 평가되었다. 또한 공공부문에서는 적절한 인프라 투자가 이루어지지 않았고, 많은 해외 원조를 받았지만 이는 투자 목적보다는 소비 목적으로 사용된 것으로 나타났다. 마지막으로 방사모로 자치지역에 상당한 규모의 중앙정부 예산이 배정되어도 지역의 정치적 불안과 무능력 등으로 이를 제대로 사용하지 못하는 것으로 제시되었다.

그러나 최근 들어 필리핀 정부와 반군 간에 방사모로 자치지역 설정에 대한 합의가 도출되고 관련 협정이 체결되면서 정치적인 불확실성이 상당 부분 제거되었고 향후 발전 가능성이 크게 예상되는 지역이 되었다. 이러한 시점에서 방사모로 자치지역의 지속가능한 발전을 위해 다음과 같은 정책 방안을 제시할 수 있다.

첫째, 방사모로 자치지역의 발전정책은 매우 포괄적인 정책이 되어야 한다. 앞에서 살펴본 바와 같이 방사모로 자치지역의 저소득 및 저성장은 한두 가지 원인이 아니라 많은 요인들이 복합적으로 영향을 주면서 나타난 현상이다. 즉 민간투자, 공공투자, 국제기구의 참여, 교육 수준, 각종 제도적인 요건 부족 등의 요인들이 복합적으로 뒤섞여 이루어진 결과이다. 따라서 방사모로 자치지역의 경제개발 정책은 이러한 요인을 모두 인식하고 이에 대한 포괄적인 접근 방법을 통해 이루어져야 할 것이다.

둘째, 방사모로 자치지역의 발전정책을 장단기 정책이 조화를 이루면서 추진되어야 할 것이다. 방사모로 자치지역에서 현재 가장 먼저 추진되어야 할 것은 소득 증대와 빈곤의 추방일 것이다. 그러나 소득 증대가 BJE가 당면한 가장 시급한 과제라고는 하나 이를 도달하는 과정에서 지속가능한 성장을 유지하는 것 역시 중요한 문제이다. 이미 많은 개발도상국의 개발정책 결과에서 살펴볼 수 있듯이, 이 지역에 단기적으로 농업과 천연자원 개발 중심의 성장정책이 추진된다고 하더라도 자원 위주의 성장은 한계가 있고, 지속가능하지 않을 가능성이 높기 때문이다. 따라서 장기적으로 볼 때 성장이 지속가능한 방향으로 추진하여야 한다.

셋째, 지역 특성을 반영하는 정책 수립이다. 방사모로 자치지역은 앞에서 살펴본 바와 같이 필리핀 내 타지역과는 다른 독특한 성격을 갖고 있다. 대부분의 주민들이 이슬람교도로 필리핀 인구의 80퍼센트를 차지하는 기독교인과 대립하여 왔고, 지방정부 역시 오랫동안 중앙정부와 대립하여 왔다. 또한 주변에 무장 게릴라가 활동하는 등 정치·사회적인 환경이 매우 불안하였다. 이러한 여러 가지 특징이 있음에도 아직까지 BJE나 중앙정부, 또는 국제금융기구나 선진국 등 모두 방사모로 자치지역이 독자적인 개발 전략을 수립하길 권장하는 것보다는 필리핀의 국가적인 개발정책이나 전략을 수행하는 과정에서 방사모로 자치지역을 포함하여 개발하는 방법을 택해왔다.

그러나 구도와 미쓰히로(2008)의 설문조사 결과에서도 나타나 있듯이, 이 지역에 대한 경제지원 계획을 수립할 때 독자적인 전략을 수립하는가 혹은 이 지역이 필리핀의 다른 지역과는 다른 이슬람 지역이라는 특성을 반영하는가에 대한 질문에서 아직까지 지역 특성을 반영한 지원은 하지 못하고 있는 것으로 나타났다. 과거 이 지역 특성을 반영하지 못한 각종 정책들이 결국은 지역주민의 참여 저조 및 빈곤화, 무장 활동의 활성화 등으로 이어졌다는 점을 고려할 때, 이는 지역 특성을 반영하는 정책 수립이 매우 필요하다고 볼 수 있다.

넷째, 경제발전뿐 아니라 사회발전 계획도 추진되어야 한다. 현재 방사모로 자치지역은 앞에서 살펴본 바와 같이 사회발전 지표가 가장 낙후된 곳이면서, 종교적인 갈등이 심화되고 각종 부패가 만연한 곳이다. 따라서 앞에서 설명한 경제발전 계획에는 이러한 종교적인 갈등 해소 및 부패 방지와 척결을 위한 각종 프로그램이 포함되어야 한다. 수십 년 동안 전쟁과 갈등의 지역이었다는 점을 고려할 때, 갈등 해소는 장기적인 지역 발전을 위한 가장 첫번째 필수조건이 될 수 있을 것이다. 방사모로 자치지역이 이슬람문화에 기반한 사회인 것은 분명하나 필리핀의 다른 지역과 협력하여 경제 발전을 추진하려면 가톨릭 사회 및 자본과의 화합이 불가피하기 때문이다. 따라서 이 과정에서 발생하는 종교적·문화적인 차이를 반영할 수 있는 시스템을 구축하여야 한다.

다섯째, 방사모로 자치지역의 개발정책은 중앙정부와 긴밀한 협력하에 추진되어야 한다. 방사모로 자치지역이 상당 수준의 경제 및 정치적 자치권을 보유하지만 아직까지 영토의 면적이나 인구 규모, 현재의 경제 발전 정도로 볼 때, 필리핀의 다른 지역에 비하여 단기간에 높은 소득을 달성할 가능성은 극히 낮다. 또한 아직도 방사모로 자치지역은 산업 여건이나 인프라가 부족하기 때문에 중앙정부와의 협력이 필수불가결하다. 방사모로 자치지역이 형식상으로는 많은 자치권을 얻었지만, 실용적인 면에서는 중앙정부와 긴밀하게 협력하여야 한다. 따라서 방사모로 자치지역의 개발정책을 필리핀 국가 경제개발 계획에 반영하여야 한다.

여섯째, 방사모로 자치지역 개발정책은 방사모로 자치지역을 포함한 민다나오 섬 주변 지역의 경제개발 계획과 조화를 이루면서 추진되어야 한다. 도로와 항만 등 교통 및 수송 시스템과 같은 대규모 고정비용이 투입되는 사회기반 시설은 필리핀 전반적인 개발 계획하에서나 혹은 민다나오 주변 지역과의 협력을 바탕으로 진행하는 것이 방사모로 자치지역의 효율적인 경제 발전을 가능하게 하기 때문이다. 공항이나 항구, 혹은 도로를 건설할 경우 장기적인 안목으로 중복투자는 제거하고 주변 지역과의 네트워크 효율성을 높이는 투자가 이루어져야 할 것이다. 또한 방사모로 자치지역이 중점 산업을 육성할 때도 주변 지역과의 보완 및 대체 혹은 경쟁관계를 살펴보면서 추진하는 것이 바람직하다. 방사모로 자치지역을 포함하는 민다나오 섬의 여러 지역이 방사모로 자치지역과 유사한 경제 환경을 갖고 있기 때문에 방사모로 자치지역의 기업들은 향후 이 주변 지역의 기업들과 경쟁, 보완 및 상호 협력 등 다양한 관계를 가질 수 있기 때문이다.

마지막으로 2015년에 창설되는 아세안 경제공동체를 고려하여야 한다. 아세안 경제공동체가 탄생할 경우, 방사모로 자치지역은 필리핀뿐만 아니라, 보르네오 섬 지역과의 경제 교류를 크게 증가시킬 수 있기 때문이다. 특히 방사모로 자치지역에 포함되는 술루 섬 주변 지역은 말레이시아의 사바 주와 보다 가깝게 경제활동을 할 수 있게 된다. 더욱이 말레이시아의 사바 주는 같은 이슬람 전통을 갖고 있어 문화적으로 가깝기 때문에 향후 협력가능성은 더 커진다.[25]

2014년 방사모로 자치지역이 최종적인 행정구역으로 결정되고 각종 자치규정이 실현된다면 이 지역은 물론 민다나오 섬 전체가 새로운 국면을 맞이하게 된다. 지난 40여 년간 계속되어 온 이슬람 반군의 무장투쟁이 크게 줄어들 것이고, 지방정부 및 주민들은 경제 발전에 전념하게 될 것이다. 여기서 수행한 자료 조사와 분석 결과 및 정책 제언은 향후 국내

---

[25] 예를 들어, 방사모로 자치지역은 이슬람 교리인 샤리아를 준수하기 때문에 필리핀의 가톨릭 중심의 사고와 괴리될 수 있다. 따라서 이슬람 경제로의 특징을 갖는 말레이시아의 사바 주와 더 연관을 가질 수 있다.

에서 이 지역에 대한 이해를 돕고 이들의 경제 정책 수립과 미래 발전에 기여할 수 있을 것이다.

5. 맺으며

이 글은 최근 이슈가 되고 있는 방사모로 자치지역의 형성 과정과 경제 및 사회현황을 살펴보고 향후 정책 및 발전계획 수립에 있어 직면한 과제를 제시하였다. 이 글을 통하여 방사모로 자치지역의 각종 경제 및 사회 지표를 살펴보고 경제 현실을 분석한 결과, 다음과 같은 사실을 도출할 수 있었다.

첫째, 방사모로 자치지역은 필리핀 내에서 필리핀을 구성하는 수도와 15개 지역 중 가장 넓은 지역을 포함하고 있는 반면, 1인당 소득은 가장 낮고, 빈곤율이 높은 지역이다. 또한 방사모로 자치지역 주민의 평균 기대수명이 필리핀 평균 기대수명에 비하여 크게 낮으며 가구 인원 또한 더 많은 것으로 나타났다.

둘째, 방사모로 자치지역은 필리핀의 다른 지역에 비하여 농업의 비중이 크게 높은 전근대적인 산업구조를 갖고 있으며, 상대적으로 공업 및 서비스업이 차지하는 비중이 낮게 나타났다.

이렇게 방사모로 자치지역이 낙후된 것은 방사모로 자치지역이 오랜 기간 동안 민간투자가 부족하여 기업 수가 부족하고 기업의 규모 또한 다른 지역에 비하여 작은 것으로 나타났다. 또한 초등 및 중고등교육이 제대로 이루어지지 않아, 학업성취도도 낮고, 노동생산성이 필리핀의 다른 지역에 비하여 크게 낮은 것으로 평가되었다. 또한 공공부문에서 인프라 투자가 이루어지지 않았고, 많은 해외 원조를 받았음에도 투자 목적보다는 소비 목적으로 사용된 것으로 나타났다. 마지막으로 중앙정부의 예산이 배정되어도 지역의 정치적 불안과 무능력 등으로 이를 사용하지 못하는 것으로 제시되었다.

그러나 최근 들어 필리핀 정부와 반군 간에 방사모로 자치지역 설정에 대한 합의가 도출되고 관련 협정이 체결되면서 향후 발전 가능성이 크게 예상되는 지역이다. 이러한 시점에서 방사모로 자치지역의 지속가능한 발전을 위하여 다음과 같은 정책 방안이 제시될 수 있다.

첫째, 방사모로 자치지역의 발전정책은 매우 포괄적인 정책이 되어야 하며, 둘째, 방사모로 자치지역의 발전정책을 장단기 정책이 조화를 이루면서 추진되어야 할 것이다. 셋째, 방사모로 자치지역의 정책은 이 지역의 역사적, 문화적 특성을 반영하여야 하고, 넷째, 경제발전뿐 아니라 사회발전 계획도 포함하여 추진하여야 한다. 다섯째, 방사모로 자치지역의 개발정책은 중앙정부와 긴밀하게 협력하면서 추진되어야 하고, 여섯째, 방사모로 지역을 포함한 민다나오 섬 주변 지역의 경제개발 계획과 조화를 이루면서 추진되어야 한다. 마지막으로 방사모로 자치지역의 발전계획은 2015년에 창설되는 아세안 경제공동체를 반영하여야 한다.

방사모로 자치지역의 탄생은 지난 1960년대 이후 필리핀 민다나오 섬 내의 무장투쟁을 종식시키고 평화 공존을 위한 주요 발전이라는 점을 고려할 때, 필리핀의 미래에 커다란 영향을 주는 매우 중요한 사건이다. 이는 직간접적으로 필리핀의 경제 발전에 크게 기여할 것으로 예상된다.

이 글에서는 필리핀 남부 민다나오 섬과 주변 지역을 포함하여 앞으로

탄생할 방사모로 자치지역에 대한 역사적 배경을 조사하고 다양한 통계
자료를 사용하여 경제 현황을 분석하고 정책적 시사점을 제시하였다. 예
정대로 2016년 방사모로 자치지역이 탄생하여 방사모로 자치지역이 독
자적인 개발정책을 수립하고 외부 지역과 각종 경제협력을 추진할 경우
필리핀 남부 민다나오 지역은 물론 필리핀의 경제활성화에 크게 기여할
것으로 예상된다. 하지만 아직까지 협상이 최종 마무리되지 않았고, 일
부 지역이 추가될 가능성이 있기 때문에 분석 결과는 다소 제한적으로
해석될 가능성도 있다. 그러나 방사모로 자치지역의 경제에 대한 체계적
인 분석이 최초로 이루어졌다는 점에서 그 의미가 매우 크다고 할 수 있
으며, 이를 시작으로 향후 추가적인 연구가 계속되기를 기대한다.

참고 문헌

공일주. 2010. 『이슬람 율법』. 살림.

김성철. 2000. 『필리핀 무슬림』. 전주대학교출판부.

노한상. 2013. "필리핀 전력시장 동향". KOTRA.

양승윤·김태명·박광섭 외. 1998. 『필리핀: 세계 최대의 로마 카톨릭 국가』. 한국외국어대학교출
판부.

양승윤·김태명·박광섭 외. 2003. 『필리핀』. 한국외국어대학교출판부.

이동근·김영일. 2010. 『동남아의 분리주의 운동과 갈등관리: 아세안(ASEAN)의 지역협력방안
을 중심으로』. 대외경제정책연구원.

장인성. 2013. "총요소생산성의 추이와 성장률 변화요인 분석". 국회예산정책처.

외교부. 2011. 『필리핀 개황』

임성주. 2011. "필리핀, 전력 시장 동향과 주요 발전 프로젝트". KOTRA.

Ali B. Panda. 2005. *Islamic Economy: Its Relevance to the Globalization of Economy in the Muslim
Filipino Areas*. Discussion paper 2005-07. PIDS.

Benigno S. Aquino III. Speech of President Aquino during the signing of the GPH-MILF
Framework Agreement on the Bangsamoro. October 15, 2012.

Business Mirror. "ARMM Has Room for 2,640 More Teachers." December 1, 2013.

Cabanbang, J. A. 2013. *Agriculture Base and Physical Environment of The ARMM*. working
paper 10. Civil Aviation Authority of the Philippines.

Charmaine Nuguid-Anden1. 2003. *Enhancing Business-Community Relations La Frutera and
Paglas Case Study*. New Academy of Business.

Cielito F, Habito. 2012. *Investment in Mindanao Conflict-Affected Areas Insights from Successful
Investors*. Mindanao Economic Adviser.

Cook, Malcolm and Kit Collier. 2006. *Mindanao: A Gamble with Worth Talking, Lowy
Institute for International Policy*. Lowy Institute Paper 17.

Deles, Teresita Quintos. 2013. "Peacebuilding in Mindanao: Restoring Investor
Confidence." Delivered on the occasion of the 22nd Mindanao Business Conference,
held in Davao City on 09 August 2013.

Department of Budget and Management. *Budget Expenditure and Source of Financing* various
issues.

Department of Energy. 2013. *2013 Supply-Demand Outlook*.

Department of Energy. 2013. *Philippines Power Statistics*.

Department of Energy. 2009. *Power Development Plan 2009-2030*.

Department of Energy. 2012. *The 2010– 2019 Distribution Development Plan*.

Dy, Rolando T. and Reohlano M. Briones. Agribusiness Opportunities and Land Access in ARMM.

Eugenio J. Manulat, Jr. 2005. *Effect of Global Economic Liberalization on Manufacturing Firms in Muslim Areas in the Philippines*. Discussion paper 2005-08. PIDS.

Ishikawa, Sachiko. 2007. *Japan's Assistance to Mindanao with Human Security Perspective Is it possible to support Mindanao prior to the Peace Agreement?*. HiPeC International Peace Building Conference.

Majul, Cesar Adib. 1999. *Muslims in the Philippines*. University of the Philippines Press.

Kudo, Masaki and Mitsuhiro, Yoshimura. 2008. "Peace-Building in Mindanao: Major Donors' Approaches for Reconstruction." 開発金融研究所報 37.

Legislative Budget Research and Monitoring Office. *Budget Facts and Figures*. Vol. 1 Issues 1. January-March, 2013.

Malcolm Cook and Kit Collier. 2006. *Mindanao: A Gamble Worth Taking*. Lowy Institute Paper 17.

Mastura, Ishak V. 2013. *Philippines: Bangsamoro, A Triumph of Western Diplomacy?*. Small Wars Journal 3.

National Statistical Coordination Board. *2013 Official Provincial Poverty Statistics of the Philippines*.

Navarro Adoracion M. 2012. *The urgent need to increase baseload generating capacity in Mindanao*. Policy Notes: 2012~17.

Romer, David. 2012. *Advanced Macroeconomic Theory* 4th Edition. McGraw-Hill.

Sakili, Abraham P. 2012. *The Bangsamoro Framework Agreement and the Mindanao Problem: Foregrounding Historical and Cultural Facts and Concepts for Social Justice and Peace in the Southern Philippines*. Asian Studies 48: 1~65.

Salvatore Schiavo-Campo and Mary Judd. 2005. *The Mindanao Conflict in the Philippines: Roots, Costs, and Potential Peace Dividend*. World Bank Social Development Paper 81.

The Institute for Autonomy and Governance. 2011. 『What Ails ARMM?』. IAG Policy Brief.

The Philippine Government (GPH) and the Moro Islamic Liberation Front (MILF). Annex on Power Sharing. December 8, 2013.

The Philippine Government (GPH) and the Moro Islamic Liberation Front (MILF). Annex on Revenue Generation and Wealth Sharing. July 13, 2013.

The Philippine Government (GPH) and the Moro Islamic Liberation Front (MILF). Annex on Transitional Arrangements and Modalities. February 27, 2013.

The Philippine Government (GPH) and the Moro Islamic Liberation Front (MILF). *Framework Agreement on the Bangsamoro*, Joint GPH-MILF Dragt. October 2012.

The Philippine Government (GPH) and the Moro Islamic Liberation Front (MILF). *GPH-MILF Decision Points on Principles as of April, 2012*. April, 24 2012.

The Philippine Government (GPH) and the Moro Islamic Liberation Front (MILF). *Memorandum of Agreement on Ancestral Domain Aspect of the GRP-MILF Tripoli Agreement on Peace of 2001*. September, 2008.

The Philippine Government (GPH) and the Moro National Liberation Front(MNLF). *The Tripoli Agreement*. 1976.

Tulawie, Apashra R. 2013. *Physical Infrastructure in the ARMM*. Working Paper 8.

Tuminez, Astrid. 2009. *The "Paglas Experience": Extraordinary Leadership In a Zone of Conflict*. CAREC Institute.

Valencia, Czeriza. 2013. "Irrigated lands expand 1.2% in 5 yrs." *The Philippine Star* 5.

WorldBank. 2012. *Philippines: Autonomous Region in Muslim Mindanao (ARMM)*. Social Fund Project.

통계 및 인터넷 자료

Avila, Ava Patricia C. 2012. Bangsamoro Agreement: Implications for Asean. http://www.nationmultimedia.com/opinion/Bangsamoro-Agreement-Implications-for-Asean-30192755.html. October 22, 2012. The Nation.

Bureau of Agricultural Statistics. http://countrystat.bas.gov.ph. (검색일: 2013. 12. 05.)

The National Economic and Development Authority. *2012 ODA Portfolio Review*. http://www.neda.gov.ph. (검색일: 2013. 12. 03.)

National Statistical Coordination Board. Data Bases. www.nscb.gov.ph. (검색일: 2013. 12. 05.)

National Statistical Coordination Board. Human Development Index. http://www.nscb.gov.ph/hdi/DataCharts.asp (검색일: 2013. 11. 29.)

National Statistics Office. QuickStat on ARMM. http://www.census.gov.ph/statistics/quickstat (검색일: 2013. 12. 05.)

National Statistical Coordination Board. Income Classification. http://www.nscb.gov.ph/activestats/psgc/articles/con_income.asp (검색일: 2013. 12. 05.)

The Philippines Statistics Authority, National Account of the Philippines. http://www.nscb.gov.ph/sna/default.asp (검색일: 2013. 12. 05.)

Wikipedia. History of the Philippines. http://en.wikipedia.org/wiki/History_of_the_Philippines (검색일: 2014. 01. 02.)

찾아보기

김형준 서울대학교에서 학사를 이수하고, 오스트레일리아국립대학교 인류학과에서
자바 중부 농촌 마을의 종교적 변화에 관한 논문을 제출해 1996년에 인류학 박
사 학위를 받았다. 현재 강원대학교 문화인류학과 교수로 재직하고 있으며, 최
근의 주요 논문으로 "인도네시아 자바인의 수평적 사회관계"(2008), "인도네
시아의 이슬람 급진주의"(2009), "Praxis and Religious Authority in Islam"
(2010), "인도네시아 이슬람 조직의 구조와 특성: 엔우와 무함마디야를 중심으
로"(2012), "이슬람 부흥의 전개와 영향: 인도네시아의 사례"(2013) 등이 있고,
주요 저역서로 『Reformist Muslims in a Yogyakarta Village』(2007), 『적도를
달리는 남자: 어느 문화인류학자의 인도네시아 깊이 읽기』(2012), 『농업의 내향
적 정교화: 인도네시아의 생태적 변화과정』(2012, 역서), 『맨발의 학자들』(2014,
공저) 등이 있다.

홍석준 서울대학교에서 학사와 석사를 이수하고, 서울대학교 인류학과에서 말레이
시아 농촌 마을의 이슬람화와 문화 변동에 관한 논문을 제출해 1997년에 인
류학 박사 학위를 받았다. 현재 목포대학교 문화인류학과 교수로 재직하고 있
으며, 최근의 주요 논문으로 "The Promise of ICTs in Asia: Key Trends and
Issues"(2008, 공저), "東亞的海洋世界與港口城市的歷史和文化"(2008), "동
남아시아 조기유학 청소년의 유학 결정 과정과 유학경험—말레이시아에서 유
학 중인 청소년을 대상으로"(2009, 공저), "말레이시아의 전통예술과 이슬람 부
흥의 문화적 의미—디끼르바랏, 방사완, 와양꿀릿의 말레이 노래를 중심으로"
(2010), "중국과 말레이시아 사이의 역사적, 문화적 교류의 문화적 의미—정화
(Cheng He) 남해 대원정의 현대적 의미"(2010), "말레이인들의 일생의례의 문화

적 의미"(2010), "말레이시아로 조기유학 온 한국 어머니들의 자녀교육과 '어머니노릇'에 대한 인식의 특징과 의미"(2011, 공저), "동남아시아 문화연구의 동향과 전망"(2013) 등이 있고, 주요 저역서로 『동아시아의 문화와 문화적 정체성』(2009, 공저), 『동남아의 한국에 대한 인식』(2010, 공저), 『글로벌시대의 문화인류학』(2013, 공역), 『그들은 왜 기러기가족을 선택했는가』(2013, 공저), 『맨발의 학자들』(2014, 공저) 등이 있다.

전제성 서강대학교에서 학사와 석사를 이수하고, 서울대학교 정치학과에서 민주화 시기 인도네시아 노동정치에 관한 논문을 제출해 2002년에 정치학 박사 학위를 받았다. 현재 전북대학교 정치외교학과 부교수로 재직하고 있으며, 최근의 주요 논문으로 "Strategies for Union Consolidation in Indonesia"(2009), "인도네시아 국가와 외국인자본 관계의 변화"(2010), "한국의 동남아 지역연구와 정치학계의 기여"(2010), "한국 시민사회 '아시아연대운동'의 문제와 과제"(2011), "인도네시아의 대학교육—발전을 위한 개혁과 도전"(2012), "무니르의 생애로 본 인도네시아의 사회운동과 민주화"(2013) 등이 있고, 주요 저서로 『State Violence and Human Rights in Asia』(2011, 공저), 『인도네시아 속의 한국, 한국 속의 인도네시아』(2013), 『맨발의 학자들』(2014, 공저) 등이 있다.

김동엽 중앙대학교에서 정치외교학 학사를 이수하고, 국립 필리핀대학교 정치학과에서 국제지역레짐으로서 아세안의 생존능력을 평가하는 논문으로 1998년에 석사 학위를, 1990년대 한국과 필리핀의 통신서비스산업 자유화정책에 대한 비교연구 논문으로 2003년에 박사 학위를 받았다. 현재 부산외국어대학교 동남아지역원에서 조교수로 재직하고 있으며, 최근의 주요 논문으로 "The Impact of the Dutch East India Company(VOC) on the Evolution of Southeast Asian Economy"(2012), "The Galleon Trade and Its Impact on the Early Modern Philippine Economy"(2012), "필리핀 민주주의의 헌정공학: 권력공유, 책임성, 효율성, 안정성"(2013), "Intermarriage Migration and

Transnationalism: Filipina Wives in South Korea"(2013) 등이 있고, 주요 저역서로『동남아의 역사와 문화』(2012, 공역), 『한국 속 동남아 현상: 인간과 문화의 이동』(2012, 공저), 『동아시아공동체: 동향과 전망』(2014, 공저) 등이 있다.

이선호　고려대학교에서 경제학 학사를 이수하고, 거시경제충격이 상품수지에 미치는 영향에 관한 연구로 2005년에 동대학교 경제정책학과에서 석사 학위를, 정보기술 발전이 금융시장에 미치는 영향에 관한 연구로 2008년에 동대학교 경제통계학과에서 박사 학위를 받았다. 현재 한남대학교 경제학과 초빙교수로 재직하며 이슬람 금융, 소득재분배, 동아시아 경제를 연구하고 있다. 최근의 주요 논문으로 "무역개방을 통한 기술이전과 경제성장간의 관계 분석"(2010), "ICT Development and Financial Stability"(presented in the conference, 2012), "주요 사례를 중심으로 본 이슬람 프로젝트 파이낸스의 최근 현황과 활용 가능성"(2013) 등이 있다.

이충열　고려대학교에서 경제학 학사를 이수하고, 미국의 화폐수요함수 추정에 관한 논문을 제출해 1992년에 미국 오하이오주립대학교에서 박사 학위를 받았다. 한국금융연구원 연구위원을 거쳐 현재 고려대학교 세종캠퍼스 경제학과 교수로 재직하고 있다. 최근의 주요 논문으로 "개발도상국의 외국인 직접투자 결정요인 분석"(2011), "패널 시계열분석을 사용하여 살펴본 공적개발원조와 경제성장간의 관계 분석"(2011), "동남아 금융시장 통합: 현황과 통합 가능성"(2011), "식량위기: 어떻게 정의할 것인가?"(2012), "Deepening Association of Southeast Asian Nations' Financial Markets"(2013) 등이 있고, 주요 저서로 『동아시아 공동체와 한국의 미래』(2008), 『정보기술의 발전과 주식시장 정보전달 속도』(2013, 공저) 등이 있다.

방인성　고려대학교에서 경제학 학사를 이수하고, 아시아 국가들의 환율 예측력에 관한 실증분석에 관한 논문으로 2009년에 동대학교 경제통계학과에서 석사 학위를 받았다. 현재 박사 과정을 수료하고 한국항공대학교 경영학과 강사로 재직하며 금융에 관한 박사 학위 논문을 작성하고 있다. 주요 논문으로 "국가별 교육효율성 지수의 측정 및 활용"(2010), "The Effect of a Government-Sponsored E-Learning Program On The Academic Achievement of High School Students: Evidence From Korea"(2013) 등이 있다.

동남아의 이슬람화 1
1970년대 이후 종교와 경제의 변화

1판 1쇄 찍음 2014년 6월 13일
1판 1쇄 펴냄 2014년 6월 20일

엮은이 김형준 · 홍석준
펴낸이 정성원 · 심민규
펴낸곳 도서출판 눌민
출판등록 2013. 2. 28 제2013 - 000064호
주소 서울시 마포구 양화로 156, 1624호 (121 - 754)
전화 (02) 332 - 2486   팩스 (02) 332 - 2487
이메일 nulminbooks@gmail.com

© 김형준 홍석준 김동엽 전제성 이선호 이충열 방인성 2014

Printed in Seoul, Korea
ISBN 979 - 11 - 951638 - 2 - 3 94280
        979 - 11 - 951638 - 1 - 6 (세트)

· 이 책은 2012년 정부(교육과학기술부)의 재원으로 한국연구재단의 지원을 받아 수행된
  연구의 결과입니다(NRF-2012S1A5A2A03034378).